LEBEN IN ERWARTUNG

MEINE JUGEND

VON

HANS GRIMM

KLOSTERHAUS-VERLAG LIPPOLDSBERG

2. Auflage 1972
Gesamtauflage 3000
(Erstdruck: .... Klosterhaus-Verlag/Lippoldsberg)
ISBN 3 87418 000 X (Gesamtausgabe)
ISBN 3 87418 051 4 (Leben)

Freund Rudolf G. Binding hat das Buch, darin er von Strecken und Ereignissen seines Daseins bis zu des Vaters Tod berichtet, „Erlebtes Leben" genannt. Er brachte mir den blauen Band bei einem Lippoldsberger Besuche mit im Januar 1936 und legte ihn auf meinen Schreibtisch.

Ich sah die Gabe am späten Abend des Tages, Binding hatte mein Zimmer eben verlassen, um schlafen zu gehen. Ich war bewegt von den Worten des federnden Mannes, die mich wie immer mit den glänzenden jüngeren Jahren des eigenen Vaters in wunderliche Verbindung brachten, mit Zeiten, die ich an meinem Vater gar nicht mehr erfahren hatte, denn er stand im 54. Jahre, als ich, sein ältester Sohn, geboren wurde.

Ich schlug Bindings Buch auf und las die eingetragene Widmung: ‚als Gastgeschenk und Beleg der Verehrung und des Daseins'. Ich freute mich und stutzte plötzlich vor dem doch bekannten Titel. Mir war eingefallen: Wenn Du Rechenschaft gäbest von Deinen eigenen Wegen, dürftest Du den Titel ‚E r l e b t e s Leben' niemals setzen.

Ich widersprach mir sofort. War ich nicht viel weiter herumgekommen als der Gast, war ich nicht auf vielmehr verschiedenen Straßen gelaufen, auf Straßen, die der gemessenen geistigen Vornehmheit unserer Väter, beide einst Professoren der Rechte in Basel und beide so grundgelehrte wie hochgebildete Männer, ganz unverständlich und unerträglich erschienen wären? Hatte ich nicht bald 61 Jahre hinter mir und hatte ich nicht Teilhaber an sehr derber und recht hoher Wirklichkeit bei meiner langsamen Entwicklung werden dürfen?

Aber der Widerspruch nutzte nichts. Ich mußte bekennen: Erlebt wie er hast Du Dein gewiß reiches, Dein breiteres Leben nicht, Du hast es, wenn Du alles recht bedenkst und zugibst, durchwartet bis auf diesen Abend und Du wartest immer noch.

Und also müßte bei Dir solcher Titel lauten: ‚Durchwartetes Leben', wo von ‚Unerfülltem Leben' Du freilich kaum sprechen könntest.

Ich bin seit jener Abendstunde selten an Bindings Buch ‚Erlebtes Leben' vorübergegangen, ohne mich blitzartig des Unterschiedes zu erinnern, und gelegentlich unter dem politisch immer drückenderen Geschehen war dies blitzartige Erinnern sogar ein wenig bitter; und ich weiß jetzt, daß also nicht von Beglükkungen, sondern vom Warten und Erwarten und dazu von leidenschaftlichem Suchen bei mir die Rede wird sein müssen, wenn ich mich durch das eigene Leben noch einmal taste und die rechte Folge zu erkennen trachte.

1.

Jedes Menschen Wesen tut sich auf einem langen Wege zusammen, und nichts beginnt aus sich. Ich suchte die Vorfahren ab, wer unter ihnen sehr gewartet und voll großer Unruhe des Suchens gewesen sei. Aber die überlieferte mündliche Kunde reichte nicht weiter als bis zum Ende des 18. Jahrhunderts und von schriftlichen persönlichen Ereignissen ist bis auf ein dickes Tagebuch des Urgroßvaters aus den Hauslehrermonaten des jungen Theologen in St. Petersburg, die zwischen 1734 und 1735 liegen, und außer dem kurzen Kriegstagebuch, als im Jahre 1743-44 derselbe Ahn Feld- und Stabsprediger bei einem hessischen und englischen Truppenteil war, so gut wie nichts vorhanden. Auf was sollte auch die seit unserer Bauernzeit in hessischen Dörfern zwischen 1655 und 1815 amtierende Reihe von Pfarrern Grimms mit ihren Frauen aus hessischen Pfarrhäusern groß gewartet haben? Und welche Ungeduld werden in den längeren Jahrhunderten vorher die freien Bauern und zünftigen Glashüttenbesitzer in dem abgelegenen Flußtal der Oberweser zwischen Reinhardswald und Bramwald gehabt haben, es sei denn eine vorsichtige Ungeduld mit dem Wetter gewesen?

Ein Harren mag zum ersten Male den Urgroßvater, den Pfarrer Johann Moritz Grimm in Floh und Seligenthal im Schmalkaldischen Gebiet belastet haben. Er, vorher Rektor der Stadtschule in Homberg, war mit dem Sohne, mit meinem Großvater Cornelius Grimm, damals Kandidat der Theologie, in die Vorbereitung des Dörnbergschen Aufstandes gegen Jerome verwickelt. Ihm wurden die Bezüge als Pfarrer gesperrt, der Sohn, mein Großvater, flüchtete, um nicht strafweise als Soldat zur französischen Truppe nach Spanien gesandt zu werden, durch die Kontinentalsperre zu den Grafen Reventlow auf Altenhoff bei Eckernförde. Der Urgroßvater lebte dann mit Frau und Tochter und jüngerem Sohn bis 1814 von dem, was seine Bauern ihm herliehen und was mein Großvater und mein Vater fünfzig Jahre später zurückzahlten. Der Urgroßvater soll sehr geduldig und freundlich gewesen sein und mag sich an seiner ungewöhnlich guten Kenntnis der griechischen und lateinischen Sprache getröstet haben, aber bei seinen Gängen und seinen Verrichtungen wird ihn der Wunsch nach dem Abzug der Franzosen, nach der Rückkehr seines Kurfürsten und nach der Heimkehr des Sohnes kaum je verlassen haben.

Auch aus der Großeltern Grimm Leben weiß ich nichts von großer Sehnsucht. Der Großvater wurde nach der Heimkehr von Eckernförde für eine Weile Pfarrer in Cassel, er errichtete als Schulmann eine höhere Lehranstalt für Mädchen und Knaben und erteilte bei viel Geschick kurfürstlichen Kindern den Unterricht. Der Kurfürst machte ihn in der Folge zum Schulrat und Oberschulrat und zum Beaufsichtiger des hessischen Schulwesens und zum Vertrauensmann. Wegen der Art der Doppelehe, in der der Kurfürst wie wohl alle regierenden hessischen Landgrafen und Kurfürsten seit Philipp dem Großmütigen lebte, war der Fürst unbeliebt, und im politischen Witz der Zeit hatte der Vertrauensmann die Unbeliebtheit des gutmütigen und eigenwilligen Landesherrn mit zu entgelten. Als der Kurfürst den Kronprinzen zum Mitregenten berief und selbst nach Hanau zog, veranlaßte er den Großvater samt Frau und Kindern zum Mitgehen. An dem beschränkten Hofhalt hatte die Familie teil, so lange der Fürst lebte, und als die eine geistig sehr regsame Tochter des Kurfürsten aus der Ehe linker Hand von ihrem Vater eine Italienreise zur Ausbildung erbat, geschah die Fahrt unter der Führung des von der Großmutter begleiteten Großvaters. Die Großmutter war Tochter des Pfarrers im Rosenthal gewesen, aus jenem Orte, in dem nach dem hessischen Verse die Äcker ‚schmahl' und arm sein sollen. Sie war nach einem Elfenbeinbilde eine wunderschöne junge Frau und hatte im hohen Alter, in dem ich sie gelegentlich sehen durfte, die Haltung und Hoheit und Sicherheit und wohl auch Kühle einer geschichtlichen Kaiserin. Wenn mein Vater und seine Geschwister, damals alle über fünfzig, von ihr sprachen, geschah es in größter Ehrfurcht und Behutsamkeit. Meine österreichische, warme und ungeschminkt daher redende Muttermutter nannte später vor mir die Großmutter Grimm eine eiskalte Frau. Ich fragte meine Mutter, sie stimmte diesem Urteile nicht zu, und das einzige Mal, daß ich meinen auch hoheitsvollen und sehr verhaltenen Vater immer wieder schwer weinen und aufschluchzen sah, war an dem Tage, an dem den 61jährigen die Nachricht vom Hinscheiden der 81jährigen Mutter erreichte. Nach dem Tode der väterlichen Großmutter Grimm wurde in ihren eigensten Papieren angeblich ein Fund gemacht. Es war ein Brief einer Kurfürstentochter aus der Ehe linker Hand, in dem Briefe schlug die junge Gräfin der älteren Frau die Zahlung einer hohen Abfindung vor, wenn die Ältere zu Gunsten der Jüngeren auf den Mann verzichte; die Geistigkeit und Lebendigkeit des Mannes bedeute ihr, der Jüngeren, sehr viel und bedeute ihr gewiß mehr als meiner Großmutter. Von dem Briefe soll nie jemand vorher etwas gewußt oder nur geahnt haben. Vielleicht hat dann zu diesem Briefe ein ‚Warten' doch gehört, und gewiß liegt ein großer Teil des bereiteten und vorbereitenden Schicksales hinter dem Unausgesprochenen und vorsichtig Verhüllten verborgen.

Unter den Vorfahren meiner sehr geliebten süddeutschen Mutter herrschte das Gleichmaß der wesentlich niedersächsischen Grimms nicht. Bei ihnen hat es ein fortwährendes Auf und Ab gegeben. Der Urgroßvater Schlumberger, geboren 1768 in Ulm, trat nach seines Vaters plötzlichem Tode und als die Mutter sterbenskrank lag, zehnjährig bei einem Maurermeister in Dienst, dreizehnjährig wurde er Tambourjunge, achtzehnjährig nahm er die ersten Lese- und Schreib- und Rechenstunden. In der von seiner Witwe verfaßten Lebensbeschreibung heißt es, „er überbot beinah seine Kräfte, nur um so viel zu erringen, seine Lehrer belohnen zu können, er opferte die nächtliche Ruhe seiner Wißbegierde." Acht Jahre später war er Feuerwerker und unterrichtete in dienstfreien Stunden selbst Artilleristen und junge Bürgersöhne in Arithmetik und Geometrie. Der Wiederaufstieg ging weiter zum Wasser-, Brücken- und Straßenbaudirektor der bayrischen Provinz Schwaben, zum Baurat für den württembergischen Donaukreis und zum Oberbaurat. Im Jahre 1808 heiratete er die kluge, schreibgewandte Urgroßmutter aus altem Ulmer Patriziergeschlecht. Der sonst treffliche Mann ließ sich von einer Leidenschaft für das Lottospielen zunehmend erfüllen, er war überzeugt, ihm müsse das Errechnen der Gewinnzahlen gelingen. Er vertat hierbei einen großen Teil des Jahresgehaltes samt Vermögen der ihm sehr zugetanen Frau. Ein einziges Mal, am Tage der Geburt meines Großvaters Robert Schlumberger, gewann er 5000 Gulden. Dem Sohne ging es in der Jugend ähnlich wie dem Vater. Er mußte wegen der wachsenden Mittellosigkeit der Eltern das Ulmer Gymnasium vierzehnjährig verlassen und wurde als verköstigter Lehrling in ein Papiergechäft getan. Er hungerte jahrelang, aber mit dem ersten verdienten Gelde kaufte sich der inzwischen Fünfzehnjährige ein Nachschlagebuch der Zeit und versuchte sich in den Nachtstunden den Inhalt zu eigen zu machen und lernte mit Eifer Französisch. Nach deutschen kaufmännischen Anstellungen gelang es dem Erwachsenen, einen Posten in einem Champagnergeschäft in Frankreich zu erhalten und gründliche Kenntnisse des französischen Rotweinbaues und der französischen Schaumweinherstellung zu gewinnen. Bei einer Rheinfahrt im Sommer 1841 lernte er einen Wiener Fabrikanten kennen, der sich mit der Frau und den zwei Töchtern auf großer Erholungsreise durch Deutschland, die Schweiz, Italien, Frankreich und England befand. Die Männer kamen ins Gespräch, der Wiener erzählte, daß er aus der Rheinpfalz und dem Elsaß stamme und das Schlosserhandwerk richtig gelernt und sich den Meistertitel erworben habe; er sei geflüchtet, als er unter Napoleon dem Ersten habe französischer Soldat werden sollen, auf der Flucht sei ihm auf einem Heuwagen von den absuchenden Gendarmen durch den Schenkel gestochen worden, gerührt habe er sich nicht. Die geglückte Flucht sei damals nach Wien gegangen, und in Wien und später in Rußland habe er Metallknopffabriken für andere eingerichtet, bis ihm vor Jahren und Tagen das Eröffnen der eigenen Fabrik in Wien gelungen sei bei ordentlichem Verdienste. Dem Bericht des Großvaters über den französischen Weinbau und die Herstellung von Schaumwein horchte der aufgeschlossene Wiener eifrig zu. Vor der Trennung wies er darauf hin, daß am Südhange des Wiener Waldes zwischen Wien und Gainfarn Weinbau betrieben werde in, wie es ihm erscheine, nachlässiger Art. Komme jemand hin mit Können und Fleiß und gelinge die Schaumweinherstellung noch dazu, so biete sich eine gute Lebensaussicht.

Mein Großvater Robert Schlumberger erschien als Besucher im Mai des Jahres 1842, er wurde ein paar Wochen hindurch Wohngast in des Wiener Fabrikanten Haus, er verlobte sich mit der ältesten Tochter Sophie, mit meiner geliebten Mutter Mutter, und sah sich mit dem Schwiegervater gut um. Nach Jahresfrist kehrte er von Frankreich wieder, wurde österreichischer Untertan, heiratete in der Kanzlei der Maria-Hilfer Pfarrkirche ‚unter passiver Assistenz', das heißt, still und ohne jede kirchliche Feierlichkeit, denn er war evangelisch und die Braut war katholisch. Danach nahmen des Mannes Können und Fleiß und Vorsicht, dazu die Wärme, die Gradheit und Raschheit der nicht minder fleißigen jungen Frau ihre Gelegenheiten wahr.

Unter den paar einzelnen ganz glückhaften Ehen, die ich drinnen und draußen bewundernd und dankbar beobachten konnte oder von denen ich unzweifelhaft erfuhr, als wenn ich sie hätte beobachten dürfen, steht die Ehe von meiner geliebten Mutter Eltern obenan. In diesem Lebensbunde fand alles Erfüllung. Mann und Frau liebten sich mit nie nachlassender Inbrunst, Mann und Frau ergänzten sich gegenseitig vollständig und brachten ein erstaunliches Lebenswerk zustande. Acht gesunde Kinder gingen aus der Ehe hervor, die Kinder kannten bis zur eigenen Heirat keine größere Frohheit als das Zusammensein mit den Eltern und miteinander, und sie lernten früh, trotz der schweren Arbeitsmasse, der Vater und Mutter gerecht werden mußten, was gute Musik und gute Bücher seien und was schöne und edle Form habe.

Zehn Jahre nach dem Anfang in Vöslau bei Wien begann der Großvater auf einem ihm vom Grafen Fries frei überlassenen Stück Heide seine ausgedehnten Kellereien und darüber das gelbe Gutshaus mit den drei Höfen zu bauen und den weiten Garten rundum anzulegen. Die Besitzung empfing den Namen Goldeck, sie wurde außer seiner weltbekannten Arbeitsstätte ein ‚Land Orplid' für sämtliche Kinder und Enkelkinder.

Wiederum zehn Jahre später wurde der Großvater zum Juror der Weltausstellung in London ernannt. Die Ernennung wiederholte sich von Weltausstellung zu Weltausstellung. 1878 erhielt er als Schlumberger Edler von Goldeck den erblichen Adel.

Meine geliebte Mutter kam mit den Eltern und den zwei älteren Brüdern in ihrem fünften Jahre nach Goldeck, sie gelangte wie jede älteste Tochter mit mehreren einander folgenden jüngeren Geschwistern sehr früh an helfendes und früh an verantwortliches Tun, der große Haushalt umschloß ja auch eine Reihe Angestellter und bald geworbene und freiwillige Helfer aus Frankreich. Fünfzehnjährig wurde die Mutter auf zwei Jahre nach Paris gesandt in ein Internat. Siebzehnjährig war das schöne, sehr umworbene Mädchen mit dem prachtvollen Haar auf ein paar Monate mit einem der Besucher aus Frankreich verlobt. Sie brach das voreilige Verlöbnis ab ohne Einmischung der Eltern.

Über die geliebte Mutter habe ich einmal an anderer Stelle geschrieben: „Sie erbte von ihrem zurückhaltenden, hochgewachsenen Vater, der so vorzeitig aus seiner Schule gerissen war, den leidenschaftlichen Drang zum Wissen und die große Andacht vor Kunst und Können, sie erbte von der lebendigen, herzenswarmen Mutter das frohe, unerschrockene Einfühlen und Sehen und Zugreifen und Helfen. Sie lernte bei beiden Eltern genau und unermüdlich arbeiten, das Rechte auch gegen sich zu suchen und frei von jeglicher Menschenfurcht zu bleiben. Das Buch, das der ältesten Tochter auf Goldeck vom neunzehnten bis zweiundzwanzigsten Jahre neben dem Haushalten und Unterrichten der jüngeren Schwestern die größten Feierstunden-Freuden bereitete, war der Briefwechsel zwischen Schiller und Goethe."

Als ich ‚das Land Orplid' Goldeck zu erwähnen und von der geliebten Mutter zu berichten begann, wußte ich, daß ich mich der Schwelle des großen unerfüllten Wartens in meinem Leben genähert hatte. Aber dort, wo das Warten bei der Mutter auf ihrem Goldeck merkbar und dann mächtig wird wie schwere verhaltene Musik, hörbar und sichtbar noch durch das, was sie niederschrieb in ihrer wundervoll fließenden Schrift, erscheint die Gestalt meines Vaters in jener Art, die ich nicht an ihm selbst erfuhr, die ich nur von Bildern und vom fremden Erzählen kenne.

Ich weiß nicht, ob das Erzählen vom Vater aus menschlicher Nähe jedem Mann schwer erscheint, oder ob mich dabei ein Dreifaches verhält, daß nämlich der Vater im 54. Jahre stand, da ich, sein ältester Sohn, zur Welt kam, daß ich mich zweitens der geliebten Mutter im Alter so viel näher befand und drittens, daß ich die Eltern nicht als Einheit, sondern stets als Zweiheit in mir wirksam fühle. Die große Ehrfurcht vor dem Vater, vielleicht gehört das schon hierher, empfing ich nicht erst aus dem fortwährenden Bemühen der geliebten Mutter, bei mir und den drei jüngeren Brüdern unerschütterliche Bewunderung für ihn zu erwecken, solches Bemühen war dem Knaben gelegentlich sogar unbestimmt empfindlich; die große Ehrfurcht vor dem Vater gewann ich um seiner ganz hohen Bildung, um seiner gewissenhaften Gelehrsamkeit und um seiner völlig unabhängigen Haltung erst recht, als ich bis zur Gegenwart die wachsende Gelegenheit und Reife zum Vergleichen bekam. Ich habe jedenfalls vor keinem umfassender gebildeten, vor keinem mehr königlich geformten und in den großen Dingen mehr nüchternen Mann je gestanden.

Der Vater war am 26. November 1821 in Kassel geboren worden. Die Eltern vergaßen seltsamer Weise das Datum, und der Geburtstag wurde bis zum Ende von des Vaters Studentenzeit am 24. November gefeiert. In sicherer Erinnerung jedoch war der Wochentag der Geburt geblieben, ein Montag. Bei einer praktischen Seminararbeit in Bonn bekam der Vater mit dem November 1821 zu tun und sah, daß der 24. November des Jahres 1821 kein Montag gewesen sein konnte. Er machte heimkehrend in den Ferien die Mutter darauf aufmerksam. Sie wollte an einen Irrtum nicht glauben, aber außer jedem Zweifel stünde der Montag, denn am Montag habe sie von ihrer Heirat an waschen lassen, und der Sohn sei ihr unversehens in die Wäsche hinein geraten.

Meines Vaters Knaben- und Jünglingsjahre standen unter dem Einfluß der nahen Beziehungen des Großvaters zum Kurfürsten. Die Verbindung brachte einen Teil höfische Erziehung mit sich und den Schulwechsel von Kassel nach Baden-Baden und von Baden-Baden nach Hanau. Vor des Großvaters zu seiner Zeit gepriesener pädagogischer Kunst bekam ich ein Gruseln wie freilich später vor jeglicher pädagogischer Kunst und Theorie, als der musisch sehr begabte Vater uns zum ersten Mal erzählte, daß nach vierzehn halben Stunden des Klavierunterrichtes die Musikstunden für ihn eingestellt wurden, weil er sich ungewöhnlich musikalisch erwies und zu rasches Können zeigte. Nach den Musikstunden mußten die zum Ersatz bewilligten Zeichenstunden aus demselben Grunde aufhören. Ein Zersplittern sollte verhütet werden. Nur das Singen und der Gesangunterricht blieben erlaubt und das Reimen. Die musikalische Ausbildung hat dann der erwachsene Vater in Basel und Wien durch Harfen- und Kontrapunktstunden und Klavierüben sehr weit gefördert und hat dirigiert und hat auch viel gezeichnet.

Das eifrige Verlangen des Jungen, Marineoffizier zu werden, wurde knapp vor dem entscheidenden ersten Schritt von der Großmutter hintertrieben. Da es eine Marine eines deutschen Staates nicht gab, hatte sich der Kurfürst nach des Großvaters Vortrag an die Regierung von St. James in London gewandt und hatte um die Aufnahme des elfjährigen Jungen in die englische Seekadettenschule ersucht. Die Aufnahme wurde bewilligt, da geschah der Eingriff der Großmutter, Großvater und Sohn gaben nach, und der Kurfürst zeigte sich durch den plötzlichen harten Widerstand der Frau eines seiner Vertrauensleute anscheinend nicht verärgert. Von des Fürsten freundlicher Art sprach mein Vater hin und wieder, im Ganzen erzählte er sehr wenig aus der Knabenzeit; einen Tadel an dem viel umstrittenen Kurfürsten habe ich den Vater, obgleich er sehr genau dachte, nie aussprechen hören. Als der Vater elfjährig zu einer Geburtstagsfeier für eines der fürstlichen Kinder auf Schloß Wilhelmshöhe eingeladen war, gab sich der Kurfürst mit den Kindern wie nicht selten ab, holte sie an ein Spinett oder Tafelklavier und suchte mit einzelnen Fingern eine Tonfolge zusammen. Er fragte den Vater, der wohl ein auffällig ernstes Gesicht machte: „Nun, Julius, wie gefällt Dir das?" Das Kind erwiderte: „Scheußlich, Königliche Hoheit, scheußlich!" Der Großvater wurde während des Vorgangs eingelassen und war ziemlich betroffen, aber der Kurfürst sagte nur: „So?" und lachte.

Einen großen Eindruck muß auf den Vater als Knaben ein Besuch beim alten Rothschild in Frankfurt gemacht haben, den der Großvater von Hanau aus im Auftrage des Kurfürsten ausführte, um eine der Summen des kurfürstlichen Hausvermögens wieder in Empfang zu nehmen, durch die die Rothschilds in der Napoleonzeit zu ihrem großen Gelde gekommen waren. Der Großvater nahm den Jungen mit und hatte ihm erzählt: „Wir gehen zum reichsten Mann der Welt." Der Junge erwartete irgend ein märchenhaftes Schloß und war etwas betreten über das einfache Haus, die einfache Holztreppe und das weißgetünchte Zimmer, darin der alte freundliche jüdische Geldmann gesessen habe. Nur die beiden Leuchter auf dem einfachen Tische seien schwere silberne Leuchter gewesen. Diesen Bericht habe ich mehrmals vom Vater gehört.

Aus des Vaters Jünglingszeit und aus der Zeit des beginnenden Studenten in den Ferien weiß ich dann noch, daß bei Tänzen der Sohn mit seiner Tänzerin nach Möglichkeit vor den Sesseln Aufstellung nehmen mußte, auf denen die Eltern saßen, damit das Gespräch von ihnen gehört würde.

Von einem älteren Vetter, dem Landgerichtspräsidenten Grimm, dem Sohne des jüngsten Bruders meines Vaters, wurde mir mitgeteilt, der Kurfürst habe dem Großvater während des Hanauer Aufenthalts als Dank wählen lassen zwischen der Verleihung des erblichen Adels oder dem Geschenk einer Summe von zwanzigtausend Talern oder zwanzigtausend Gulden. Die genaue Geldbezeichnung ist mir entfallen. Der Großvater habe ohne Zögern erwidert: „Königliche Hoheit, ich bin der Vater von vier Kindern", und habe die Summe gewählt. Mein Vater erwähnte das Vorkommnis mir gegenüber nie, auch er hätte, wo es ihm zustand und wenn er es gebraucht hätte, das Geld genommen. An unverdorbenem Geburtsadel und unverdorbener Rasse hatte er Freude, vom ‚geadelt werden' und von den verliehenen landläufigen Orden hielt er sehr wenig.

Das Studium, zu dem sich der Vater nach einigem Zögern entschloß, war die Rechtswissenschaft. Seine frühe Neigung galt wie die frühe Neigung des Großvaters und wie später meine frühe Neigung der Germanistik, daran gewagt haben wir uns in den drei Generationen nicht; der Vater erfuhr erst nachträglich, daß es seinem Vater wie ihm, und ich, daß es dem Großvater und dem Vater ebenso ergangen sei wie mir. Vielleicht hatten wir alle drei nicht genug Schreibtischmut, der doch zur Germanistik sehr stark gehört.

Als ein besonderes Glück hat mein Vater oft bezeichnet, daß er von jungen Jahren an mit bedeutenden Männern und klugen Frauen immer wieder hat zusammen sein dürfen. Ich habe ihn von meinem 20. bis fast zum 50. Jahre um dieses Glück viel beneidet. Mir scheint, daß es für ihn am deutlichsten in Bonn begann, als er von dem Studium in Marburg dorthin zog, um zu promovieren und sich zu habilitieren. Er wurde einer der Gründer der damals sehr idealistisch gerichteten Burschenschaft Frankonia und er, Simrock, Kinkel, Jürgen Bona Meyer, Alexander Kaufmann, Otto Gildemeister und andere fanden sich in einem musischen Bunde zusammen, in dem die schönen Künste mit Eifer betrieben wurden. Ob die nahen Freunde Julius Ficker, Gudden, die beiden Overweg, der Astronom Schmidt mit zum Bunde gehörten, weiß ich nicht. Von Bonn aus durchwanderte der Vater mit dem Germanisten Simrock die Umgegend, um Volkslieder aufzuzeichnen. Simrock hielt die Texte fest und der Vater schrieb die Melodien nach. Die Sammlung soll sehr bedeutend gewesen sein, sie ging bei einem bekannten musikalischen Verleger auf unerklärliche Weise verloren.

Von Bonn aus erhielt der Vater die Berufung als Professor der Rechte an die Universität Basel. Er war sechseinhalb Jahre dort und war ein Vorgänger von Rudolf G. Bindings Vater. In Basel wurde der ältere Andreas Heusler, der Jurist, noch Vaters Hörer, und zum Freundes- und dem Kollegenkreis, in den der Vater geriet und in dem er sich wohl fühlte, gehörten Wackernagel, gehörte der Entdecker des Ozons, Schönbein, und die Burckhardts, die Vischer, die Vischer-Mérian, die Iselin, die Hiess-Heusler und andere. Den Baslern hat mein Vater sein ganzes ferneres Leben hindurch am meisten angehangen. Weggeholt von Basel hat den Vater der dort gewonnene Freund Karl von Etzel, der große Architekt und Erbauer der Brennerbahn. Er kam eines Tages von Wien wieder angereist und erklärte: „Du bist mir zu jung und zu lebendig, um ewig den Professor zu spielen. Für Deine Art gibt es größere Gelegenheiten. Du gehst mit mir nach Wien. Ich habe einen Posten für Dich als Rechtskonsulent und Vorstand der Franz-Josefs-Orientbahn. Sobald Du Dich in die Wiener Verhältnisse eingearbeitet hast, kommst Du zu der in Gründung begriffenen Südbahngesellschaft; die Stellung des Generalsekretärs (des Syndikus) wartet dann auf Dich. Und ab und zu sollst Du mit mir meine Vorhaben durchsprechen und sollst mich auf meiner Lokomotive oder in meinem Arbeitswagen zu meinen neuen Baustellen begleiten, das möchte ich für mich."

Ich kann mir nicht versagen, ein paar Sätze aus dem Nachruf hier anzuführen, den der Vater dem Freund Etzel in der damaligen k. Wiener Zeitung nachsandte, als der große Bauherr 1865, ein schon kranker Mann, auf der Heimfahrt nach Württemberg in Kemmelbach plötzlich verschieden war. Es heißt da: „Den gründlichen humanistischen Studien (auf dem Gymnasium zu Stuttgart und im Seminar zu Blaubeuren) verdankte Etzel seine vorzügliche allgemeine Bildung, durch die er sich vor vielen seiner Berufsgenossen vorteilhaft auszeichnete. Häufig hat er es in späteren Jahren hervorgehoben, daß eben diese Vorstudien wesentlich dazu gedient haben, ihm ein schnelleres Fortschreiten in dem gewählten Fache zu ermöglichen. Die beliebten Realstudien, d. h. die Abrichtung für ein spezielles technisches Fach, hatten in Etzel einen entschiedenen Gegner ... Etzels Persönlichkeit war eine gewaltige, imposante, er war zum Dirigieren geboren. Eine große athletische Gestalt und ein schöner ausdrucksvoller Kopf zeichneten seine äußere Erscheinung aus. Scharfe Beobachtungsgabe, Sinn für systematische Ordnung in allem und jedem, schnelles und zutreffendes Urteil, Energie und Beharrlichkeit im Wollen waren die ihn charakterisierenden geistigen Eigenschaften. Dabei hatte Etzel ein reiches und weiches Gemüt, das er nur nach schwäbischer Art unter einer kalten Außenseite zu verstecken liebte ... Auch wenn er unbeschäftigt schien, arbeitete sein reger Geist unaufhaltsam fort. Viele seiner Ideen wurden in schlaflosen nächtlichen Stunden verarbeitet und erschienen am Tage als zur Niederschrift fertige Projekte. Personen, die das innere Leben Etzels nicht kannten, mußten ihn häufig für zerstreut und wortkarg halten, weil es nicht seine Art war, sich durch eine unbedeutende Unterhaltung von den eigenen Gedanken abbringen zu lassen. Er sprach überhaupt nicht viel, aber wenn er sprach, so war es von Bedeutung, so wußte er dem Gespräch eine entscheidende Wendung zu geben."

Ich wiederholte des Vaters Worte, weil sie auch für den Vater bezeichnend sind und weil doch Etzels Eingriff in meines Vaters Leben von so großer Bedeutung für meine Eltern, für mich und gewiß noch für meine beiden Kinder gewesen ist. Denn geschieht nicht jedes Mal ganz großes Schicksal für jedes Geschlecht und bei später schöpferischen und deutenden Menschen weithin über ein Geschlecht hinaus, wenn Vater und Mutter von entfernten Wegen unversehens zusammengeführt werden?

Der Ort Vöslau hatte, seit er durch die Südbahn die Bahnverbindung mit der alten deutschen Kaiserstadt Wien besaß, einen guten Namen bekommen. Die Ortschaft liegt am Südabhang des Wiener Waldes unter dem Harzberge. Zwei gefaßte Quellen, eine große und eine kleinere, sprudeln ihr klares, unveränderlich laues Wasser zwischen alten Bäumen hervor. Die Quellen füllten früher ein großes, ein kleines und ein mittleres Schwimmbecken, darüber kein unnützes menschliches Verschönern versucht, sondern bei nur hegender Ordnung der Natur das Recht ihrer eigenen Schönheit belassen war. Über dem Orte hing der Fichtenduft des Waldes und, wenn die Trauben der Weingärten blühten, der Duft der Trauben. Wehte der Wind von Süden und Südosten, so kam er von den ungarischen Ebenen her. Die Bahnverbindung, eine kleine Stunde Fahrt, und die anderen Vorzüge ließ die Geschicktheit Vöslaus zum Sommeraufenthalte erkennen. Die Männer konnten morgens in ihre Wiener Amtsstuben und zu ihren Aufgaben fahren oder konnten nachmittags zurückkehren und konnten in dem prachtvollen klaren Wasser schwimmen und den Abend in ihren Sommerwohnungen oder, wer sehr jung war, auf der Waldwiese bei den Konzerten verbringen. In der Nähe Wiens, im eigentlichen Wiener Wald, hatte es seit Maria Theresia ein Sommerleben der Städter gegeben; die Gewohnheit blieb den alten Stätten treu. Nach Vöslau zog ein anderer Schlag, ein Schlag, mehr mit der Außenwelt vertraut, empfindlicher, geistig anspruchsvoller und vielleicht auch wohlhabender. In den Jahren 1855 bis 1875, ehe der neue Reichtum und die reisenden Massen mit ihren lärmenden Bedürfnissen die Welt zu verändern begannen, hat der Ort des Grafen Fries, denn ihm gehörte damals fast alles, seine eigentümliche Blüte gehabt. Von Karl von Etzel waren in Vöslau, das er liebte, als Architekt auf Bitten und Bestellung hin einige schöne Landhäuser gebaut worden, geschmackvoll wie im alten und älteren Österreich immer und überall gebaut wurde. Am östlichen Rande von Vöslau lag meiner Großeltern Besitzung Goldeck, die drei Höfe, umschlossen von den einstöckigen gelben Gebäuden, über deren Schindeln die vielen Feuerleitern zu sehen waren und über dessen Front und Herrschaftstor weithin in schwarzen Feldern mit weißen Buchstaben des Großvaters Name und des Gutes Name zu lesen stand. Um 6, um 11, um 12, um 4 und wiederum um 6 Uhr, läutete aus einem steinernen Glockengehänge eines Giebels, zu den Weinbergen, zum Dorfe und zum Walde hin, von jedem als Zeitmesser erwartet, die schnelle Arbeitsglocke von Goldeck. Die Weinberge des Gutes mit den RS Grenzsteinen breiteten sich zumeist nach Osten, nach Soos und Baden aus und zum Teile zwischen Goldeck und dem Walde.

Der Großvater wurde früh Bürgermeister von Vöslau, und schnell kam eine Sitte auf, daß alles, was in Vöslau Sommeraufenthalt nahm, ihn besuchte. Karl von Etzel hatte zwei besondere Verbindungen mit dem Großvater; die eine war die gemeinsame Heimat Württemberg, die andere bestand darin, daß auch Etzel seine eigentliche Laufbahn in Frankreich begonnen hatte, denn dort war er zuerst beim Bahnbau beschäftigt gewesen. Etzel, der meinen Vater nach Wien geholt hatte, wies ihn auch auf Vöslau und vermittelte die Bekanntschaft mit dem Großvater und dessen

Familie. Als der Vater zum ersten Male nach Goldeck kam, war die geliebte Mutter ein Kind und stand noch ein gutes Stück vor ihren Pariser Institutsjahren. Das Kind und der um achtundzwanzig Jahre Ältere fielen sich nicht sonderlich auf, nur empfand der Vater Freude an der ganzen Familie und ihrer Art, und der zurückhaltende Großvater wiederum lobte vor den Seinigen das Wesen und die kluge Anteilnahme des Vaters.

Der Vater hatte im Jahre 1859 die Ernennung zum Generalsekretär der Südbahn erhalten. Die Südbahngesellschaft war ein noch mehr französisches als österreichisches Unternehmen, der große Geldgeber und wirkliche Eigentümer war der Pariser Rothschild, und in Paris hielten sich die Generaldirektoren meistens auf, so daß der Leiter an Ort und Stelle mein Vater war. Ihm scheint die juristische Geschäftsführung in französischer Sprache keine Schwierigkeiten gemacht zu haben, und der Pariser Geldmacht gefiel der Kurhesse, auf den von Anfang an selbstverständlicher Verlaß war, in jeder Hinsicht. Der Posten wurde bald sehr hoch bezahlt, ein gewisser Aufwand gehörte dazu. Der Vater hielt sich, ohne je Lebemann in gewöhnlichem Sinne gewesen zu sein, nach einiger Zeit Koch, Diener und einen Kutschwagen mit zwei Pferden, er hatte eine Loge im Burgtheater, er konnte sich die Hirschjagd auf den Donauinseln pachten, sie allerdings nur in ganz seltenen Stunden ausüben, er richtete für Junggesellen-Bekannte einen ständigen Gasttisch bei sich ein, dessen ungewöhnliche Anzahl Suppenschüsseln mit dem schwarzen Mäanderband, dem Monogramm und der guten Vergoldung uns in ihren Überbleibseln noch heute erstaunen. Er suchte Verbindung mit Musikern und Malern, er ließ seines späteren Freundes, des Norwegers Hans Gude, erstes Bild heimlich kaufen, um diesem Mut zu machen, und kaufte aus gleichem Grunde ein frühes Bild von Hans Thoma. Die größere Hälfte der Bildersammlung ging mir und meinen Brüdern durch Verkauf gegen Ende des ersten Weltkrieges verloren, verloren auch im materiellen Sinne, denn die erlösten Beträge auf einem Sonderkonto einer Holsteinischen Bank und auf einem Konto in Wien wurden von der Inflation weggefressen. Aber ein Teil der Ölbilder aus dem Elternhause erfreut mich noch heute und vielleicht an jedem Tag mehr, an dem ich sie noch um mich hängen sehen darf. Nach den verkauften Gemälden habe ich geforscht und habe eines wiedergefunden, Zimmermann, Zimmer im Schlosse zu Schleißheim mit einer Rokokodame und Hund als

Staffage und habe es wieder gekauft, da ich die finanzielle Möglichkeit dazu wiedergewann. Im übrigen war aus des Vaters Junggesellen-Zeit in Wien ein dicker Stoß ihm ausgestellter und bei ihm nie eingelöster Schuldscheine seiner Gäste und Freitischler übrig, und einige davon besitze ich noch.

Von meiner Mutter gab es eine für die Familie gedruckte Plauderei zum 70. Geburtstage des Vaters, da sagt sie ungefähr, sie hätte wohl gern in des Vaters glanzvoller Zeit auf seinem Kutschierwagen neben ihm sitzen, seine Loge mit ihm teilen, die lebendigen Gastessen mitessen, mit den Malern verkehren, mit den Musikern musizieren, auch neben dem Koche helfend die guten Sachen gut mit kochen und die raschen Fahrten des Vaters zu Etzel und zu Baustellen und Revisionen mitmachen dürfen. Als Vater und Mutter einander näher rückten, war die Reichlichkeit gewiß nicht vorbei, nur nahm die Last der Arbeit von Jahr zu Jahr für den Vater zu, und wenn er nicht im Amte und mit Akten beschäftigt war, suchte er Ruhe, und als er seine Sommerwohnung in Vöslau, ich weiß nicht wie lange, innehatte, wich er dort bewußt dem Wiener Treiben aus und fuhr früh in die Stadt und kehrte spät aus der Stadt zurück. Der Großvater stand in ganz ähnlichem Arbeitszwange; den beiden Männern blieb nur der Sonntagnachmittag übrig, an dem aber der nähere Vöslauer Wald und die Waldwiese mit dem Kurgarten überquollen von Menschen. Die zwei Männer waren leidenschaftliche Schützen, damals mit fehlender Muße für die Jagd. Sie kamen samt andern auf den Gedanken, im Walde eine umfriedete Schießstätte für eine geschlossene Gesellschaft zu errichten, wo die Männer dem Scheibenschießen obliegen konnten und wo die Frauen der Familien die Jause einnehmen konnten. Der Club oder die Gründung bekam unter den ausgewählten Sommergästen ein Ansehen wegen seiner ungewöhnlich geistigen heiteren Art. Auf der Schießstätte und wohl bei folgenden gemeinsamen Abendessen und musikalischen Spielabenden in Goldeck fing die nahe Bekanntschaft, die zunächst sehr ruhige Freundschaft der Eltern an. Wahrscheinlich hatte die Auflösung des französischen Verlöbnisses der Mutter mit dieser noch lachenden Freundschaft zu tun. Über die frühe Entwicklung der Freundschaft weiß ich keinen Bescheid.

Im Jahre 1868, meine Mutter war da 19 Jahre alt, gab der Vater — wovon gleich die Rede sein wird — sein Amt nach elf Jahren pausenlosen Schaffens plötzlich auf.

In meiner Mutter Papieren lagen, wie frisch empfangen, von Vierteljahr zu Vierteljahr in rosa Seidenbänder gebunden, die Briefe, immer auf gleichem Papier, immer wie gestochen geschrieben, die ihr der Vater von 1869—1873 ohne Unterbrechung gesandt hat. Die Mutter bat mich vor ihrem Tode 1911, die Briefe in unserem Wiesbadener Garten zu verbrennen. Ich entsprach ihrem Wunsche, ich meinte ohnehin, Liebesbriefe des Vaters an die Mutter, und selbst wenn sie es im üblichen Sinne nicht gewesen wären, nie lesen zu können, und wen könnten sie nach mir noch angehen? In des Vaters Papieren fand ich nach seinem Tode, der auch 1911 einen Monat vor der Mutter Sterben erfolgte, zwei rote buchartige Lederkästen mit goldenem Schnitt und dem goldenen Aufdruck: Briefe M. S. 1868, 1869, 1870, 1871, 1872, 1873. Die Lederkästen enthalten, auch immer auf gleichem Papier, auch immer wie gestochen geschrieben, die Jahre durch blaue Seidenbänder zusammengehalten, die Briefe, die in der genannten Zeit die Mutter als junges Mädchen an den Vater schrieb. Die zwei Lederhüllen mit ihrem Inhalt habe ich nicht vernichtet. Die Mutter stellte es mir vor ihrem Hinscheiden frei; ich habe aber nie gewagt, obgleich ich es seit der Eltern Tod will, die Briefe zu lesen. Ich weiß nicht, ob das nur für den besonders schwer ist, der die Nähe der Mutter, ja ihre Hilfe noch nach dem 70. Jahre an jedem Tage spürt in beruflichen und berufenen Dingen, und das ist: in den letzten gültigen Dingen seines Lebens.

Der Vater und andere erzählten uns in der Jugend, sein großer Wiener Posten sei von ihm aufgegeben worden, weil die Wahl zum Generaldirektor an ihm vorbeigegangen sei, die er habe erwarten müssen. Vor der Wahl sei an ihn das Ansinnen gestellt worden, entweder Österreicher oder Franzose zu werden, da Kurhessen politisch nicht mehr bestehe und ein Preuße, und sei es ein Mußpreuße, nicht wohl Generaldirektor der Südbahngesellschaft sein könne. Das Ansinnen habe er abgelehnt. Und hat es freilich ablehnen müssen, denn schon aus dem Beginn der sechziger Jahre gibt es eine Niederschrift von ihm, darin sein Erhoffen deutscher Ordnung auf Preußen und jedenfalls auf den deutschen Norden gesetzt war.

Ein Bruder der Mutter erzählte mir, als ich selbst nicht mehr ganz jung war, durch den Ärger mit der Wahl sei der Vater nicht vor allem vertrieben worden, sondern ihm seien zunehmende Zweifel an der Sauberkeit der Geschäftsführung gekommen, und er habe mit seinem Namen nicht unhonorige Dinge, was er darunter verstand, decken wollen.

Daß er mit schwerem Herzen der Mutter aus dem Wege gegangen sei wegen des Altersunterschiedes, berichtete mir niemand. Aber wie wäre anders die Folge zu verstehen?

Der Vater fuhr von Wien nach Wiesbaden, wo seine Schwester mit ihrem Mann und der jüngste Bruder als von Preußen übernommener früherer nassauischer Offizier lebten, er kaufte ein Landhaus in der Mainzerstraße. Die Schwester konnte das Erdgeschoß bewohnen, er wollte später den ersten Stock zu seiner Wohnung machen, und inzwischen mochte dort ein Teil seiner Sachen aus Wien Unterkunft finden. Aber er blieb nicht in Wiesbaden, er suchte sich auch keine neue Professur noch irgendein juristisches Amt, sondern der Mann, der bisher auf des Lebenshöhe in Saft und Kraft und in nichts als Arbeit gestanden hatte, wich aus auf den Rigi-Kaltbad und verbrachte da oben — vielleicht mit kurzen Unterbrechungen — zwei Jahre. G a n z verdrossen scheint er nicht gewesen zu sein, denn sehr geselliges Leben und Musik und Gesang führte er an, aber flüchtig vor sich selbst war er ohne Zweifel in den beiden Jahren. Nach ihrem Ablauf erschien er wieder in Wiesbaden, richtete sich ein, pflanzte seinen schönen großen Garten an, begann geschichtlich, rechtsgeschichtlich und kunsthistorisch wieder zu arbeiten, übernahm die Führung des Nassauischen Kunstvereins, des Cäcilienvereins und des Zivilkasinos und baute nach eigenem Entwurf und Plan das Casinogebäude, das noch heute in der Friedrichstraße steht.

Ich besitze ein Tagebuch der geliebten Mutter, Großquart in rotem Leinen mit wohltuend gutem Papier, begonnen am 18. Februar 1871 und fortgeführt bis zu meiner Taufe im Mai 1875, da bricht es mitten im Bande ab. Aber ein rechtes Tagebuch ist es ja gar nicht. Einträge, durch die die Mutter sich ausspricht vor sich selbst, enthält es nur hin und wieder. Zwischen den Einträgen stehen in der fließenden klaren liebevollen Schrift Abschnitte aus Goethe und Schiller und aus Alexander und Wilhelm von Humboldt, die ihrem sich gegen die zu große Sehnsucht wehrenden Herzen wohltaten, sie w o l l t e heiter bleiben und ehrfürchtig und dankbar.

Die nicht zahlreichen eigenen Einträge des roten Bandes habe ich gelesen ohne Empfindlichkeit, voll stiller Freude. Diesen und jenen Satz, in dem der Vater namentlich beschworen war, will ich wieder geben. Daß ihm jeder Satz gilt samt den Abschriften aus den andächtig gelesenen Werken der Klassiker spürt einer, der das rote Buch in Händen hält, rasch genug.

Am 27. Februar 1871 muß der Vater einen nahen Besuch von Wiesbaden aus angekündigt haben. Das verhalten wartende Mädchen bemerkt: „Mein Kopf ist heiß und schwer. Die frische scharfe Frühlingsluft, die ungewohnte Sonnenwärme, die mehrere Stunden langen Spaziergänge in Wald und Feld ermüden in ihrer Neuheit ... Mich hat es wunderbar seltsam ergriffen, als ich vor einigen Abenden im Garten wandelnd plötzlich fern im Osten und beinahe ganz allein stehend den großartig schönen roten Stern „Spica" aus der Jungfrau zum ersten Mal geschaut. Wie freue ich mich darauf, meinen lieben Dr. Grimm bald bewundernd neben mir zu haben und wie will ich stolz sein, wenn ich meinem weisen Freund etwas ihm Neues zeigen kann, wenn ich in seiner lieben Gegenwart alles doppelt genieße."

Von einem stattgefundenen Besuche des Vaters ist danach keine Rede. Die vielen Abschriften, die folgen, sind Teile der letzten Briefe Schillers und Stücke der Briefe Wilhelm von Humboldts an eine Freundin; als Motto steht ihnen auf besonderer Seite ein Wort Humboldts voraus: „Gefühl für das Wahre, Gute und Schöne adelt die Seele und beseligt das Herz, aber was ist es, selbst dieses Gefühl, ohne eine mitempfindende Seele, mit der man es teilen kann."

Der Vater wird am 1. April wieder genannt. Nichts Trauriges habe die Schreibende ferngehalten von ihren Aufzeichnungen, sondern das Arbeiten an einem Geschenk, „das ich meinem lieben Doktor bestimme und das ihm, hoffe ich, viel Freude bereiten wird. Diesen Morgen geschah der letzte Strich darin."

Am 4. April 1871 hält ein anderer um sie an. Sie schreibt 24 Stunden später: „Der gestrige Abend war einer der unangenehmsten meines Lebens. Pfarrer K. bot mir seine Hand, obgleich ich ihn davor gewarnt hatte, und in einer Art, die mich zwang, ihm die derbsten Wahrheiten zu sagen. Mit einer Verblendung, die mir bei einem vernünftigen Manne unbegreiflich ist, legte er sich jede freundliche Rede von mir, ja selbst jede abweisende, unliebenswürdige als für ihn günstig aus. Dabei habe ich die feste Überzeugung, daß meine Person und Stellung ihm recht erwünscht scheinen, und weiter nichts. Mich schauderte bei dem Gedanken, den er sich vollkommen sicher ausmalte, mit ihm durchs Leben zu gehen, und ich fühlte in Wahrheit mein Herz dabei erstarren. Eins hat mich diese schwere Stunde gelehrt: Es gibt sehr wenige Menschen auf der Welt, die das Gefühl der Freundschaft, des einfachen Gutseins vom Geschlecht zum Geschlecht verstehen und verdienen."

Das vorher erwähnte Geschenk an den Vater wird am Karfreitag beschrieben. „Mir ist heute sehr wohl zu Mut in dem Bewußtsein, meinem lieben Doktor eine Freude bereitet zu haben. Was ich ihm erst als Abschiedsgeschenk bestimmte, meine für ihn beschriebene Rheinreise, sandte ich ihm diesen Morgen, und er erhält sie am Ostersonntag. Wie neugierig bin ich zu hören, was er mir darüber sagen wird! Wenn er sich nur recht, recht sehr freute? Ich denke Verschiedenes aus den Reiseblättern hier einzutragen, da es mir bei einer späteren Rheinreise gewiß Vergnügen machen wird, die verschiedenen Eindrücke zu beobachten, wohl auch ein fortschreitendes Schreibtalent zu prüfen. Dieser große Reisebrief sah sehr hübsch aus, 68 Seiten, auf jeder ersten von vieren war ein Buchstabe meines Namens in Rosen von mir gezeichnet und gemalt, so zwar, daß sich ein blühendes Marie Schlumberger durch die ganzen Blätter zog. Mit rosa Seide waren sie aneinander befestigt und hatten als Schmuck am Rücken drei kleine rosa Schleifchen. Mit meiner ganzen Liebe für den Doktor und das Schöne, was ich damals sah, genoß und empfand verfaßt, mußte es wohl gut ausfallen."

Die Liebesarbeit der Mußestunden fehlt der Wartenden am nächsten Tage. Der Tag scheint ihr nicht ausgefüllt.

Der Osterbrief bringt dann ein Abwehren des Freundes, wie wohl mancher Brief in den Jahren vorher.

„Was ich gestern gelitten in Folge des letzten Briefes, ich mag es nicht sagen. Dank sei den Göttern, die mir die Kraft geben, heute schon wieder in die Zukunft zu blicken, zwar ohne Hoffnung, aber doch mit Zuversicht, mit dem Wissen, mich über den Wellen zu halten, nach Befreiung, Läuterung und Stärkung des Geistes zu trachten. Gestern lag ich noch elend darnieder, jede Silbe kostete mich eine überwundene Träne, und heute schon prägt mir die Schönheit der Natur rings um mich her die Worte ein: Wie tausendhaltigen Grund hast Du zu danken, wie wenig Recht zu klagen. Auf Deinem Pfad ist Glück und Du klagst über Prüfung. O Du bester und liebster Mensch der Welt. Siehst Du, wie namenlos ich Dich liebe, wenn ich Dir dies schwerste aller

Opfer bringen will. Sieh', ich habe ja beschlossen, mich aus dem jetzigen Leben herauszureißen und mehr verlangst Du nicht. Und nun sende Dir Gott und die ganze reiche Natur das Beste, was sie hat. Und ich will meinen Geist, mein Herz und meine Seele bilden, ich möchte sie wärmen am reinsten Himmelslicht, damit sie in unnennbarem Segen Dich umgebe bis an Dein Lebensende. Wie ich heute meinen Tag, den Ostermontag, verbracht, will ich hier aufzeichnen zur eigenen Überwachung. Morgens Humboldts Kosmos, Arabien und seine Bedeutung, zur Erweiterung des Wissens. Eine Stunde Klavier. Adele (die jüngste Schwester) zu Bett gebracht, Kopf- und Halsweh, Geographie gelernt, Kleinasien. In der Küche nachgesehen. Croquet gespielt, Zeitung gelesen und einen Teil der philosophischen Briefe Schillers durchgenommen, das Letztere mit viel Gewinn. Während dieser Lektüre fingen alle Glocken zu läuten an, und die Seele, gestimmt zu heilsamem Entschluß, fühlte sich kräftig und willig, nach Überwindung zu streben."

Sechzehn Tage später erscheint der nächste Eintrag: „Seit den letzten leidenschaftlichen Worten gab's für mich fast nur Tage der Freude. Das Frühjahr in solch unaussprechlicher Schönheit, die herrlichsten Baumblüten und bis jetzt — Gott sei Dank — kein Frost. Hand in Hand mit dem Sonnenschein in der Natur war's auch hell und klar im Herzen. Mein lieber Doktor schreibt mir liebe Briefe, und ich antworte mit einer besonderen Lust, wie wenn unsere Korrespondenz von neuem und frischem begonnen hätte . . ."

Der Schatten der geliebten Mutter, der in meinem Arbeitszimmer immer gegenwärtig ist und dessen Unruhe und dessen leiser Segen und heimliche Fürbitte ich zu den wechselnden Zeiten nicht aufhöre zu spüren, möge dem Sohne nicht gram sein, wenn er das, was an den Selbstgesprächen und Eintragungen des roten Buches als überschwänglich und betont schöngeistig anmutet, für sie zugibt und erklärt: die älteste Tochter der glücklichen großelterlichen Familie auf Goldeck hatte fünf jüngere Geschwister, davon vier Schwestern, denen sie Vorbild und Lehrerin zu sein hatte, und zwar in den sonntäglichen Dingen nicht weniger als in den von ihr ausgezeichnet gekonnten und gemeisterten alltäglichen Dingen. Sie versuchte darüber hinaus den angestrengten Eltern nach der Arbeit zum Ausruhen zu helfen durch feierabendliches Wesen, sie wollte dem eigenen Vater das erfüllen, wozu er in seiner schweren Jugend nicht gelangt war, sie mühte sich, die verdeckte Verwundung des eigenen Herzens niemand merken, sondern wenigstens den andern durch erhöhte Gefühlsempfindlichkeit zum Guten dienen zu lassen. Das alles denn muß zusammengetan werden, und die wärmere österreichische Umgebung und ein Pathos der Zeit muß hinzugefügt werden. Die Wirklichkeit der Mutter war Bescheidenheit, Ehrfurcht, Herzensgüte und ein brennender Drang und ein schönes Vermögen zu helfen und unaufhörlich die Wahrheit zu suchen, frei von jeder Menschenfurcht und Rücksicht auf sich selbst.

Im Mai 1871 wird der ferne Freund noch einmal genannt: „Mein lieber Doktor arbeitet an einer Schrift, deren Gegenstand ich sehr begierig bin kennen zu lernen. Wie freue ich mich auf seinen nächsten Brief und erst auf sein Kommen! Ich meine manchmal, es sei Wahnsinn, daß ich noch nicht seine Frau geworden bin, aber er meint, das würde mein Unglück."

Über dem zweiten Nennen befindet sich ein kleiner gepreßter Vergißmeinnichtzweig, der die Farbe behalten hat. „Die ersten Blümchen im Buche sind ein Gruß von lieber Hand. Louisa (die angeheiratete englische Frau eines Vetters) brachte sie mir aus Wiesbaden, wo sie der Doktor von seinen Beeten gepflückt und in die Seiten seiner Schrift ‚Über die Lage und Namen einiger Örtlichkeiten um Mainz' gelegt hat. Die Schrift hat mich sehr interessiert, so sehr, als uns ja alles anzieht, was geliebte Personen gedacht, geschaffen und geschrieben und mit einer gewissen Gründlichkeit erschöpft haben ..."

Aus dem Sommer 1871 steht ein einziger Eintrag da am 22. Juli ... „Ich strecke die Hände aus nach einer geliebten Gestalt. Mir ist weh, so weh. Gott steh mir bei, wenn Du nicht willst, daß ich Dich liebe, wenn ich es Dir nicht sagen darf und die große Sehnsucht verschlossen in der Brust tragen soll. Sieh', ich sage ja nichts mehr, aber fühle ich es weniger deshalb? ... Wie bewachtest Du früher jede Regung meines Herzens, das nur für Dich schlägt und schlug, und wie namenlos glücklich machtest Du mich!"

Im Herbste findet der so lang erwartete Besuch des Freundes in Goldeck statt. Am 14. November lautet das Selbstgespräch: „Aus der verflossenen Zeit tönt ein Freudenaccord: die Anwesenheit meines geliebten Doktor in Goldeck. Nähme ich die Feder und tauchte sie in das reinste Sonnengold, in Worten könnte ich es nicht ausdrücken, was er mir gewesen, wie unbeschreiblich glücklich ich war. Das erste Wiederbegegnen nach zwei Jahren, das Schauen seiner lieben Gestalt, leben, denken, empfinden mit ihm ... Geist und Seele jauchzen sich abwechselnd die Erinnerung zu, aber der Mund schweigt, als fürchte er dem Geheimnis zu schaden ... Daß sich sein Körper und Geist gleich jung erhalten, ist ein Segen des Himmels, für den ich nicht genug danken kann. Der Schatten wird mir bleiben, daß mir nicht vergönnt ist, sein zu sein. In seiner Liebe muß ich Entschädigung finden, und sie gibt mir Hülfe. Was in das Schicksalsbuch für mich verzeichnet ist, das zu ahnen ist mir unmöglich. Ich lebe von Tag zu Tag ohne die Hoffnung eines jungen Mädchens. Mein Herz ist mit ihm verbunden, und mit ihm möcht' es auch untergehen."

Drei Selbstgespräche sind danach noch schriftlich festgehalten in den Jahren 1872 und 1873 bis zur großen Wende, über deren besondere Ursachen ich nichts weiß.

Am 17. März 1872, vom Geburtstag der jetzt Dreiundzwanzigjährigen heißt es: „Ich denke gerade so wie vor einem Jahr. Äußerlich habe ich mich auch nicht merkbar verändert. Ich sehe sehr wohl aus, und meine Natur äußert sich harmonisch trotz der Sehnsucht des Herzens. Ich bin glücklich im Kreise der liebenswürdigsten, heitersten Familie, bei meinen guten Eltern und in der echten gesunden Luft, die hier weht."

Das zweitletzte schriftliche Selbstgespräch im roten Buche des Mädchens stammt aus dem Oktober 1872: „Lust zu schreiben mehr als anderes öffnet diese Seiten wieder einmal dem Licht. Sonst nehme ich bei ähnlichem Drang nach Wiedergabe dessen, was im Herzen lebt und unaufhaltsam arbeitet, den Briefbogen her, der mir zum Tagebuch geworden ist und meinem liebsten Freund am Rhein alles erzählen ging, was wahr, was erträumt in mir und um mich so reich sich vorfand. Das Gefühl der Notwendigkeit, das ganze Sein nicht einem Traum, einem allerdings wunderbar beruhigenden, beglückenden Traum zu opfern, mäßigt die Anzahl der Briefe an den Einen, Lieben, Teuren und zerstreut die Gedanken hierhin und dorthin also auch auf diesen Bogen. Mein Ideal bleibt immer eine Verbindung mit ihm, dessen Altersunterschied von 28 Jahren das einzige Hindernis zu meinem Glück sein soll. Ich liebe das Natürliche, dem menschlichen Wesen Anstehende, aber mir fehlt die Vernunft zu erkennen, daß Papa und Mama, aber vor allem der liebste Mann selbst im Recht seien, indem sie jenen Altersunterschied auch als unübersteigliche Scheidewand zwischen uns stellen. Manches Jahr habe ich mir an dieser Mauer den Kopf wund und blutig gestoßen, viele Tränen sind mir deshalb über die Wange geflossen, ach — und ich habe ihn nicht für das Leben errungen, das heißt, er ist nicht mein von ganzem Herzen, ohne daß ich, die ich ihn mehr liebe als die ganze übrige Welt, sein Weib bin, doch still davon! Ich habe mir hundertmal zu schweigen gelobt und kann es jetzt halten beinahe — möchte ich sagen — aus Übermüdung. Mein Geliebter, Du Freund, Lehrer meiner schönen Mädchenjahre, sende der Himmel reichsten Segen auf Dich herab, mach' er Dich glücklich, zufrieden, froh, schenke er Dir alles, was Du Dir wünschest und nehme er Dir, was Du nach Naturgesetzen verlieren mußt, leise und schonungsvoll wie im Traum und Schlaf, Deine Mutter, die Dir vorangehen wird — o Gott, wäre ich bei Dir. Dein und nicht Dein und doch Dein ..."

Das letzte Wort im Frühling 1873 klingt fast unpersönlich und mag von irgendwoher übernommen sein: „Hüte Dich, Kummer in Deiner Seele groß zu ziehen ... Nur wenigste Menschen gehen schmerzlos durch's Leben, je weiter Deine Seele sich auftut, je mehr Dein Geist sich zu entfalten strebt, je stärker mußt Du Dich wappnen, Enttäuschung zu ertragen, ja Glück zu entbehren. Trachte Dein Leben auszufüllen mit gut und recht, es blühen die Blumen auf jedem Weg, wenn Du die Sonne auch entbehren mußt. Sei stark, sei einfach, sei geduldig und voll Mut."

Die große Wende, die die Eltern endgültig zusammenbrachte, trat im Mai 1873 ein. Der Vater kam nach Goldeck, und an der Mutter 24. Geburtstag verlobten sie sich an der Waldandacht in Vöslau.

Es gibt ein paar Blätter der Mutter aus dem Jahre 1878. Ich fand die Blätter spät im Leben. Sie sind Geburtstagsplaudereien für den Mann, für meinen Vater, und haben den Monat Mai zum Gegenstande. Da schließt der Bericht vom Jahre 1868 mit den Sätzen:

„... Und der Frühling erschien. Der Wind brauste und wehte die letzten Winterüberreste fort. Die Märznebel flohen. Um unser Haus wurde es licht. An einem Sonntagnachmittag kamst Du. Ich öffnete Dir die Tür. Unsere Freundschaft begann. Wir verlebten den ersten Mai zusammen." —

Dann steht die Zahl 1873 in einer Leere. Und das nun folgende Stück lautet:

„Wie lange bliebst Du fort! Fast glaubte ich, Du würdest nie mehr kommen. Ein kalter Winter. In meinem Herzen war's still wie im Grab.

Gewohnt, wie ich war, zu leben von Deinen Briefen in der Aussicht auf Dein Kommen, wie mußte ich darben bei Deinen spärlichen kühlen Worten, ohne Hoffnung, Dich wiederzusehen. Nirgends war Licht. Als nun Bertha's (der nächsten Schwester) Hochzeit nahte, riet ich selbst ab, Dich als Beistand zu bitten. Eine Müdigkeit und Hoffnungslosigkeit lastete auf mir, die ich nicht versuchen wollte, zu überwinden. Er hat dich nicht mehr lieb, dachte ich, warum da leben?!

Hat Dir mein guter Geist damals das Wort diktiert: ‚Gerufen wäre ich gekommen?' — Das war der erste grüne Halm, den mein Auge wieder sah.

Liebt er mich noch? Die rechte Liebe verzeiht alles, alles, nur das Eine nicht: Nicht lieben.

Sieh, ich war beinahe irr an Dir. Ich quälte mich mit dem Rätsel, wie Du, der ernste, der empfindliche Mann, fern von allem jugendlichen Leichtsinn mir von Liebe hattest sprechen können, mich an Dich knüpfen konntest mit Recht, außer dem einzigen, das vor der Welt gilt. Ich begriff Dich nicht, und ich hätte es doch nicht anders ertragen.

Es war Mai. Und Mai sollte es bleiben.

Die Qual dieses ganzen Winters, sie nahte mir noch einmal in der Nacht vor dem 17ten. Die verzweifelte Öde und Leere meines Lebens ohne Dich, die Unerträglichkeit dieses Lebens zwischen Furcht und Hoffnung, sie rüttelte mich wach: Du hattest auf sein Kommen nicht mehr gehofft, und er ist da; du kannst ihn mißverstehen; — noch ein Versuch. Und er gelang.

Das war ein 17. Mai! Der Abgrund hinter mir lag noch immer offen, ich konnte nur weinen und sagen: Gott sei Dank! und mich an Dir halten."

Ich weiß nicht, ob der Vater den Sommer über in Goldeck blieb, in der „Chronik von Goldeck" mag das stehen, in jenem großen und roten Lederbande, den die Mutter für ihre Mutter schrieb, als wir noch alle meinten, „das Land Orplid", Goldeck, des Großvaters Werk, und sein Geschlecht werde ewig dauern.

Die Trauung der Eltern fand in Goldeck in dem weiten Zimmer statt, das damals als Billardzimmer diente, unter dem Bilde der Judith mit dem Haupte des Holofernes. Die Trauung vollzog der evangelische Pfarrer von Ödenburg, Moritz Kolbenheyer, der Großvater des Dichters E. G. Kolbenheyer. Beide Eltern waren mit dem Pfarrer befreundet, und als ein von den Eltern und mir geschätztes Andenken besaßen wir unter den Familienpapieren ein Gedicht des Pfarrers auf die Mutter aus dem Sommer 1873 und ein Gedicht auf Vater und Mutter. Die blauen Schriftstücke gingen verloren, als ein gemeinsamer Bekannter sie einmal mitnahm zu des Pfarrers Enkel, dem Dichter des Paracelsus.

Die Eltern machten ihre Hochzeitsreise in die Schweiz und nahmen darauf in Wiesbaden Wohnung in dem meinem Vater gehörigen Hause Mainzerstraße 13 mit dem einst so schönen vom Gartenachitekten Sießmeier angelegten Garten. Eine kurze Weile spielte der Vater mit dem Gedanken, eine Professur an einer Universität wiederum anzunehmen. Die geliebte Mutter scheint vorsichtig dazu geraten zu haben. Aber — wenn ich recht berichtet bin — veranlaßte ihn auch ein ganz kleines, unscheinbares Vorkommnis mit der Mutter, den Plan endgültig fallen zu lassen. Sie hatten als junges Paar eine Universitätsstadt besucht, die besonders in Frage kam und in der nähere und entferntere Verwandte des Vaters wohnten. Der immer einfach und doch immer sehr gut angezogenen Mutter Wiener Kleider fielen auf. Die Mutter hatte, als der Besuch zwei alten Basen galt, einen großen echten indischen Schal um, wie man ihn damals noch trug. Die alten Damen erhoben sich mit ihren Lorgnetten, und jede faßte den Schal an, und beide sagten: „Trägt man das bei Ihnen in Wien?" Das soll dem Vater mit seiner Gewohnheit der Weite und des Abstandes den Rest gegeben haben. Jedoch, obgleich der Vater fortwährend eifrig arbeitete und einen sehr genauen und frühen Tag immer einhielt, er hat sich ohne Zweifel bei seinen unverbrauchten Kräften zu früh aus dem „Muß" und den größeren Gelegenheiten herausgezogen.

Ich, der älteste Sohn meiner Eltern, wurde am 22. März 1875 morgens um ½6 Uhr am Geburtstag des alten Kaisers geboren, den beide Eltern hoch verehrten; Stunde und Wochentag der Geburt waren dieselben wie beim Vater.

Als meine Mutter mich trug und sich ihre Gedanken mit dem Sohne oder der Tochter unter ihrem Herzen beschäftigten, wünschte sie sich, ja war sie überzeugt, daß der Sohn, so er es sei, ein Dichter werden solle, das, was sie und die reichsfrohe und reichsstolze Zeit unter Dichter verstanden. Insbesondere mag sie an ihren Schiller und seine Dramen gedacht haben und an die Begeisterung vor Schillers edlen Spielen im Burgtheater in Wien.

Und welche andere Ahnung der Zukunft und gar der Erfordernisse der deutschen Zukunft konnte ein froher und dankbarer Mensch damals haben, als der alte Kaiser und Bismarck lebten?

2.

Ich vermag trotz der wundervollen Wärme der geliebten Mutter, bei deren Gestalt ich mir ein Leben lang Hilfe holte wie Achill bei der göttlichen Mutter Thetis und deren Schatten mein Leben lang wie die göttlich lebendige Thetis für ihren Sohn den Verkehr mit den höchsten Schicksalsmächten unternahm, von einer glücklichen Jugend, darein ich mich je zurückgewünscht hätte, nicht zu sprechen.

Die heimliche Abneigung gegen die Jugendzeit besteht auch trotz der so hohen Bildung und Rundung des Vaters, dergleichen ich keiner mehr begegnete außer bei Rudolf G. Binding in späten Jahren, und besteht trotz den einst so glänzenden und von viel zu früher Liebe berauschten Tagen auf der großelterlichen Besitzung Goldeck, unserem „Land Orplid", bei Wien.

Ich habe immer wieder an mir herumgetastet nach den Ursachen, schon weil ich Unbefriedigtheit und gar Abneigung vor der Mutter rechtfertigen wollte; schien es mir doch, ich, ihr Nächster, dürfe um Gotteswillen ihren Schatten nicht auch noch kränken, da ihr während ihrer Irdischkeit bei aller Hergabe und bei dem so leidenschaftlichen Wollen ein ganzes Gelingen schon versagt geblieben war. Und was ist ein halbes Gelingen?

Ich habe mir zuweilen geantwortet, es möge sein, ich trüge mit an dem, was die Unerfülltheit ausgemacht habe im Leben der Mutter, die voll größter Hoffnungen in die errungene Heirat mit dem achtundzwanzig Jahre älteren Mann gegangen war und die erfahren lernte, daß kein neues, kein zweites, kein noch höher gesteigertes geistiges Leben für ihn durch sie begönne.

Suche ich die Ursachen der Unbefriedigtheit aber bei mir selbst, so gerate ich an die erwähnte, früh erwachte und tiefe Kinder- und Jünglingsliebe zu einer Verwandten. Sie entzog mich vom elften Jahre an ohne Zweifel rechter Jungenhaftigkeit, sie ließ mich ungestillten Sehnsüchten verfallen, sie schwächte den Willen wie eine beständige Musik. Jene unreife Liebe war sehr unirdisch und also sehr sauber und säubernd und wiederum sehr verhemmt. An den Folgen der Verhemmung trug ich weit in mein Leben hinein, ja vielleicht bis hin zum unbezweifelbaren äußeren Erfolg in meinem Berufe. Die Liebe dauerte bis zum 21. Jahre, sie endete, weil das angebetete Mädchen heiratete.

Jedoch habe ich bei dem Tasten noch ein Anderes entdeckt, mit dem ich in den Jünglingsjahren auf keine Weise fertig wurde, und das wie alles Unbewältigte dann belastend nachwirkte und mich nicht mehr verließ.

Wie hätte ich auch damals und in meinem Elternhause an den Gedanken geraten können, es stehe eine Zeit- und Menschenwende vor der Tür und habe gar schon ihren Anfang genommen? Im Elternhause herrschte zusammen mit dem haltungssicheren altbürgerlichen Wesen des 1821 geborenen Vaters noch ein gutes Teil goethischer Anschauung. Dem Vater machte wohl zweierlei Sorge, das Steigen der „Roten Flut" und das wirtschaftliche Absinken des alten Bildungsbürgertums. Er erkannte, daß das alte Bürgertum aus Mangel an nötigen Mitteln und aus Mangel an Muße zur freien Bildungsarbeit an sich selbst vor der die ganze Nation treffenden Gefahr stehe, die Rolle als Träger und Richter der deutschen Kultur und Anständigkeit zu verlieren. Er erkannte es, aber er glaubte es wohl noch nicht. Ich sah mehr von den täglichen Erscheinungen in unserer Heimatstadt als er, der Auslegung blieb ich ferner als er. Mich stieß ab, wie schnell neuer Reichtum zur Geltung kam, und wie wenig die Art seiner Träger der verantwortlichen Art des alten Bildungsbürgertums glich, und weiter, wie rasch das, was für mich und meine Jungenaugen Preußenwesen vertrat, nämlich Offiziere, höhere Regierungsbeamte und Personen des hohen und niederen Adels, die es in der Heimatstadt besonders reichlich gab, sich zu dem neuen Reichtum und seiner Artlosigkeit, um nicht zu sagen Unart, hinfand.

Wenn ich alles zusammenfasse, dann bedrängte mich in meiner Jünglingszeit im Elternhause, abgesehen von den eigenen Angelegenheiten und Schwächen, das vorerst dumpf gespürte und nicht enträtselbare Unechte der Zeit, das bei Wien vielleicht noch mehr zu wuchern anfing als im Leben meiner Vaterstadt Wiesbaden. Von der Bedrängnis ist dann während der allgemeinen Entwicklung der deutschen Dinge in mir mehr haften geblieben als von den hellen Tagen.

Aber ich versuchte, meine Absage an die Jugendjahre im Elternhause zu erklären, und will doch von den kleinen Bedeutsamkeiten der zwanzig ersten Lebensjahre für mein Werden berichten.

Wir waren vier Söhne im Hause Mainzerstraße 13. Die Mutter hat über alle vier Söhne Aufzeichnungen für den Vater gemacht. Diese Aufzeichnungen waren Weihnachtsgeschenke an ihn. In der frühen Jugend soll ich dem mir nächstgeborenen Bruder, dem geistig Lebendigsten von uns, sehr anhänglich gewesen sein. Ich erinnere mich an die Kinderfrau, Frau Höchst, die wir zusammen hatten, und es ist nicht nachgeredete Erinnerung. Sie kam, als der Bruder noch nicht sprechen konnte, und ging in meinem vierten Jahre. Sie hatte den Bruder gern und mochte mich gar nicht. Sie hielt mir mit Vorliebe lange Strafreden über Verkehrtheiten oder gar Schlechtigkeiten an mir, und ich glaubte ihr wohl, solange sie da war, und ließ mir Kinderlust nehmen. Kehrten Vater und Mutter von einer Besorgung zurück und stellten die Frage: „Seid Ihr brav gewesen?", so soll ich nach dem Berichte der Mutter fast immer geantwortet haben: „Bruder war brav, ich war nicht brav." Von solchen Antworten weiß ich nichts mehr, aber ich weiß wohl, wie mein Herz aufatmete, wenn ich den Schutz der Mutter von neuem im Hause fühlte.

Aus den Geburtstagsplaudereien der Mutter für den Vater, die ich erwähnte, will ich die Aufzeichnungen über den 17ten Mai 1878 hier einfügen, weil sie mir der hellste Bericht aus meiner frühen Kindheit zu sein scheint und von der Mutter nie vergessen wurde. Die Mutter schrieb:

„Und wieder ward's Mai. Die Vorfenster sind fortgeschafft, die Teppiche weggerollt, die Möbel geklopft, der ganze Winterstaub zu den Fenstern hinausgeschafft und eine Flut von Licht, von freundlichster Helle im Innern wie draußen. Wie wunderhübsch sieht der Garten aus, und wie prächtig ist der Sitz auf dem Balkon unter der schützenden Marquise, zwischen Himmel und Erde mit dem weiten Blick auf die duftenden, blühenden Gärten.

Die Großeltern:

Prof. Dr. phil.
Cornelius Grimm,
Pfarrer, Erzieher der
kurhessischen Prinzen,
Leiter des hessischen
Schulwesens in Kassel.

Ernestine Grimm,
geb. Schmidt.
(gemalt von P. Grünbaum
aus Wien 1828)

Die Eltern:

Prof. Dr. iur. Julius Grimm,
Professor in Basel,
Syndikus der Österreichischen Südbahngesellschaft in Wien, Mitbegründer und Abgeordneter der Nationalliberalen Partei, Mitbegründer des Deutschen Kolonialvereins.

Marie Grimm,
geb. Schlumberger
Edle von Goldeck

Am 17ten Mai prangten die herrlichsten Blumen im Salon. Du hattest mich frühmorgens überrascht mit einem wundervollen Strauß, und hinter Dir kamen unsere drei lieben kleinen Buben mit Blumen und Gruß. Heute wollen wir seit langem wieder den ersten Ausflug machen, in den Zoologischen Garten in Frankfurt, und Hans soll uns begleiten. Es ist so warm, daß ich für mich und das Kind eilends Sommerkleider zurecht machen muß, und so wird's Mittag, bis ich fertig bin. Da kommen denn auch alle die Briefe und Wünsche vom Haus, und in frohester Stimmung nehmen wir unser einfaches Mahl, durch eine Flasche Schaumwein und Deinen Toast gewürzt.

Gleich nach Tisch wollen wir fort. Es ist ein Tag, an dem alles gelingt. Die Sonne hält stand, der gefürchtete Regen bleibt aus, und so fahren wir fort, hinaus in die blühende Welt, glücklich und froh.

Unser ganzes Interesse gilt heute Hans. Mit den Kindern wird man jung, sagt das alte Wort. Der Kinder Einfalt sieht hell und klar die tausend Wunder rundum, das Große und das Kleine, und macht das Langgewohnte, Unbeachtete neu und bedeutend.

Die Eisenbahnfahrt ist schon hochinteressant. Hans steht am Fenster mit geröteten Wangen, bemerkt alles, will Aufschluß über alles und kann doch auch wieder gar nicht erwarten, in Frankfurt anzukommen. Als wir aber hineintreten in den Zoologischen Garten und Hans in der Allee die Reihen von Papageien und Kakadus sieht, da bricht der Jubel los. Er läuft hin und her von einem Vogel zum andern, er spricht jeden an, ahmt seinen Schrei nach und schreit selbst vor Freude über diese wunderbare Gesellschaft. Wir haben Mühe, ihn zur Ruhe zu bringen. Das gelingt erst vor den Käfigen mit den wilden Tieren. Der Löwe liegt träg, schlafend da. ‚Löwe, steh doch auf! Ich bin's ja, der Hans!' ruft er — und ist sehr erstaunt, daß der Löwe keine Notiz von ihm nimmt. ‚Sieh da den Tiger, die Leoparden, die Bären, die Affen, mehr und mehr!' Da kommt das Unstete, Unruhige des Kindes recht zum Vorschein. Er treibt fort und fort. Mehr und mehr will er sehen und nimmt sich nicht Zeit, das Gegenwärtige zu genießen.

Mir selbst macht ein Besuch des Zoologischen Gartens immer Freude. Ich sehe gern die fremden Tiere und freue mich über jede Einrichtung, die uns das Ferne nah bringt und das Lernen leicht macht. Ich habe es auch diesmal wieder recht empfunden, wie empfänglich man für jeden Genuß ist, wenn man sparsam ist mit dem Genießen. Ich habe mich den ganzen Sommer mit großem Vergnügen an den 17ten erinnert und Dir oft im Stillen dafür gedankt." —

Die Entfremdung zwischen mir und dem Bruder nahm ihren deutlichen Anfang vor dem Weggange von Frau Höchst. Sie war immer quälerischer geworden, und die Bloßstellung des Älteren und in diesem Falle wehrlosen älteren kleinen Jungen tat dem helleren jüngeren kleinen Jungen nicht gut. Er gewöhnte sich als Folge früh das Hänseln an, das ich mir in ersten Jahren eine Weile gefallen ließ, ehe ich drohte oder mich davon machte oder, was sehr selten geschah, einen Schlag mit einem Schlag vergalt. In allen drei Fällen ließ der zartere und gewandtere Angreifer ein Zetergeschrei ertönen. Drang das Geschrei an meines Vaters Ohren, dann hieß es bei diesem entweder: „Ach was, Ihr seid beide schuld", oder: „Du bist der Ältere und bist also der Verantwortliche, denn Du mußt der Klügere sein", was ich nicht war. Und dann bekamen wir selten beide (meistens ich allein) die Strafe, und für mich fiel sie erheblich härter aus. Mich erbitterte, als wir in die Knabenzeit kamen und sich nichts änderte, diese Ungeschicktheit zunehmend. Und als ich einmal wieder zu unzweifelhaftem Unrechte gestraft worden war, sagte ich entgegen aller sonstigen Scheu und Ehrfurcht zum Vater ungefähr: „Ich werde in Zukunft den Bruder tun lassen, was er will; ich werde ihm nichts entgegnen. Ich werde keinen Schlag zurückschlagen. Es soll für mich sein, als sei er nicht da." Ich war, als dies geschah, wohl zwölf Jahre alt. Der Vater hörte damals nicht hin auf das ungewohnte Aufbegehren. Er versuchte später mein Schweigen gegenüber dem Bruder durch manches Machtwort zu durchbrechen, er hatte keinen Erfolg, es dauerte bis zu meiner ersten Heimkehr aus Südafrika, bis zu meinem 25. und des Bruders 24. Jahr. Die falsche Behandlung hat, so scheint mir, in der Knabenzeit einen sehr ernsten Schaden bei mir hervorgerufen, aus mir wurde die Bereitschaft und der Mut zur körperlichen Gegenwehr herausgestraft. Ich verstehe nicht, daß der lebenserfahrene Vater, der mich verhalten sehr liebte und bald mehr als den schwierigen Bruder, so wenig von der Weisheit des englischen Wortes verstand: „Let them have it out" ... Aber er und sein nächtsgeborener zweiter Bruder waren in ihrer Jugend gestraft worden, wenn sie zu streiten schienen, und also geschah das bei uns auch.

Ich glaube, daß Jungen zu Zeiten ein paar heruntergehauen bekommen müssen, und daß das ihnen und der sich entwickelnden Seele in ihnen besser tut als lange Predigten, als Entziehungen, als quälende Verbote, als fressender Zorn und Groll. Der Vater fand im Verbieten und Strafen das Maß nicht mehr, das der empfindlicheren Zeit zustand, in der wir Kinder waren. Er, der sonst so fest gefügte, so unerschütterliche Mann, horchte in unseren Dingen viel mehr hin auf das, was die Männer sagten, die er abends vor dem Abendessen im Casino traf, als auf die leisen Bitten und Einwände der Mutter. Casinoleute berichteten ihm: „Die Jungen (nicht wir im Besonderen) hängen auf den Straßen herum beim Nachhauseweg aus der Vorbereitungsschule in der Oranienstraße." Der Vater gebot: „Fünfundzwanzig Minuten nach Stundenschluß bist Du zu Hause." Sein Fenster ging auf das Gartentor hinaus, er erschien monatelang am Fenster, wenn ich mich nicht rechtzeitig gemeldet hatte, und ich meldete mich oft nicht rechtzeitig, denn ich war langsam von kleinauf im Tun und Denken und mochte die Vorbereitungsschule und auch später die frühen Gymnasialklassen gar nicht und schlenderte aus der Vorbereitungsschule in Träumen des Befreiten hinaus, bis ich sah, daß es wieder zu spät geworden sei und bis mich die Furcht vor dem Kommenden überfiel. Die Casinoleute berichteten ihm: „Die Jungen (wiederum nicht wir im Besonderen) machen einen Sport daraus, ihre Finger voll Tinte zu schmieren." Der Vater, den meine ungeschickten Tintenfinger schon lange geärgert hatten, bestimmte: „Wenn Du nicht mit reinen Fingern nach Hause kommst, gibt's was." Ich weiß noch, und mußte bei vielen Gängen als Mann durch die Rheinstraße in Wiesbaden daran denken, wie der Achtjährige und Neunjährige an den damaligen Pferdebahnschienen die Finger durch Reiben von Tinte zu befreien versuchte, und wie die erlaubte Zeit dabei verstrich, und wie der Achtjährige und Neunjährige Vorübergänger in der Allee unter Tränen bat: „Helfen Sie mir doch bitte, ich muß doch mit Fingern ohne Tinte nach Hause kommen."

Die Casinoleute berichteten ihm: „Die Jungen (nicht wir im Besonderen) treiben Unfug draußen, wenn sie am Mittwoch- oder Samstagnachmittag und am Sonntag losgelassen sind." Wir begegneten im elterlichen Garten lauter durchaus berechtigten Verboten, der sehr schöne Ziergarten sollte sein ordentliches Aussehen behalten, der anschließende mühsame Gemüse- und Obstgarten, um den sich der Vater mühte, sollte einen guten Ertrag für alle hergeben. Wir störten ohne Zweifel Ordnung und Ertrag und störten gelegentlich beides mutwillig. Der Vater engte unsere Gartenbenutzung immer mehr ein. Aber sind Jungen zufrieden mit der Promenade auf Kieswegen? Wir drängten zu Wanderungen. Die Wanderungen wurden, weil auch die Mutter in den Bitten nicht nachließ, gestattet, bei streng begrenzten Stunden. Nun hatten auch beim Laufen ich und der nächste Bruder ganz verschiedene Wünsche, ich wollte Ziele erreichen, möglichst weite, möglichst unbekannte Ziele, der nächste Bruder wollte sammeln und beobachten und fangen, Salamander, Stichlinge, glatte Nattern, Eidechsen. Er kauerte sich nieder, sobald sich etwas bot. Er jammerte auch gelegentlich, die Beine täten ihm weh, wenn wir andern, der dritte Bruder und ich uns doch durchsetzten. Einzeln heimkommen durften wir nicht. Die Märsche erhielten eine neue Erschwerung, als auch der jüngste Bruder mitgenommen werden mußte, an sich hielt der Kleine durchaus zu mir. Der dritte Bruder und ich haben ihn dann beim Nachhauselaufen manche Wegstrecke pustend getragen, um den värterlichen Zapfenstreich nicht zu überschreiten.

Dies klingt nun alles, als sei der Vater ein finsterer harter Mann gewesen. Er war indessen nur aus einer anderen Zeit als die Mutter und erst recht aus einer anderen Zeit als wir, seine Söhne.

Mein eigenes Gedächtnis bewahrt die Erscheinung des Vaters in meiner frühen Kindheit merkwürdig wenig. Ich sehe ihn in der Erinnerung zum ersten Male vor mir an einem Morgen um meinen dritten Geburtstag herum. Die Eltern hatten mein Bett in ihr Schlafzimmer gestellt, um mich der quälenden Frau Höchst etwas zu entrücken und hatten stattdessen den dritten Bruder zu ihr gelegt. Ich wurde vom Vater am Morgen gefragt, was ich geträumt hätte. Ich dachte einen Augenblick nach und antwortete dann: „Ich habe geträumt, daß eine Biene Dich in die Hand gestochen hat." Ich meine mich genau zu erinnern, daß ich mit Willen log und daß ich keinen solchen Traum gehabt hatte. Ich meine mich auch zu erinnern, daß ich mich in irgendeinem Sinne rächen wollte. Der Vater sah mich ernst an. Das sei kein schöner Traum gewesen, sagte er, und die Mutter pflichtete ihm leise tadelnd bei. Ich muß mich durchschaut gefühlt haben. Ich schämte mich sehr. Oder warum hätte mich sonst die Erinnerung dieser

Unbedeutendheit nicht verlassen? Sie gehört zu der seltsamen Auswahl von Dingen, die sich in einem ungerufen immer wieder heimlich melden.

Bei der zweiten Erscheinung des Vaters war ich schon fünf Jahre alt. Der gute alte Hausarzt hatte meiner Mutter und dem zweiten Bruder wegen seiner Halsdrüsen einen Badeaufenthalt in Münster am Stein verordnet. Ich war erst mitgewesen. Als der Vater die Mutter zurückholte, durfte ich ihn begleiten. Von Bingen aus lief ein Salon- und Aussichtswagen ohne Abteilungen im Zuge. Ich saß auf einer der, wie mir scheint, kleinen blauen Polsterbänke gehorsam neben dem sommerlich und wie immer gewählt und genau angezogenen und sich sehr straff haltenden Vater. Ich merkte plötzlich, daß mir im Leibe etwas weh tue und verkehrt gehe. Ich schielte ein paarmal mit wachsender Angst nacht rechts am Vater hinauf. Aber er merkte nichts, und er blickte zum Fenster hinaus oder sprach über den freien Mittelraum des Wagens zu reisenden älteren Damen auf der anderen Seite. Dann geschah das Unglück. Mir wurde eiskalt, ich konnte nichts denken und nichts sagen. Der Vater war auch bei geringeren Anlässen sehr nasenempfindlich. Er fragte plötzlich: „Ist Dir etwas passiert?" Er nahm mich schnell ohne jede Ungeduld und jeden Zorn aus dem Wagen. Er versuchte — so blieb es mir haften — mit einigem Stöhnen einen leidlichen Zustand bei mir wieder herbeizuführen. Er opferte eines seiner besonders guten und großen leinenen Taschentücher. Er holte aus seiner juchtenen Reisetasche im Aussichtsraum eine Flasche Eau de Cologne, ohne die er damals nie reiste. Ihm gelang das Werk, und ich weiß von keinem Tadel und keiner Strafe und spüre noch ein Gefühl der Dankbarkeit nach der Angst und dem großen Erschrecken und schauerlichen physischen Unbehagen.

Die Wochen vorher, die ersten Wochen ohne die Mutter, waren mir sehr empfindlich gewesen, nicht weil ich etwa in jener Zeit den Vater mehr gefürchtet hätte. Ich hatte es auch sicher gut bei unserem ersten Kinderfräulein Marie Hallerstete aus Oldenburg, die sich seit meinem vierten Geburtstag bei uns im Hause befand, sie war heiter, sie war bestimmt und klar und konnte sehr gut erzählen. Meine Eltern und wir Kinder mochten sie gleichermaßen. Neben der Fräulein Marie aber versuchte die Tochter von Vaters Schwester und Schwager, die im Erdgeschoß unseres Hauses wohnten und den Garten wie eigen benutzten, ohne Auftrag an meiner Pflege und Bewachung und Erziehung teilzunehmen. Sie fand ihre beste Gelegenheit, wenn der Vater abends zwischen halb sechs und halb neun im Casino war. Ich habe die Base, während sie bei uns im Hause lebte, nicht gemocht. Niemand hat uns Brüdern im Laufe der Zeit so viel Prügel verschafft als sie und ihre Eltern. Die Abneigung blieb freilich nur an der Base hängen und kam von der Aufdringlichkeit, der Unnatur und Künstelei und schließlich von der Unwahrheit des an sich gescheiten und geschickten Mädchens her. Vielleicht wollte sie dem verträumten und scheuen Jungen freundlich sein damals und wieder etliche Jahre später, als die Mutter noch einmal fort war. Das Kind aber fürchtete sie von Herzen aus, und wenn ich sie und ihr angreifendes Wesen eine Zeitlang in den späten Nachmittagsstunden des Gartens ertragen hatte und auch manchmal sonst in unbewachten Augenblicken des Abends, lief ich ins Haus und lief in der Eltern Schlafzimmer und vergrub das Gesicht in der Mutter Bett, bis ich jemand hörte. Unendlich wohl tat dann der feine und natürliche Duft der Mutter, der allen ihren Sachen anhing und nach dem ich die ganze Kindheit hindurch zum Erstaunen und zur Belustigung von Verwandten ihr Eigentum von gleichem anderen Eigentum unterscheiden konnte. Es war mir, als sei ich nun bei ihr gewesen und als sei ihre wundervolle natürliche Art und Wärme wieder um mich.

Des Vaters Gestalt erscheint körperlich zum dritten Male in der Erinnerung der frühen sieben Jahre, als wir vier Kinder mit der Mutter und mit Marie Hallerstete den ersten Besuch bei der Großmutter und den Verwandten auf Goldeck machten. Der Vater war nachgekommen, wahrscheinlich wollte er die Mutter sehen nach einer fünften, einer mißlungenen Geburt eines Mädchenkindes. Die Mutter, die wir, wie damals in der westlichen und südlichen Bildungsschicht üblich, Mama nannten, sagte mir eines Vormittags mit Tränen in den Augen: „Gehe leise in das Billardzimmer, Papa ist dort, er hat ein Telegramm bekommen, daß die gute Großmama Grimm in Marburg gestorben ist." Ich schlich in das Billardzimmer von Goldeck, in dem die Eltern vor bald neun Jahren getraut worden waren, und da saß in einem Sessel zusammengesunken und von Schluchzen geschüttelt der großmächtige, sonst so sichere Vater. Ich weiß nicht mehr, ob ich zu ihm hinging, ich sagte wohl auch nichts, sondern stahl mich verstört wieder hinaus.

Suche ich in meinen ersten fünf Jahren nach der körperlichen Erscheinung der Mutter, dann habe ich die sehr fleißige und rasche junge Frau am schnellsten vor mir an ihrem Frisiertisch um zehn Uhr vormittags. Sie war jeden Morgen wie der Vater beizeiten auf. Wir frühstückten, ich glaube von je und nicht erst in den Schuljahren, alle zusammen im Sommer zwischen 6 Uhr zwanzig und 6 Uhr fünfunddreißig und im Winter zwischen 7 Uhr zwanzig und 7 Uhr fünfunddreißig. Darauf ging die Mutter der Haus- und Kinderarbeit nach und der Vater besorgte vor der Schreibtischarbeit im Frühjahr, Sommer und Herbst zunächst den Garten. Um zehn Uhr war von der Mutter das Gröbste getan, bis dahin trug sie ein Morgenkleid und eine weiße Schürze mit dem Mäanderband und auf dem Kopfe ein weißes Morgenhäubchen mit Samtschleifen. Um zehn Uhr setzte sie sich hin zum Kämmen und Richten ihres schönen reichen Haares, das offen über ihre Kniekehlen reichte. Wir Kinder saßen dann um sie bis zu den Schulzeiten und auch während der Schuljahre an den Sonn- und Feier- und Ferientagen und lernten früh Gedichte bei ihr und berichteten später und gaben auf Fragen Antwort, und sie mühte sich um unser Französischsprechen. Die ersten Gedichte waren Hey's Fabeln, aber sie drängte früh zu Schiller, und ich konnte vierjährig den „Handschuh" auswendig. Als mir die Mutter dies Gedicht zum ersten Male vortrug, soll ich nach dem Erstaunen und meiner Aufregung über die Raubtiere kopfschüttelnd gesagt haben, noch in versetzter Kindersprache: „Wenn ich der Ritter gewesen wäre, ich hätt' der Dame zugerufen, Dame, hol' Dir Deinen Handschuh selber!"

Die Mutter war immer einfach und zugleich sehr gut und sorgfältig angezogen und sehr gut frisiert. Sie benutzte wenig Schmuck und besaß wohl auch nicht viel Schmuck. Sie trug an den Alltagen abwechselnd zwei Kameen als Broschen, eine große mit dem Schillerkopf, die sie sich in ihrer Mädchenzeit gekauft hatte, und eine kleine besonders schöne echte Kamee mit dem Kopfe der Ceres, von der ich als Kind meinte, es sei Schillers Frau. Bei Ausgängen trug sie eine seltene altgriechische Münze mit einem griechischen Zeushaupt in edler Fassung. Am meisten Eindruck machte Mutters Erscheinung auf mich in den nicht häufigen Abenden, an denen sie und der Vater zusammen in die künstlerischen Konzerte gingen. Sie hatte dann ein schwarzes Seidenkleid an und trug ihren Hochzeitsschmuck, ein goldenes

Medaillon mit Brillanten und einer von mir stets bewunderten goldenen Panzerkette. Der Vater neben ihr sah nicht minder gut aus als sie. Auf die beiden großen Eltern waren wir schon in der frühsten Zeit stolz. Wir merkten mit den Augen auch später nie einen richtigen Altersunterschied, und dabei ist mir sogar die alternde und am Ende durch Herzkrankheit schwer gequälte Mutter selbst immer als junge Frau gegenwärtig, was an ihrer zu keiner Zeit versagenden Wärme und ihrem nie stockenden Mitfühlen und ahnungsvollen Mitdenken liegen mag. Zum Schmucke gehörte das mir liebste Stück an ihr, ihr Verlobungsring: Es lagen da in Gold gebettet zwei kleine blaue Türkisherzen, rechts und links von drei Diamanten. Von dem Augenblick an, in dem ich bewußt zu beobachten begann, berührte ich diesen Ring an ihrem linken Zeigefinger besonders gern. Sie schrieb den Ring am Tage vor ihrem Tode meinem jüngsten Bruder zu. Der Bruder ließ den Ring bei mir, und er blieb auch nach seinem Tode in der elterlichen Kassette liegen. Ich wagte mich nicht dran. Aber dann kam ein Zeitpunkt in meinem wartenden Leben, in dem ich glaubte meinen zu dürfen, durch mich sei, wenn nicht mein eigener Drang, so doch ein Stück Sehnsucht und Schicksalsbitte der Mutter erfüllt worden.

Im Jahre 1877 hatte sie die Jahresaufzeichnung über mich und den nächstjüngeren Bruder mit ungefähr folgenden Sätzen abgeschlossen:

„Ich denke oft daran, daß meine Mutter in den Kindern die gültige Erklärung der Sage des ewigen Lebens erblickte. Wir säen aus in die Kinderbrust, dort keimt's, sprießt's auf, entfaltet Blüten, bringt Frucht und reift zu neuen Samen für Enkel und so immer fort. Nichts aber zwingt mehr zur Einkehr in uns selbst, zur genauesten Prüfung des eigenen Tun und Lassens als jener Gedanke der Weitergabe und des behüteten Samens, als die Übermittlung des Guten und auch unbewußt des Schlechten. Ich habe mir sehr eine kleine Tochter gewünscht. Oft denke ich, daß es die Götter gut machten, als sie mir die Tochter versagten. Meine Heftigkeit wird den Buben weniger schaden als dem kleinen Mädchen; was aber oft in meiner Brust als fast unbändige Sehnsucht aufwacht, der Drang, etwas schöpferisch zu leisten, und was dann wieder untergeht vor dem Bewußtsein des Unvermögens — so wird vielleicht in einem meiner Jungen Kraft werden, Kraft, die bildet."

Da ich also eines Tages zu glauben wagte, ich hätte — wenn auch in mehr nüchternem Sinne, als sie gehofft haben mochte — ihrer heimlichen Erwartung Genüge getan und ein Stück Erfüllung sei endlich vor sie hingelangt, da griff ich nach dem Ring und tat ihn mir an den kleinen Finger der linken Hand als ihr Zeichen. Beim Holzspalten barst der Ring. Ein dörflicher Uhrmacher überhitzte die blauen Türkisherzen farbetötend, ein Teil des einen Herzens wurde abgesprengt, und statt des leuchtenden Blau nahmen die Herzen eine müdere graublaue Farbe an. Ich konnte mich dann nicht entschließen, sie ersetzen zu lassen. Gewiß gehörte das leuchtende Blau mehr zur jungen Mutter und paßte die abgesprengte Unordnung nicht zu ihr, aber ausgewechselte Steine wären doch nicht mehr die von ihr getragenen Steine gewesen und die Finger ihrer Kinder hätten auch nicht mehr mit ihnen gespielt gehabt.

Während unseres ersten Besuches auf Goldeck wurde in Wiesbaden an das schöne einheitliche Haus ein teurer, das künstlerische Gleichgewicht störender Neubau angehängt. Im Erdgeschoß und bei uns im ersten Stock gingen dadurch je ein Balkon verloren, größer als sehr große Zimmer. Der erste Stock war zu klein geworden für das Elternpaar mit den vier Kindern, mit dem Fräulein, mit Köchin und Hausmädchen, mit Vaters Studierzimmer und Bibliothek, die, eng gedrängt und außer den eichenen Gestellen im Studierzimmer, zweieinhalb Räume einnahm. Während die Eltern zögerten, erinnerte Vaters Schwester im Erdgeschoß daran, daß ihre Tochter ausgehreif werde, und daß zu Gesellschaften und zu den zu erwartenden Hausbällen für Tante und Onkel und Base mehr Raum benötigt werde. Die Mutter schlug dem Vater vor: „Laß uns die Gelegenheit benützen und laß uns das Haus, das doch als ein Einfamilienhaus gebaut worden ist, allein bewohnen. Sind die Söhne später aus dem Hause, so mag es wieder geteilt werden." Die Mutter stand mit der ganzen väterlichen Verwandtschaft sehr freundlich, sie ging allen zur Hand, sie glich überall aus, sie hatte gegen die Verwandten im Erdgeschoß nichts, sondern mochte Schwager und Schwägerin sehr wohl; ein allein bewohntes Haus war ihr aber von jeher ein Herzenswunsch gewesen. Sie fühlte stärker als der Vater, daß zu wirklichem Familienleben und zur runden Erziehung das Einfamilienhaus gehöre, und sei es — was unser Haus nicht war — noch so klein. Sie wußte, daß nur im Einfamilienhaus eine ganz verantwortliche Ordnung gehalten und den Kindern vor die Augen gestellt und ihnen zur Gewohnheit gemacht werden könne ohne Ausrede; sie wußte ferner, daß auf die Dauer nichts ärgerlicher stört und gute Entfaltung und Kultur aufhält als tägliche kleine Hemmnisse des Privatlebens, auch wo solchen Hemmnissen jede Böswilligkeit fehlt. Die Bitten der Mutter fanden beim Vater kein Gehör. Er erwiderte ihr, er könne seiner Schwester nicht zumuten auszuziehen, auch würden deren Mittel zu sehr angegriffen, wenn sie außerhalb unseres Hauses eine ihren Wünschen entsprechende Wohnung mieten müsse.

Als wir von Oesterreich im späten September heimkehrten, war der Bau geschehen und waren die Balkone verschwunden und waren ein paar Zimmer neu eingerichtet. Es fehlte jetzt völlig ein ordentlicher Schreibplatz für die Mutter, der ihr zwischen der unermüdlichen Haus- und Kinderarbeit für kurze Pausen eine Erholung bedeutet hätte, sie schrieb ihre klare schöne Schrift ja ungeheuer schnell und selbst Abschreiben tat ihr als Ausspannung zuzeiten wohl. Und es fehlte weiter für die Frühaufsteherin und den ganzen Tag treppauf, treppab jagende Frau (der neue Haushalt lag über vier Stockwerke verstreut) in der Viertelstunde nach dem Mittagessen ein Sofa zum richtigen Ausstrecken, wie es früher im Eßzimmer gestanden hatte.

Die Mutter hat auch die neue Einteilung bald genug geliebt. Ich wurde dem mit so viel Kosten neu geteilten Haus nie recht gut, wegen dessen, was es der Mutter schuldig blieb, wegen des durch den späteren langen englischen Aufenthalt noch verstärkten eigenen Bedürfnisses nach dem Einfamilienhaus und wegen der Belastung, die das veränderte Haus mit allem Drum und Dran in den letzten Lebensjahren für die herzkranke Mutter und schließlich für mich bedeutete.

Aber dies schwierige Ende lag schon im ersten Weltkriege und war durch ihn mitbedingt.

Das eigentliche Familienleben spielte sich bei uns von nun an jahrelang im Eßzimmer ab an dem großen neuen eichenen Tische, an dem ich, bei und nach den Mahlzeiten hinhorchend auf den Vater, mehr gelernt habe als in Schulen und Hörsaal. Wir tranken um einhalb fünf Tee, dann waren wir meistens aus der Schule zurück. Nach dem Tee ging der Vater in das Casino und jagte uns die Mutter, wenn das Wetter nur etwas danach war, noch einmal in den Garten, daß wir Luft in die Lungen bekämen. Der Vater kam, auf die Minute genau, um halb neun wieder. In der Zwischenzeit machten wir, ich bis zum vierzehnten Jahre, im Eßzimmer unsere Aufgaben, und die Mutter hörte allen vier Söhnen die jeweiligen Vokabeln und Geschichtszahlen und Formeln und Sprüche und Gedichte und Prosastücke ab, die auswendig gelernt werden mußten.

Gelang das Fertigwerden beizeiten, so setzte sich die Mutter an den Bechsteinflügel im „Salon" nebenan und spielte für mich und den dritten und vierten Bruder und ließ uns singen. Der zweite Bruder hatte keine musikalischen Bedürfnisse, er zeichnete mit Begabung. Nach dem Abendessen rieten die Eltern und der zweite und dritte Bruder mit einer mich stets neu erstaunenden Leidenschaft die Rätsel der verschiedenen Zeitschriften des Journalzirkels. Der Vater und der zweite Bruder fanden die Lösungen am raschesten. Ich hinkte weit hinterher. Mich hat die gelegentliche „Spieligkeit" des so wissenschaftlichen und von seiner Wissenschaft her dem gelehrten Feuilletonismus so abholden Vaters beim Nachdenken immer wieder verwundert. Ich verstand noch, daß er längere Zeit den Cäcilienverein dirigieren mochte wie früher andere Musikbünde, daß er kunstbeflissene Damen jahrelang nach Mainz führte und ihnen den Dom erklärte. Als er in meinem fünften Jahre am Faschingsmontag in der sehr geschickten Maske der Großmutter bei uns erschien, begann das Erstaunen und setzte sich fort, wenn er gelegentlich wundervoll genau schwierige Modellierbogen zusammenklebte oder uns und den Vettern in Goldeck die den Familien zugehörigen Wappen auf hölzerne Schilde malte und so fort. Zu ihm, wie ich ihn kannte, schien es mir nicht zu passen; wie meine Mutter ihn in der Wiener Zeit und wie die Baseler ihn in der Basler Zeit gekannt hatten, paßte dagegen die helle Geschicklichkeit und Beweglichkeit jedenfalls zu ihm.

Ich habe die stärksten Eindrücke vom Vater für mich von seiner — ich möchte es so ausdrücken —„öffentlichen Arbeit" her gewonnen, also von dem Manne außerhalb des Hauses und außerhalb der Familie.

An „öffentlicher Arbeit" begegnete mir der Vater zum ersten Male, als ich sechs Jahre alt war. Er fuhr da ein paar Monate lang täglich nach Kastel und Mainz, und wir Kinder hörten, er stehe auf einem Floß im Rhein und hebe Reste der römischen Rheinbrücke zwischen Mainz und Kastel aus; wir hörten weiter, um die genaue Lage des römischen Brückenkopfes Kastel und dessen Entstehen unzweifelhaft festzustellen, grabe der Vater in der Ortschaft Kastel Straßen und Keller in Häusern auf und folge den römischen Grundmauern des Castellums. Er brachte damals an manchen Abenden Römermünzen und beinerne Schreibgriffel und für seine Sache wichtige Trümmerstücke mit nach Hause, und am Ende wurden eichene Pfähle und Pfahlroste der Rheinbrücke, die der ältere Drusus beim Brückenbau in den Rheinsand hatte senken lassen, samt den dazu gehörigen eisernen Schuhen angefahren; und dann schrieb der Vater ein Buch unter dem Titel „Der Römische Brückenkopf in Kastel bei Mainz und die dortige Römerbrücke". Ich las später in diesem Buche, er habe seine Untersuchungen nicht so sehr aus archäologischen Gründen vorgenommen, sondern, um für eine Ortsgeschichte von Kastel die unentbehrliche Grundlage zu gewinnen, und er habe die Ergebnisse der Untersuchungen besonders veröffentlicht, da der Rahmen einer Geschichte von Kastel — er muß also diese geplant und in Teilen geschrieben haben — für die erforderlichen, etwas breiten Ausführungen über Brücke und Brückenkopf, zu eng sei. Ich hörte als Sechsjähriger aus den Gesprächen heraus, daß alle örtlich verantwortlichen Stellen, vom Gouverneur von Mainz angefangen, der Arbeit des Vaters sehr freundlich wären bis auf Herren des Domkapitels, bei denen durch einen Präbendar über Brücke und Kastell eine abweichende Meinung verfochten wurde, die man nicht gestört zu sehen wünschte von einem protestantischen Außenseiter. Recht behalten hat der Vater durch seine Arbeiten und Untersuchungen, er bewies, daß die Brücke, deren Reste noch in den Pfahlrosten vorhanden waren, nicht erst von Karl dem Großen und den Franken und nicht erst von der XXII. Legion unter dem Kaiser Maximian im 3. Jahrhundert, sondern von der XIV. Legion unter Drusus errichtet worden war ungefähr im Jahre XI vor Christus. Er tat ferner dar, daß auch der Brükkenkopf auf dem rechten Rheinufer, das Castellum Mattiacorum, schon von Drusus angelegt worden sei genau in dem Umfang, den er, der Vater, angenommen hatte. Er fand da lauter ursprüngliches Mauerwerk, bei dem keine Trümmer früherer Anlagen mitverwandt waren. Die Brücke, über die Drusus seine Züge in das innere Germanien bis an die Weser machte, und das erste Kastell sind später zweimal von den Germanen zerstört worden; innerhalb des Kastells fanden sich 3—4 Zerstörungsschichten. Die zweite Zerstörung der römischen Steinbrücke erfolgte durch die Alemannen, als diese die Römer auf die linke Rheinseite zurückdrängten. Eine stehende Brücke und zwar von Holz, bei der die vorhandenen Reste der römischen Steinbrücke benutzt worden sein mögen, wurde dann erst unter Karl dem Großen wieder errichtet. Meine Einbildungskraft wurde durch die Berichte über die Römerzüge hinein in das frühe Germanien gereizt. Dem Vater hat sein Freund und Halbschwager, Professor von Usener, einmal in einer Vorrede und Widmung den „offenen Blick für alles geschichtliche Dasein" gelobt, „vor dem selbst die Linien der Flurkarten sich in frische Bilder verschwundener Zustände" umzusetzen vermöchten. Diesen offenen Blick hatte der Vater in der Tat. Er deutete vor uns Kindern diese Zeugnisse ganz unromantisch, ganz sachlich, aber nachhallende Musik hinterließen seine Deutungen immer wieder bei mir, und ich möchte wünschen, daß sein Schatten mir hin und wieder zuerkenne, daß ich bei ihm gelernt habe, wie er etwa an den Brüdern Grimm gelernt hat, deren Werk und Wesen in unserem Hause fortwährend beschworen, geliebt und zu Rate gezogen wurde. Der Vater empfing mit von ihnen und ich empfing von ihm, so scheint mir, ein Stück Anleitung und Neigung zum „Pathos der Nüchternheit".

Die zweite „öffentliche Arbeit" des Vaters, die ich miterlebte und die in mich hineinwirkte, ja die für meine Zukunft sehr stark bestimmend wurde, war sein Mitgründen und Pflegen des ersten deutschen Kolonialvereins, der späteren deutschen Kolonialgesellschaft. Ich weiß nicht, wie Vater mit Lüderitz und dem jungen Peters, mit C. Woermann, mit verschiedenen Afrikaforschern der Zeit, mit Miquel u. a. zusammenkam. Ich weiß nur, daß an unserem weitausgezogenen eichenen Eßtisch, darauf das lange grüne Friestuch lag, die eine der Gründerversammlungen abgehalten wurde im Jahre 1883, wenn ich nicht irre. Der Vater wurde alsbald Mitglied des Zentralvorstandes in Berlin und Vorsitzender für Hessen-Nassau in Wiesbaden. Ein großer Teil Afrikas war damals noch Niemandsland. Der Vater gewann durch eifrigstes, genauestes Lesen deutscher und englischer Bücher und Zeitschriften und durch die Beschäftigung mit allen neu erscheinenden Sonderkarten und schließlich durch Umgang eine ganz überraschend lebendige Kenntnis des Erdteiles. Ich meine, diese spät erwachende und doch so jugendfrische Lust und Liebe sei eine Fortsetzung seines Knabenwunsches gewesen, als britischer Seeoffizier in der Zeit, als es deutsche Seeoffiziere noch nicht gab, die Ozeane zu befahren. Aber der neue koloniale Gedanke an sich und sein Eifer dafür hatten freilich mit Fernensehnsucht wenig oder nichts zu tun. Sondern der Vater war von den deutschen Zuständen in Unruhe versetzt, er sah die immer bedenklicheren deutschen Auswanderungsziffern der damaligen Zeit, er sah das verwirrende Steigen der „Roten Flut", er sah das Absinken des Bildungsbürgertums, und er begriff, daß auch für die deutschen Segel ein ganz frischer Wind aufgefangen werden müsse und daß nicht zuletzt ein Denken in Weite statt eines launischen Grübelns in mißmutiger Enge für unser Volk notwendig gesucht werden müsse. Von Lüderitzens Vorhaben — so wie dieser es vorsichtig schilderte, wobei Lüderitz von Kupfer sprach und ohne Zweifel schon von Diamanten wußte — erfuhren wir, ehe es zur Ausführung kam. Ich fand vor etlichen Jahren lächelnd einen ersten kolonialen Aufsatz, den ich zehnjährig über Lüderitzens Erwerbung für den Vater zu schreiben versuchte. Ich stand dann als Mann vor den Grundmauern von Lüderitzens Fort Vogelsang im verspotteten Namibsand an der Angra Pequena und nahm mir ein paar kleine Steinbrocken mit aus den Mauern als Andenken und bewahrte sie, und noch später erlebte ich mit das Finden der ersten Diamanten in der südlichen Namib, die zu entdecken und gar auszubeuten in ihrem gegenwärtigen unabsehbaren, fast tollen Reichtum der Lagerstätten Lüderitz nicht gelang. Und ich stand auch an dem Meeresufer der südlichen Namib, vor dem der enttäuschte und verarmte Lüderitz samt dem Steuermann Steingröver im Boote auf Nimmerwiedersehen verschwand.

Die dritte „öffentliche Arbeit" des Vaters kenne ich in ihren allerfrühesten Anfängen noch weniger als den ersten Anlauf zur kolonialen Tätigkeit. Ich erinnere mich nur, daß ich eines Tages wußte, er gehöre der Nationalliberalen Partei an; und daß meine Mutter diese Partei, die damals in der Tat eine Partei hochgebildeter und unabhängiger Professoren genannt werden konnte, als die vornehmste Partei bezeichnete, weil sie wirtschaftlich und im Machtsinne nichts für sich verlangte, sondern Deutschland wollte und durch Deutschland und mit Deutschland den echten und in jedem Sinne gültigen Humanismus. Es ging dann alles sehr schnell. Vater, der so gut sprach, so gut aussah und so sauber und völlig „geschwätzfrei" war, wurde in den Vorstand der Partei berufen, mußte vielerorts reden, gab sich ein paarmal widerwillig zur Kandidatur bei Reichstags- und Landtagswahlen her und wurde Landtagsabgeordneter für den Westerwaldkreis und blieb fünf Jahre lang Mitglied des Abgeordnetenhauses und war dann den Winter über meist abwesend in Berlin. Diese dritte „öffentliche Arbeit" des Vaters erweckte in mir, ich glaube mehr als bei Mutter und Brüdern, eine eifrige Teilnahme an den preußischen und innerdeutschen Verhältnissen und ein stets zunehmendes Fragen nach den Ursachen. Ich erlebte das ganze Ende von Vaters politischer Tätigkeit nicht mehr im Elternhause. Aus Briefen und Gesprächen an Urlaubstagen merkte ich, daß er im Gegensatz zu andern alten Herren sich von seiner Partei weg nach links oder daß sich die Partei von ihm weg nach rechts bewege. Ich weiß nicht, ob er je spürte, daß sein ältester Sohn, bei dem zweiten Sohn traf es nicht weniger zu, mehr radikale Bedürfnisse, mehr Bedürfnisse nach dem Unbedingten habe als er selbst, wie das wohl bei den meisten Söhnen zugeht, deren Mutterblut rascher fließt als das Vaterblut. Der Vater vertrug sich mit dem Als-Ob, so gut das ohne Unwahrheit anging, weil er Ordnungen nicht gestört sehen mochte, weil er wußte vom Leben und der Politik und Geschichte her, wie unendlich schwer neue Ordnungen wieder herzustellen sind.

Unpolitisch gesprochen war der Grundzug des Wesens beider Eltern konservativ, und das ist wahrscheinlich auch der Grundzug meines Wesens. Zur Kirche hatten die Eltern keinerlei Beziehung, sie waren ehrfürchtig jedem Echten gegenüber, sie waren empfindlich allen Vorgriffen gegenüber. Den Vater brachten Übergriffe weniger in Wallung als die süddeutsche Mutter. Ich habe als Ältester der Mutter Temperament geerbt mit dem Aufbegehren gegen jegliches, was auf ein Verzwingen der Seele, des Lebens und endlich der so notwendigen inneren Lebensfreude hinauszulaufen schien. Unordnung ertrug auch die Mutter bei aller eigenen Bereitschaft zum Unbedingten nicht, und ihr und des Vaters Ordnungswillen glichen sich in Vielem. Als ich jedoch 1902 in Südafrika aus der Kirche austrat, weil sie mir die Aufgaben der Zeit nicht mehr zu erfüllen, sondern verkalkt und zurückgeblieben schien und weil ich das von alten eifernden Männern ergrübelte Dogma der Jahrhunderte n a c h Christus doch nicht glauben konnte, hielt der Vater, obgleich er sachlich nicht anderer Meinung war als ich, meinen Austritt für eine Art Ordnungsbruch; die Mutter teilte seine Anschauung nicht, für sie bedeutete ganze Folgerichtigkeit in den eigenen Dingen eben ein Stück höherer Ordnung.

Von dem Ordnungswillen her, so lege ich es mir aus, hatten beide Eltern und habe ich eine Anhänglichkeit gewonnen an das, was unter dem Begriff Preußen verstanden wurde. Der Vater setzte schon vor 1870 nach den Erfahrungen aus der kurhessischen Jugend und aus seinem Leben als Universitätsprofessor in Basel und nach den Erfahrungen als langjähriger Syndikus der französisch-österreichischen Südbahngesellschaft in Wien die Hoffnung für alle Deutschen auf Preußen. Die Mutter aus schwäbisch-österreichisch-elsässisch-fränkischem Blute liebte ihr Österreich innig, aber als notwendiger für Deutschland in seiner seit je so schwer bedrohten Mittellage erkannte sie den nordischen Protestantismus und eben Preußen. Als der alte Kaiser gestorben und Bismarck entlassen war, meldete sich bei den Eltern eine gewisse Skepsis und zeigte sich jedenfalls die Mutter zu einer ihr früher fremden Kritik geneigt.

Einflüsse in künstlerischem Sinne gingen von beiden Eltern auf uns aus. In der Musik war ihr Urteil am nächsten beieinander. Der Vater brachte die starke Gabe mit, er konnte von Hause aus auf jedem Instrument spielen, las Noten voll Genuß und brachte die besonderen Stellen eines frisch vernommenen Tonwerkes im Kopfe mit und vermochte sie auf dem Flügel wiederzugeben. Der Mutter fehlte eine ähnliche Anlage, sie dagegen hatte durch sehr viele Jahre von sehr guten Lehrern sehr gute Stunden empfangen und hatte wie der Vater in Wien die Gelegenheit des großen Hörens gehabt und wahrgenommen. In frühen Zeiten spielten die Eltern viel vierhändig, am meisten Beethoven. Ohne kleine Empfindlichkeiten ging es bei solchem Musizieren nicht ab. Der Vater machte unweigerlich auf Irrtümer aufmerksam. Die Mutter sagte zu mir, als ich größer war: „Ihm unterlaufen selbst allerhand Fehler, doch ist er so musikalisch, daß er sie zuzudecken vermag." — Uns zuliebe und auf unsere Bitten spielte Mutter Wagner-Auszüge und Auszüge aus Opern, die besprochen wurden und die wir besucht hatten. Wenn der Vater für sich spielte, phantasierte er gern und schön und zeigte gelegentlich eine Liebhaberei für das Spielen im dunklen Zimmer und für das Spielen von guten und bekannten Märschen.

In unseren frühen Schulzeiten besuchten die Eltern das Theater gar nicht. Das Einzige, was der häuslich angestrengten Mutter geboten wurde, waren die künstlerischen Konzerte und namentlich die bekannten Künstlerkonzerte des Kurhauses, und dorthin wurde ich früh mitgenommen, wenn aus irgendeinem Grunde eins der Eltern zu Hause blieb. Ich verstehe nicht, wie es bei dem guten Hören von klein auf dahin kommen konnte, daß ich, etwa fünfzehnjährig, vor der IX. Symphonie, aufgeführt beim Mittelrheinischen Musikfest unter Jahns Leitung, unempfänglich und gelangweilt saß. Der Vater hatte sich besondere Mühe gegeben, die Eintrittskarte für mich zu erhalten und hatte seine helle Freude an diesem Gelingen, auch die Mutter gab mir begeisterte Worte mit, als ich an einem Sonntagmorgen hinging. Ich schämte mich über mich noch im Konzert und schämte mich heimlich nach der Heimkehr vor den strahlenden Eltern, die in diesem Falle nichts merkten.

Eine Neigung zur Gefühligkeit, zur Süße in der Musik und zu Räuschen der Phantasie durch sie hatte sich unversehens bei mir herausgebildet und stand gewiß in Zusammenhang mit der früheren Verliebtheit. Den Hunger auf das Ganzgute und Ganzechte habe ich später wiedergewonnnen, aber ich behielt eine seltsame Zwiespältigkeit der Musik gegenüber, genoß ich sie mit wachen Sinnen als Kunst, dann hatte ich große Reife nötig, suchte ich Hilfe für die Einbildungskraft, wo diese an schwierigen Stellen der eigenen Arbeit aussetzte, dann ließ sich sehr ernste Hilfe oft mehr vordergründig gewinnen.

Als der Kapellmeister von Reznicek, den der Vater von Wien her seines starken Könnens willen hochschätzte, an das Königliche Theater in Wiesbaden berufen wurde und sich erstaunt erkundigte, warum der Vater dem Theater fernbliebe, entschloß sich dieser zu Dauerkarten für jeden vierten Tag der Spielzeit und für die nun auch im Theater stattfindenden klassischen Konzerte. Aber die Wendung trat erst ein, als ich das Elternhaus verließ. Da ich nun vorher nicht ohne Kenntnis der großen Opern und des aufgeführten klassischen Dramas bleiben wollte und ein langes Bitten und Ärgerlichkeiten mit dem Vater scheute, trabte ich als Obersekundaner und Primaner zu manch einer großen Vorstellung, die um sechs oder einhalb sieben begann, und nahm für Pausen auswendig zu lernende Formeln oder andere Schularbeit mit und saß auf dem billigsten Platz oder stand — da mir da oben die Luft bald zu heiß und zu schlecht war — im sogenannten „Stehparterre" und lief dann um acht Uhr zwanzig ungern weg, um gerade noch vor dem Vater zu Hause zu sein. Die Mutter wußte von dieser Heimlichkeit. Weder sie noch ich hielten das Tun damals für verkehrt. Der Wandel zum Dauerplatz hat mir für die Mutter und für mich in Urlaubszeiten sehr viel Freude gemacht. Die Mutter, die sich nach dem Flüggewerden der Söhne langsam an mehr eigene Freiheit gewöhnte, ergänzte die Dauerkarten zum Königlichen Theater durch Dauerkarten zum damaligen Residenztheater, wo an den Samstagabenden der tüchtige Direktor Dr. Rauch die neuen Dramen der Zeit zu Aufführungen und manches zu Erstaufführungen brachte. Die Mutter versäumte keinen dieser Samstagabende; sie ging nicht zuletzt meinetwegen, um mir nach draußen berichten zu können, was vor sich gehe, meinte sie doch, wenn der älteste Sohn einmal so weit sei und sich hinfinde zum Schrifttum, er sei zum Drama berufen. Ihre Anteilnahme bei ihren Theaterbesuchen war nach ihrer Art sehr entschieden im Anerkennen und Ablehnen. Wo Echtes und gar Meisterliches nicht gewürdigt wurde von einer lauen Hörerschaft, stand sie auf — seit des zweitältesten Sohnes verfrühtem Tod immer im schwarzem Kleid und ohne Schmuck — an ihrem Eckplatz und erzwang Beifall; meinte sie, daß dem Schauspieler ein zu viel, dem Dichter ein zu wenig geschähe, rief sie wie die Studenten im Burgtheater in Wien: „Dichter! Dichter! Dichter!" Ich muß hier zufügen, daß ihr Wesen nie Überspanntes sondern stets größte Natürlichkeit enthielt und wohl von allen nie anders empfunden wurde.

Gute Gemälde hingen bei uns im Hause. Aus seinem hohen Gehalt in Wien hatte sich der Vater im Laufe der Jahre an die vierzig Ölbilder gekauft von Malern, die damals Bedeutung hatten. Er begriff als einer der ersten, daß Hans Thoma große Eigenschaften in sich habe. Er hatte eine frühe Liebhaberei für Remi van Haanen, die ich nicht teilen konnte, für Ten Kate, für Rudolf Alt, für Rottmann, für Gauermann, für Carl Marco. Die Art seines künstlerischen Wählens habe ich dann noch einmal in Wiesbaden gesehen unter den Gemälden, die er vor meiner Zeit als Leiter des Nassauischen Künstlervereins für die öffentliche Gemäldegalerie anzuschaffen hatte. Er hing sehr an seinen Bildern. Als in meinen frühen Jahren einmal Geldbedarf wegen der Kosten des Neubaues oder der Kasteler Ausgrabungen sich bei uns geltend machte, traf ein zufälliges Angebot der damaligen Fürstin Metternich beim Vater ein; sie ließ sagen, sie suche für ihre Sammlung das Bild „Spieler in der Schenke" von Hermann Ten Kate, sie habe in Erfahrung gebracht, daß Professor Dr. Grimm in Wiesbaden derzeitiger Besitzer sei, sie biete zehntausend Florin für das Bild. Der Unterhändler schrieb, er hoffe, der Herr Professor werde den Wunsch der Fürstin begreifen und werde ihm nachkommen. Der Vater antwortete, er bedaure, dem Vorschlag nicht entsprechen zu können, und bei ihrer Vorliebe für Ten Kate werde die Fürstin verstehen, daß der Professor Grimm das Bild in der eigenen Sammlung vor den eigenen Augen behalten möchte. Verkauft worden ist, als sich in der Studienzeit des zweiten und dritten Bruders ein zweites Mal Geldbedarf einstellte, ein besonders schönes Bild von Hans Thoma zu einem sehr niederen Preis. Wir haben im übrigen die ganze Jugend hindurch von der bildenden Kunst in Wiesbaden sehr wenig zu sehen und zu hören bekommen. Die Wanderungen neuer bekannter Gemälde und Bildhauerarbeiten von Kunsthändler zu Kunsthändler und deren Ausstellungen fand erst statt, als ich das Elternhaus schon verlassen hatte. Aber wir erhielten auch von den Eltern bis dahin keinerlei rechte Unterweisung, gesprochen wurde hin und wieder von Menzel und Böcklin und Klinger und Werner und Feuerbach und Kaulbach, aber Richtung wurde uns nicht gewiesen, und selbst bei den Eltern schien sich eine späte Unsicherheit aufgetan zu haben. Als ich dann draußen war in Südafrika und als die wandernden Ausstellungen in Deutschland einsetzten, versuchte meine Mutter durch die Zusendung der „Kunst für Alle" und der Maler-Monografien von Velhagen und Klasing Versäumtes nachzuholen, das heißt an Versäumtes dachte sie kaum, sondern sie wollte mich „wach halten", wie sie es ausdrückte.

Was Bücher der schönen Literatur angeht, so habe ich den Vater bis zum Ende meiner Schulzeit nur Goethe und sehr oft Gotthelf und hin und wieder Skakespeare lesen sehen. Ein gelegentliches Lob aus seinen früheren Jahren her bekamen Platen und Freiligrath. Dem ganzen neueren Schrifttum gegenüber verhielt er sich bis zum 80. Jahre hin unduldsam. Wir Söhne gingen ihm deshalb mit fast allen Büchern, die wir schmökerten oder die uns beschäftigten, aus dem Wege. Aber er wurde auch ungehalten, wenn er durch einen seltenen Zufall die so kurz ausruhende Mutter bei einem ihm fremden Buche antraf. Die Änderung trat bei ihm um das 80. Jahr ein, da verloren die vielen juristischen und germanistischen und historischen Bücher an Reiz, und er bekam Lust zu guter neuerer Prosa. Die Entdeckung fing bei der Novelle von Heyse „Zwei Gefangene" an und erstaunte mich.

Die Mutter, die uns so früh an die Gedichte und auch Dramen Schillers gebracht und die als junges Mädchen auf Goldeck von sich heraus eine so strenge Auswahl unter ihren Büchern getroffen hatte, geriet wohl durch die Überanstrengung der Hausfrau in einem unbequemen Hause und bei den vier Söhnen und bei dem sehr genauen Eheherrn eine zeitlang an die Romane der Gartenlaube und des Daheims und der Zeitschrift „Über Land und Meer" und an „Sofabücher". Sie und ich zusammen warteten von meinem 14. bis 17. Jahr an voll Spannung auf die Ganghofer-Fortsetzungen des „Jägers vom Fall" und der „Martinsklause" und auf die Ossip Schubin Folgen. Sie und ich lasen mit Inbrunst die Georg Ebers und Julius Wolff und Rudolf Baumbach Bücher und Pierre Loti. Es mag merkwürdig klingen, wenn ich sage, daß vielleicht ich, der unfertige Junge, nicht ganz selten der Versucher war, der die Mutter zu dem bequemen, dem gefühligen, dem einlullenden Buche lockte. Uns beide, sie von der häuslichen Überanstrengung, von fehlender geistiger Erfüllung aus nach ihrer wartenden und hoffenden Jugend auf Goldeck, mich von der unreifen quälenden Kinderliebe her mag unbewußt ein ähnlicher Hunger nach Ersatz bedrängt haben, nach Ersatz, der nicht wiederum anstrengte, sonders uns freundlich abschirmte. In einer feinen Schrift Erwin Ackerknechts wird der Unterschied gesetzt zwischen Kitsch (des Strengurteilenden) und Schund und ist von den helfenden Werten auch des Kitsches klare Rede und wird der Kitsch einmal ein Übergangswert genannt, der auf dem Wege vom Naturmenschen zum künstlerischen Menschen entsteht. Aber außer einem persönlichen Mangelgefühl mag bei der geliebten Mutter und mir noch das allgemeine deutsche Mangelgefühl mitgewirkt haben. Rund und um spürten die empfindlicheren Menschen, daß eine neue Wirklichkeit sich vorbereite und daß ihnen eine Erklärung dieser neuen Wirklichkeit fehle. Von der sich vorbereitenden neuen Wirklichkeit und ihrer Unheimlichkeit und Gefahr wußten die Klassiker trotz der Zeitnähe der französischen Revolution noch nichts. Eine schöne Literatur, darin der Versuch zur Erkenntnis der „neuen Wirklichkeit des Ganzen" gemacht würde und gar eine solche Erkenntnis vermittelt würde, gab es noch nicht. Und wo wäre auch unseren Schriftstellern der nötige Umfang nicht nur des Erlernens, sondern auch des Erlebens hergekommen? Mir will scheinen, daß als Folge Betäubungsstoffe weit und breit gierig aufgenommen wurden und daß auf solche Weise ein unzweifelhaftes allgemeines Abgleiten der deutschen Leser in den siebziger, achtziger und neunziger Jahren zu erklären ist. Ich wünschte, es nähme sich ein in jedem Sinne parteifreier deutscher Soziologe, der groß zusammenzusehen und gut und einprägsam zu schreiben vermöchte, wenn es einen solchen Mann je gibt, dieser Frage an und es entstünde eine Literaturgeschichte des Erfolges und seiner Ursachen, die Freund Börries von Münchhausen in Gesprächen gelegentlich forderte. Die Literaturgeschichte des Erfolges könnte von ungeheurer Bedeutung für das künftige Schrifttum und für die künftige menschliche Entwicklung überhaupt sein. Sichtbar könnte werden, was, vorbei am Geschwätz der Berufspolitiker und Zeitungsschreiber und vorbei am zersetzenden Schnack der Intellektuellen und auch vorbei an verknöcherten Kirchenpredigten, die Suchenden vom Gemüte aus zu den verschiedenen Zeiten entbehrten, sichtbar könnte es werden an dem bestimmten Lesestoff, den die vielen gleichzeitig annahmen.

Das erwähnte Abgleiten der Mutter dauerte nicht lang, sie fing sich selbst wieder auf, als die ärgste Überanstrengung von ihr abließ.

Wenn ich nun zusammentue, welche Bücher in den Jahren im Elternhaus auf mich einen dauernden Eindruck gemacht haben, dann muß ich mit den später um ihrer Sprach- und Erzählerkunst von mir so geliebten Grimmschen Märchen anfangen, wie sie Marie Hallerstete uns erzählte und wie sie vor ihr die Kinderfrau vorlas. Bei den Märchen ängstigten mich einzelne grausame Geschehnisse schwer. Die Blutwurst, die die Leberwurst in ihr Mörderhaus einlud, mit der Absicht, sie umzubringen, verfolgte noch nach Jahren den Jungen hinein in schreckhafte Träume der Nacht; ja, als ich endlich dreiundvierzigjährig in mein Heimatdorf Lippoldsberg zu wohnen kam, und halbdunkle Bodenluken das Einbildungsvermögen im Vorüber reizten, fiel mir die verirrte Geschichte von neuem bildhaft ein, und ich sah wahrhaftig, gleich der von Grauen erfaßten flüchtenden Leberwurst, hinter dem Lukenladen die lauernde Blutwurst stehen, das Messer schärfend zur geplanten Tat.

Den nächsten Stoß in das Gemüt empfing ich sechsjährig. Während der ersten Abwesenheit der Mutter las mir die Base im

Hause Hauffs „Lichtenstein" vor. Ich geriet so sehr in den Bann der Dichtung, daß wochenlang laute Worte aus der Welt des Alltages das verstörte Kind zum Weinen brachten.

In der ersten Jugendzeit gestattete der Vater ausdrücklich das Lesen von Robinson und den Lederstrumpferzählungen, die letzteren in vorgeschriebenen kleinen Dosen und zu bestimmten Zeiten. An sich war eine hemmende Vorschrift mir gegenüber gewiß nicht unrichtig. Die Vorschrift hielt dann wohl die letzte Wirkung dieser Bücher auf. Als mir der Pate, des Vaters jüngster Bruder, das Buch von Pieter Maritz, der Bauernsohn von Transvaal, schenkte, galt die Vorschrift nicht länger und vielleicht wurde deshalb Pieter Maritz d a s Buch, das mich in der ersten Jugendzeit am meisten beschäftigte.

Alsbald nach Anfang der sehnsüchtigen Kinderliebe bekam ich Tegners Frithjofsage in die Hand. Ich träumte mich recht in das Gedicht hinein. Ich wunderte mich, unter des Vaters abgestellten Büchern Frithjofübersetzungen zu finden und von ihm zu hören, daß er sich vor Jahren eifrig mit dem Gedicht beschäftigt habe. Ich kam von der Frithjofsage zu Dahn's „Kampf um Rom" und zu Dahn's Gedichten und Balladen, zu seinem „Odins Trost" und zu seiner „Sind Götter?"-Sage. Ich will hier ein paar Sätze wiederholen, die ich vor Jahren einmal brauchte, als ich von den Büchern in meinem Leben berichtete. Die Sätze lauteten: „Ich suchte in diesem allen kaum das Heldentum, das auch darin enthalten ist, sondern die „ferne" Opernmusik, sondern die Mondaufgänge, sondern das Theater — ohne es als Theater zu empfinden. An der ganzen weichlichen verschwommenen Zeit ist gut, daß sie mich an die nordische Saga selbst zu bringen anfing. Und an den eigenen schauerlichen Gedichten jener Jahre ist gut, daß ich im Wunsche zu lernen an den Grafen Platen geriet und seine Gedichte und seine Aristophaneischen Komödien zu verehren begann." An die Stelle Dahns trat bei dem älteren Gymnasiasten Storm mit der „Chronik von Grieshuus", mit dem „Fest auf Haderslevhuus", mit „Aquis submersus" und dem „Schimmelreiter". Einen unauslöschlichen dramatischen Eindruck nahm ich vom zehnten Jahre an durch die ganze Schulzeit unverändert mit und danach durch das spätere Leben, er wurde durch eine Aufführung Heinrich von Kleist's „Der Prinz von Hessen-Homburg" bewirkt. Wiederentdeckt war Kleist damals noch nicht.

Als ich nach dem Abiturientenexamen das Vaterhaus und Wiesbaden verließ, um als Überseekaufmann märchenhaft schnell, wie ich mir einzubilden wagte, zu etwas zu kommen und dann um die Geliebte anhalten zu können, hatte ich den heimlichen, aber unverständlich sicheren Glauben in mir, als „Dichter" werde es mir jedenfalls einmal gelingen; und wenn sich die Träume mit dieser fernen dichterischen Zukunft beschäftigten, vor der, wie ich genau fühlte, eine Härtung meines Wesens sich einstellen müsse, sah ich meine Hände nach Kleist und Storm fassen als letzten Helfern und Entführern in den Dichterhimmel. Im Laufe der Jahrzehnte ist immer deutlicher Gotthelf an die Stelle Storms getreten, obgleich ich Gotthelf wegen seiner schriftstellerischen Schwerfälligkeit nicht recht lesen mag und seine Orthodoxie mir ganz fremd ist. Aber fremd sind mir auch die Probleme der Dramen Kleist's geblieben, abgesehen vom Problem des Prinzen von Hessen-Homburg. Dennoch erwartet noch heute meine Phantasie von Heinrich von Kleist und von Jeremias Gotthelf — das ist also die Änderung seit der Jugendzeit — zusammen die letzte Fürsprache, und hinter diesen beiden deutschen Dichtern gehe ich als Nachfolger durch meine andere Zeit.

Nach dem Aufruf der Einflüsse auf das Kind und auf den Jungen, die ihren unmittelbaren Ursprung im Elternhause und aus der Ehe und dem Wesen von Vater und Mutter nahmen, bleibt von dem zu reden, was von außen an uns herangetragen wurde.

Ich kam mit acht Jahren in die zweitoberste Klasse der Vorbereitungsschule. Das frühe Lernen war beim Vater geschehen in gefürchteten Stunden. Dem Vater war ein freundlicher Lehrer gefolgt, und die Eltern glaubten wohl, ein schlechter Schüler werde ich nicht sein. Dies Erwarten hatte auch mein erster Lehrer in der Vorbereitungsschule gehabt. Er sagte mir wenigstens einige Wochen später: „Wat haw' ich gedacht, wat für'n Fisch mir in Dir gefange hädde, und wat haw' ich mich gedäuscht, Du kannst nix und verstehst nix und achtgewwe dust De aach net." Ich weiß, daß mir schon damals trotz Scham und Verwirrung die ungefähre Antwort einfiel: „Bitte, Herr Gärtner, Sie haben gewiß meinen Vater gemeint, aber ich bin ja leider nicht mein Vater." Ich sprach die Antwort nicht aus. Es geschah später noch oft, daß ich enttäuschte, weil des Vaters Name durch die Politik, durch Vorträge und Zeitung und gutes Aussehen in unserer

Stadt in aller Leute Munde war und weil man hinter solchem gründlichen sicheren Können einen wenigstens ähnlichen ältesten Sohn erwarten zu dürfen meinte. Das Ungeschick wollte es, daß in dem bedrückenden ersten Schuljahre die Mutter mit den Brüdern zur Fahrt an die Ostsee veranlaßt wurde und daß ich während ihrer Abwesenheit ganz ohne Seelsorge war. Die Abwesenheit hat kaum länger als acht Wochen gedauert, das ganze Jahr aber hält sich so im Gedächtnis, als habe es allein aus Herrn Gärtners Unverständlichkeit, aus der Mutter Abwesenheit, aus lauter Nichtskönnen und Nichtsverstehen in der Schule und aus den qualvollen, angemaßten Bemutterungsversuchen der Base im Hause bestanden. Des Vaters Gestalt fehlt im Gedächtnis des Jahres, er erscheint nur am Ende als rächender Gott gegenüber den Tintenfingern; im Gedächtnis fehlt auch, wer das Kinderfräulein war, das damals bei mir und im Hause zurückblieb. Schmerzhaft freundlich werden die eifrigen Briefe der Mutter von der Ostsee erinnert, die ich ersehnte und von denen dann die Base sich einbildete, sie müsse und dürfe sie mir in ihrer Betonung vorlesen, als wenn zwischen mich und meine so natürliche Mutter eine verkünstelte Fremde sich hätte hineinwagen dürfen. Über die Base taten die ersehnten Briefe der Mutter zunächst einfach weh, und der achtjährige Junge hat sich am meisten nach solchem Vorlesen an der Mutter Bett gestohlen, um sie näher zu fühlen und mit ihr allein zu sein. Eine einzige unverständlich gebliebene Hilfe gab mir die Schule in jenem Jahre. Wir lernten dort und sangen auch das kleine Gedicht: „Üb' immer Treu und Redlichkeit". Dies Gedicht sagte ich mir oder summte ich mir vor in der seltsamen Not des Kinderherzens und fand jedes Mal einen Trost dabei.

Die Mitschüler des ersten Schuljahres habe ich bis auf einen ganz vergessen. Er begann als Stärkster der Klasse. Die Stärksten bedeuteten für alle sehr viel in der Vorbereitungsschule und den vier unteren Gymnasialklassen, sie regierten in den Pausen, sie gaben den Ton an, und es war meist — was ich davon erlebte — ein Ton, wenn nicht zum Schulguten so doch zum Menschlichanständigen, zum Honorigen, wie mein Vater gesagt haben würde. Jener Stärkste und später Zweitstärkste war der Sohn eines Fabrikanten, der im Kirchenvorstande saß und dessen Tochter zu den „Freundinnen" meiner Base gehörte. Im Elternhause hatte ich beim Gespräch zwischen Vater und Onkel einmal erwähnen gehört, der Fabrikantenvater sei noch russischer Jude gewesen, abfällig hatte die Erwähnung nicht geklungen und war sie auch nicht beabsichtigt gewesen. Zu dem Stärksten und dessen Vater führte mich mein Vater hin, als wir den ersten Schulgang machten. Gleich am zweiten oder dritten Tage ließ der Stärkste in einem Klumpen Jungen, dabei ich mich befand, eine mir verwunderliche Ansprache hören, wir dürften, verlangte er, niemand Jude nennen und auch von niemand erzählen, daß er ein Jude sei. Ich fragte die Mutter und das vergessene Kinderfräulein öfter — denn der Stärkste wiederholte seine Mahnung mehrfach — was denn Jude besonders sei, und warum man, da man doch von Evangelischen und Katholischen spreche, nicht ebenso von Juden sprechen könne. Die Antworten sind mir entfallen, sie befriedigten mich kaum.

Am Ende des ersten Schuljahres wurde von Berlin her entschieden, die vierte Vorschulklasse falle aus und der Übergang in die höheren Schulen könne nach dreijährigem Besuch der Vorbereitungsschule ohne Prüfung erfolgen. Die Eltern zogen vor, mich die neue oberste Vorschulklasse noch einmal besuchen zu lassen. Ein etwas lebendigerer und etwas verständlicherer Lehrer bekam die Klasse in die Hand, doch meine Lust an der Schule wuchs nicht. Nur im Religionsunterricht fand die Seele Nahrung durch die Wärme des sehr natürlichen und durchaus nicht weichlichen Lehrers Eisenkopf. Der Stärkste in der neuen Klasse und in den folgenden unteren Klassen des Gymnasiums war Gustav von Bischoffshausen aus Valparaiso. Der kühne, ritterliche, wohlgebaute hellblonde Junge hat uns andere beherrscht wie früher ein ausgerufener Herzog sein Gefolge beherrscht haben mag und wurde nicht nur geliebt, sondern verehrt. Auch die Lehrer hatten samt und sonders eine merkbare scheue Hochachtung vor ihm. Er war vollkommen furchtlos und körperlich sehr gewandt, er stand bei allen Prügeleien vor seinem Haufen, er ließ niemals einen Schwächeren von einem Stärkeren anrühren. Er entschied unwidersprochen in allen Streitfragen und entschied immer richtig. Er schützte bei dem üblen Mißverhältnis jener Zeit zwischen Lehrer und Schüler diesen und jenen Lehrer vor Knabengrausamkeiten, die er als unsauber empfand. Mir ist nie wieder ein Junge begegnet mit freierer Haltung und mehr Herrenart. Ich glaube, wir, seine Mitschüler haben an des Jungen Gustav von Bischoffshausen Wesen alle gelernt, einem Ganzechten unerschütterlich verbunden zu sein, und das ist eine große schöne Lehre in einem vom Neide, von der Krittelei und Enge so sehr gefährdeten Volke, und solche Lerngelegenheit erscheint erschreckend selten. —

3.

Die berauschende und, was mein Wesen und Werden angeht, so schicksalhafte Kinderliebe begann bei mir im elften Jahre. Über Wiesbaden war im Sommer eine Typhusseuche hergefallen, veranlaßt angeblich durch Trinkwasser aus einem neu aufgetanen Stollen. Am 16. Juli 1885 wurden auf unbestimmte Zeit die Schulen geschlossen wegen der Seuche. Am 30. Juli fuhren wir, die Eltern, die vier Brüder, das Kinderfräulein Berta Brinkmann, eine Verwandte von Marie Hallerstete, nach Goldeck als Gäste der Großmutter. Ich erinnere mich bis auf diesen Tag, wie ich vor der Reise dem Fräulein Brinkmann erzählte: „Ich habe eine Cousine, sie wohnt mit ihren Eltern im Sommer in Goldeck gleich den anderen österreichischen Verwandten, alle sind Gäste von Großmama. Die Cousine war fünf Jahre alt, als wir zuletzt in Goldeck waren. Sie war klein und scheu, und wir konnten gar nicht mit ihr spielen. Jetzt ist sie doch viel größer, und auf diese Cousine freue ich mich so sehr. Wir beide, sie und ich, gehören, glaube ich, zusammen". Dem Fräulein klangen diese Knabenerklärungen wunderlich, sie erzählte der Base und der Vaterschwester und andern davon. Nach unserer Ankunft in Vöslau sagte eine der Schwestern der Mutter zu dieser: „Wir waren erstaunt über das Lenerl, sie hat die ganzen Tage hindurch von Hans geredet und hat sich so auf ihn gefreut, als wär' sonst niemand für sie da unter den Kindern."

Während die übrige Goldecker Enkelschar mit den Kinderfräulein, den Französinnen im Kinderspeisezimmer aß, in Mutters Jugend war es das Schulzimmer gewesen, wurden Leni und ich nebeneinander an den Eßtisch der Großmutter und der Erwachsenen gesetzt. Wir erhielten das Vorrecht, sie als älteste Enkelin unter den damals lebenden achtzehn Enkeln und ich als der älteste Sohn der ältesten Tochter von Goldeck. Am Nachmittag zog mit den Bonnen die gesamte Kinderschar in den duftenden Fichtenwald bis zur Jause um halb sechs; am Vormittag hatten die Schulstunden, die Klavierstunden und das Baden und die Schwimmstunden im Vöslauer Bad gelegen. Im Walde — es war meist in der Nähe der Waldandacht, wo Vater und Mutter sich vor zwölf Jahren verlobt hatten — hielten sich Leni und ich wiederum zusammen. Nach der Jause gab es häufig eine Spazierfahrt der Erwachsenen in das wunderschöne Helenental bei Baden. Die Wagen der Besitzungen weit und breit trafen sich dort an den Spätnachmittagen zu dem, was man eine Corsofahrt nennen mag. Lenerl und ich waren wiederum die beiden Kinder, die zumeist teilnehmen durften. Auch die Großmutter, die ihre Besorgungsfahrten in Baden, im Dorfe Vöslau und im Dorfe Gainfarn machte, nahm damals uns zwei gern mit. Bei den Fahrten jenes ersten und der zwei folgenden Jahre geriet ich hin und wieder in Zwiespalt, ob ich nicht, wo sich das nicht sowieso aus einer Überfülle ergab, noch lieber als neben Lenerl auf dem Rücksitze des „Visavis-Wagens" den Platz neben dem von allen Goldecker Kindern sehr geliebten ersten Kutscher Mestl erbitten sollte. Zum „Auskühlen" der lebhaften Pferde nach der Heimkehr fuhr ich mit Mestl fast immer noch einmal zur Einfahrt hinaus und durfte dann stets die Zügel halten und mußte ein paar Schluck „Gespritzten" mittrinken, durch den der freundliche Mann sich selbst auskühlte.

Mein Verkehr mit der Lenerl war in jener frühen Kinderzeit von doppelter Art. Ich versuchte häufig und namentlich vor anderen dem versonnenen kleinen Mädchen durch angenommene Rauhheit und Patzigkeit Eindruck zu machen. Ich weiß nicht, wem ich solches mich selbst stark befremdende und quälende Theaterspiel abgesehen hatte. Wenn aber niemand da war in unserer Nähe und ich mich neben der blonden Kinderversonnenheit ganz unbeobachtet fühlen durfte, trat für mich und vielleicht auch für sie unsere Wirklichkeit ein. Ich war dann ganz still und ganz wunschlos und unaussprechlich dankbar, ich fühlte mich nicht als Junge und nicht als Kind und nicht als Enkel von Goldeck, sondern es schien da nur etwas zusammengekommen, das zusammengehörte von jeher und vom Himmel aus. Ich würde heute sagen, es lehnte Seele an Seele und sonst nichts.

Das ganz Unkörperliche und Scheue und Zarte und Sprachlose, ja Unaussprechliche dieser Kinderliebe ist geblieben, solange sie sich beim Knaben und Jüngling tief innen fortsetzte. Als das erwachsene und weltläufig gewordene Mädchen in der irdischen

Wirklichkeit und irdischen Richtigkeit einen andern heiratete, flüchtete das sonderliche Gefühl in gelegentliche beglückende Träume der Nacht, die erst unter den Gemütsstürmen des zweiten Weltkrieges verschwanden. Aber zweimal im Leben, beim jungen Mann und im reiferen Alter tauchte das Gefühl neben einem feinen Mädchen und neben einer feinen Frauengestalt noch einmal schön und heimlich schmerzhaft auf.

War ich in den Ferien in Vöslau, so wurde die suchende Kinderfreundschaft, davon Lenerl und ich doch nicht sprachen und die wir beide zu verbergen meinten, von einzelnen Verwandten, von den älteren Hofleuten und Lager- und Gartenarbeitern in einen seltsamen und stummen aber fühlbaren Schutz genommen, dafür ich Dank zu empfinden bis auf diesen Tag nicht aufhöre. Frage ich mich, warum uns diese verschiedenen Menschen freundliche Augen zeigten und stille, ungeforderte Hilfsdienste leisteten, finde ich folgende Erklärungen: Sie sahen in dem blonden, versonnenen, liebenswürdigen Mädchen die älteste Enkelin der sehr verehrten „Alten Frau auf Goldeck", meiner Großmutter. Sie sahen in mir den ältesten Sohn der einstigen schönen ältesten Tochter von Goldeck, sie sahen in dem Knaben auch „den deutschen Bruder" aus dem Reich, der in seiner Kinder- und Jugendzeit auf dem Boden des Mutterlandes so stark „österreicherte" und auch vöslauerisch redete wie sie selbst. Sie merkten endlich, daß Lenerls Vater, der durch rund fünfundzwanzig Jahre fast allmächtige kaiserliche Minister, dieser Jugendfreundschaft nicht gut war, und je größer wir wurden, desto mehr sie zu unterbinden und ihr die unschuldigste Gelegenheit zu nehmen versuchte; und es ist wohl allgemeine Menschenart, daß sie einem Mächtigen und Stolzen nicht ungern ein wenig zuwider handeln. Aber wir wurden, als wir neunzehn und siebzehn und achtzehn und sechzehn waren, sogar von der klugen zweitjüngsten Schwester meiner Mutter unauffällig geschützt, die im Herzen und Kopfe Lenerls Vater, den Minister, ihren Schwager, fast mit Leidenschaft verehrte. Sie nahm uns beide, wenn es nur anging, auf ihrem gelben Kutschierwagen mit in das Helenental und ließ dann den Kutscher Fürstl neben sich und uns beide auf dem rückwärtigen Sitze fahren. Andere Verwandte gaben uns bei ihren Enkeleinladungen den Platz zwischen dem Hausherrn und der Hausfrau, damit wir ungestört miteinander sprechen könnten. In der frühen Knabenzeit wiederum legten Hausangestellte unsere

Mundtücher, die auf einen heimlichen Wink des Ministers zu weit getrennten Tellern gelegt worden waren, wieder nebeneinander, als sei ein Irrtum im Tischdecken geschehen.

Das Abendessen, Souper genannt, begann um halb neun, um neun einviertel stand Lenerl bis zu ihrem vierzehnten Jahre auf und küßte der Großmutter, der Mutter, den Tanten und ihrem Vater die Hand und sagte Gute Nacht und ging durch das Haus zur Wohnung der Eltern. Ich folgte vom eigenen vierzehnten Jahre an, da war sie zwölf Jahre alt, eine ganze Weile ihrem Beispiel. Ich meinte, es geschähe nun alles mit größter Vorsicht durch mich. Ich schlüpfte aus der anderen Tür hinaus dem Hofe zu, wie es nötig war, um an mein „Langes Zimmer" zu gelangen, im steinernen Hofe aber schlich ich um den Brunnen und das beschattende immergrüne Gebüsch der Mitte herum zu dem anderen Hauseingang und traf das zögernde Mädchenkind im Dunkel des Ganges vor dem früheren Billardzimmer und küßte hier wortlos und klopfenden Herzens das so heilig gehaltene Mädchenkind auf die Wange, und hin und wieder erwiderte sie den Kuß in gleicher Weise. Schien alles recht gelungen, war eine der Französinnen nicht zu hören gewesen und auch kein Schritt und war nicht irgendeine Tür gegangen und hatte nicht Lenerl vorzeitig vertrieben, dann fühlte ich mich königlich beschenkt und wie ein Prinz in einem Märchen; es geschah dann wohl, daß ich vor dem glückstrunkenen Schlafe den Laden des „Langen Zimmers" aufstieß, der nach dem Garten, und das bedeutete, nach der Südostseite ging, da waren, die Einbildungskraft anregend, die Züge von Vaters Südbahn zu hören mit ihrem tiefen stöhnenden Pfiff, wie sie vorbei an Vöslau auf dem Wege von Wien über den Semmering nach Süden rollten in die Steiermark und nach Triest und nach Tirol und über den Brenner, und da waren die Signalhörner der Schaffner zu vernehmen, die statt der Trillerpfeifen gebraucht wurden, und war der glänzende Sternenhimmel zu schauen über der Heide und nach Ungarn hin, und war der Schein oder waren gar die Flammen der häufigen Scheunen- und Hofbrände zu sehen. Und dann stand ich also da und dachte gar nichts und nahm nur auf und dabei, dabei lebte ich ja wohl, was hätte es auch da und damals noch für ein Erwarten gegeben? Die verquälte Schule? Meine schlechten Extemporalien? Die Strenge des Vaters? — Ich glaube, ich dachte in solchen Stunden der Aufnahme und des Rausches nicht einmal an die Mutter, die doch die Goldeckfahrt immer wieder für mich errungen hatte und deren Jungmädchenzimmer auf Goldeck auch die Fenster nach Südosten gehabt hatte, durch die in der Nacht das gleiche zu sehen und zu hören war für ihre so wache Bereitschaft wie durch mein Fenster.

War ich vom gelungenen oder mißlungenen Kinderkuß auf die Wange allzu sehr aufgeregt, und war es einer der Tage der „Wiener Fuhr", dann machte ich mich leise in den zweiten Hof, wo sich die Pferdeställe befanden. Dort im Stalle der schweren Pferde brannte die Laterne und fütterte der steirische, wortkarge Kutscher Zandler mit einem Helfer die zwei schwersten Pferde noch einmal ab vor dem Einspannen, den steirischen Hengst Hansl und einen mächtigen Isabellen-Wallach, die zusammen die „Wiener Fuhr" zogen. Die Fuhr, der große hochgepackte Lastwagen mit ganz breiten Rädern, stand abfahrbereit in der zweiten, der geschäftlichen Einfahrt. In der Hausmeisterwohnung neben der zweiten Einfahrt war Licht angezündet und wartete der Hausmeister darauf, die gewaltigen Torflügel zu öffnen und hinter der „Fuhr" zu schließen. Alle vier Tage schaffte die „Wiener Fuhr" eine Ladung versandbereiten Weins in Kisten vom Weingute Goldeck zum Hauptkontor des Weingeschäftes in Wien. Die Beförderungsart zu Wege über rund vierzig Kilometer nächtlicher Heerstraße vom Goldecker Magazin zur Wiener Hauptniederlage hatte den Vorzug der größeren Billigkeit und Sicherheit vor der dreifachen Leistung des Anrollens an die Bahn, der Bahnfracht und des Abholens in Wien. An der Fuhr regte die Einbildung von uns Kindern an, daß sie den langen Weg durch die Nacht nähme und daß dann der Kutscher mit einer Streitaxt zur Verteidigung, wo das nötig wäre, und ein paarmal war es nötig gewesen, in einem korbgeflochtenen und auf dem Wagen eingehängten Kutschervorbau zwischen Kotzen und einer alten Lammfelldecke wettergeschützt sitze und dort gelegentlich einnicke und doch wach sein müsse wegen nächtlicher Straßendiebe und wegen der aufpassenden und die Schläfer zur Strafe bringenden Streifen der Landjäger. Wenn ich den wortkargen Zandler bat und seine Laune danach stand, erzählte er wohl in solcher letzten Stunde vor der neuen Ausfahrt im Herumhantieren irgendein kleines, unausgeschmücktes Abenteuer von einer der früheren Fahrten, und dann, dann ereignete sich das Einspannen im Laternenschein, dabei die blitzblank geputzten Kupferscheiben an den hochgebauten Kumten und an den von den Kumten herabhängenden Zierriemen aufleuchteten; und die Torflügel rasselten, die Pferde legten sich ins Zeug, und der Wagen zitterte und knarrte und rollte an und polterte langsam davon, und die Tore wurden wieder zugeschlagen und geriegelt. In stillen Nächten war das Rollen der davonziehenden Fuhr noch eine Viertelstunde lang zu hören. — Später in Afrika, als in der Nähe meiner Wohnfarm am Nahoon der große Ausspannplatz für die Frachtfahrer lag, die mit Wolle aus Neuengland kamen und in East-London ihre langen Ochsenwagen mit Waren für den Transkei füllten, und als ich nicht selten an den Koch- und Wärmefeuern der spät abends anziehenden und abziehenden Frachtfahrer stand und ihre Berichte mit anhörte, wurde ich immer wieder an die „Fuhr" von Goldeck und die mit ihr verbundenen Laute erinnert; es war alles afrikanisch anders, und dennoch wurde die durstige Phantasie auf die fast gleiche Weise bewegt.

Nach einer Nacht, an deren Anfang der Kinderkuß auf beide Wangen des Mädchenkindes gelungen und vom Mädchenkinde mit besonderer Zärtlichkeit erwidert worden war, wurde ich am Morgen vor halb sieben von dem vertrauten Zimmermädchen der Großmutter zu dieser hineinbeschieden. Es war die Zeit ihres Frühstückes, das sie damals zwischen sechs und halb sieben etwas ungeduldig im Bette einnahm, weil der Arzt ihr das Aufstehen um fünf Uhr untersagt hatte. Ich war dabei, den Tisch für eine mathematische Nachhilfestunde zu richten, die ich mir, um von den Goldecker Tagen ja nichts zu versäumen, so früh gelegt hatte, aber der Lehrer war noch nicht da. Dem Anrufe der Großmutter folgte ich mit sehr unbehaglichem Gefühl. Wir Kinder alle liebten die warmherzige und von Leben sprudelnde „Alte Frau" und empfanden jene Art Ehrfuchrt vor ihr, die es heute ähnlich nicht mehr zu geben scheint, aber wir scheuten auch ihr rasches Sehen, ihre nüchterne Unbestechlichkeit und ihr lautes Anordnen, das gleich und von ferne wie Zanken klang und mit Zanken freilich gar nichts zu tun hatte. Die Großmutter sagte drinnen nach der Begrüßung ganz unvermittelt, die Liebelei zwischen mir und der Lenerl müsse aufhören; höre sie nicht auf, werde die Lenerl ohne weiteres in ein Institut getan und ich müsse nach Wiesbaden zurück. Sie fügte — als ich bei plötzlich erfrorenem Gefühl eine Erklärung herauszustottern versuchte — in ihrer urwienerischen Mundart hinzu: „A wos, sei stad! Ihr küßt's Euch am Abend hinter der Tür, und dafür seid's Ihr noch zu jung, wart's bis Ihr erwachsen seid's . . ."

Durch das offene Fenster sah ich oder hörte ich den Lehrer die eiserne Pforte neben dem „Portierhaus" aufklinken und über die Kieswege des Goldecker Gartens herankommen, da fragte ich, ob ich hinausgehen dürfe zur Stunde. Ich war in der Stunde nicht besonders unaufmerksam, noch begriffsstutzig, obgleich es rückwärts im Schädel in mir arbeitete, viel zu sehr arbeitete für einen vierzehnjährigen Jungen.

Nach der Stunde war ich ganz im Dunklen darüber, was ich nun zu tun und zu lassen hätte. Ich fürchtete mich vor jeder Begegnung, ich merkte, ich könne das Mädchenkind nicht fragen, was zu ihr gesagt worden sei und ob etwas zu ihr gesagt worden sei. Ich fürchtete am allermeisten, sie könnte jetzt aufhören, mich lieb zu haben, und wie ertrüge ich das. Ich überlegte, ob ich mich nicht zur Großmutter noch einmal hinwagen könnte und ob ich mit ihr nicht sprechen und mich vor ihr nicht richtig zu erklären versuchen sollte. Die Erklärung hätte dann ungefähr gelautet: „Großmama, das ist doch nicht so, wie man das Dir hinterbracht hat und wie Du es Dir vorstellst. Das ist bei uns beiden nicht Liebelei. Das ist bestimmt nicht dasselbe, wie wenn eine von den Flaschenmädeln (aus der Flaschenwäscherei) sich mit einem Burschen küßt. Ich habe die Lenerl ganz anders lieb. Wenn sie keine Arme hätte oder sonst ein Krüppel wäre und getragen und gefahren werden müßte, und wenn ich dann nur neben ihr sein dürfte und sie nur ansehen und nur mit ihr allein sprechen dürfte, das wäre mir genug, das ist alles, was ich will." Ich war damals noch sehr unschuldig, ich wußte so gut wie nichts über die Beziehungen der Geschlechter zueinander und über die Bedeutung dieser Beziehung. Unter den österreichischen Jungen meines Alters hatte ich zum ersten Male Andeutungen und Hinweise und Schlüpfrigkeiten gehört, davon unter den reichsdeutschen Jungen meines Alters und Verkehrs in Wiesbaden noch nie die Rede gewesen war. Die Schlüpfrigkeiten hatten mich beklommen gemacht und innerlich scheußlich angewidert. Nun, nun schien auf einmal das Furchtbare da, daß Großmama mich mit diesen Ekelhaftigkeiten meinte zusammentun zu müssen, mich und das ahnungslose, geliebte Mädchenkind. Da dies alles in mir durcheinander wirbelte, kam eine noch mehr quälende Angst hinzu, daß nämlich die Großmutter vielleicht das Verständnis für die Verschiedenheit meiner Sehnsucht gar nicht aufbringen werde.... Ich fand nicht weiter. Ich ging nicht zur Großmutter. Ich machte auch später zu Hause der Mutter kein Geständnis; wie hätte ich das anfangen sollen? Ich sprach auch nie zu dem Mädchenkinde über das Geschehnis und wagte mich nicht mehr zu dem Kinderkuß. Am Ende trugen dieser Tag und die nächstfolgenden Wochen des Sommers, in denen ich in jenem Jahre noch auf Goldeck war, ihr gutes Teil zur Verhemmung bei, womit ich so lange in das Leben hinein zu tun hatte.

Als ich sechzehnjährig wieder in Vöslau war, sagte des Mädchenkindes Vater, der Minister, bei einem Tischgespräche über die Zukunft der Kinder, er wünsche sich für die älteste Tochter einen Mann aus der Aristokratie, dazu im kaiserlichen Österreich der Schwertadel, der Beamtenadel, der Industrieadel nicht gehörten, dazu vielmehr eine lange ununterbrochene Ahnenreihe (außer bei Rothschild) erforderlich war. Finde sich der Schwiegersohn aus der Aristokratie für die älteste Tochter nicht ein, so werde ihm, dem Vater, auch eine frühe Verlobung und Ehe der Tochter mit einem besitzenden Manne aus dem Industrieadel recht sein. Eine andere Heirat werde er nie zulassen. Ich horchte vom unteren Tischende, wo ich saß, scharf hin zum oberen Tischende, wo die Worte fielen, und ich bewegte die Worte von nun an unaufhörlich in meinem Herzen.

Wiederum ein Jahr später sagte des fünfzehnjährigen Mädchenkindes Vater vor mir zu der Tochter: „Du wirst früh heiraten. Wenn Du mit neunzehn Jahren nicht verlobt bist, lasse ich Dich Sternkreuzdame werden in Prag. Das vergiß mir nicht!"

Die Tochter bewunderte den hochbegabten Vater und war wie die ganze Umgebung von seiner Macht und Richtigkeit überzeugt. Ihr wurde jetzt deutlich fühlbar, daß der Vater zwischen ihr und mir stünde und auch, daß ich der reichsdeutsche, protestantische Junge mit seiner Verträumtheit und unsicheren Zukunft zwischen ihr und dem Vater stehe. Sie konnte wohl damals von unserer Kinderliebe noch nicht lassen, und als Folge sank eine leise Traurigkeit in sie und in mich hinein. Die Traurigkeit äußerte sich bei uns als Scheu voreinander, als Scheu, durch die die ganz wenigen Gelegenheiten der heimlichen guten Berührung oder eines heimlichen lieben Wortes meistens verstrichen.

Einmal hörte ich ungesehen die stille Mutter des Mädchenkindes zu der zweitjüngsten Schwester meiner Mutter sagen: „Das Hofmachen zwischen den Vettern und Cousinen kommt doch überall vor, aber bei Hans und ihr (sie meinte die Tochter) da habe ich Angst, das ist etwas anderes." Ich gewann frischen Mut durch die Erklärung, und der Mut wuchs, als die gütige Frau uns beide jetzt hin und wieder mit sich ausnahm. Im ganzen war die späte Jugendzeit in Goldeck und die Gestalt des schlanken blonden versonnenen Mädchens für mich wie aus einer Novelle Storms herausgeschnitten, und wenn ich nun Storm mit Leidenschaft las in den letzten Schuljahren in Wiesbaden und in den folgenden zwei Lehrjahren in England, meinte ich fortwährend eigenen Angelegenheiten zu begegnen.

Von meinem zweitletzten Goldecker Ferienaufenthalte an wohnte der Minister mit seiner Familie im Sommer nicht mehr bei unserer Großmutter auf Goldeck, sondern nahm ein schönes großes altes Vöslauer Landhaus in Pacht, das meiner Mutter und ihren Geschwistern vom Großvater her vererbt war.

Kam das Mädchen aus der Edelsee-Villa nach Goldeck hinunter, um eine etwas ältere Halbbase von uns zu besuchen und also auch mir zu begegnen, dann ging ein paar Schritte hinter ihr der Diener. Undenkbar wäre es gewesen, daß etwa ich das Mädchenkind dann heimbegleitet hätte. Sie wehrte sich gegen das alles nicht, und ich, ich konnte mich nicht wehren; es grub sich nur alles ein und grub sich sehr tief ein.

Zweimal freilich ließ das schöne Mädchenkind zu meinem Erstaunen, zu meinem Schrecken und zu einem hohen nie vergessenen Glücksgefühl jede eingeübte Zurückhaltung fahren.

Das eine Mal geschah es bei einem seit Jahr und Tag verschobenen Enkelballe der Großmutter in Goldeck: Es waren da lederne Besuchskartentaschen mit den eingeprägten Namen vorbereitet, die die Mädchen den „Buben" geben sollten, und es gab kleine metallene Nadelbecher mit den eingeritzten Namen der Mädchen, die durch die Jungen überreicht werden sollten, auch bekam jeder Junge acht kleine Blumensträuße für die Mädchen. Mir war der Nadelbecher mit Lenerls Namen als wie selbstverständlich sofort gegeben worden, und ich wußte, daß sie die Ledertasche mit meinem Namen in Empfang genommen hatte. Als ich mit meinen kleinen Sträußen an einer Schwägerin meiner Mutter vorüberkam, die sich gelegentlich gern spöttisch und angreiferisch ausdrückte, sagte sie sehr laut, für wen diese Sträuße alle seien, das wisse man „eh". Ich wurde rot wegen der Auffälligkeit, die ich in Gegenwart des Vaters des Mädchenkindes doch um jeden Preis zu vermeiden trachtete, hinter mir her fiel dann noch —

ich hörte scharf und argwöhnisch — ein übles Wort und vielleicht nicht ganz unbezeichnendes Wort über meine scheue und unreife Neigung. Ich war noch nicht fertig mit mir, da begann die Walzermusik, ich ging schnell zum Mädchenkinde. Ich sagte: „Hier ist der kleine Becher und sind die Sträuße, sie sind natürlich alle für Dich." Wir tanzten lange, so lange, wie ich meinte, es unter der Beobachtung des Vaters wagen zu dürfen. Ich blieb dann in der Nähe des Stuhles des Mädchenkindes stehen, da sah ich, daß sie die Vettern, einen nach dem andern, wegsandte und sitzen blieb, und ich hörte sie sagen, sie warte auf mich, und dann geriet es so weit, daß wir zuletzt allein tanzten und daß der ausgezeichnete Wiener Musiker, der aus Freundlichkeit die Walzer und den Sir Roger und den Ungrisch-Schottischen spielte, für uns beide sein bewegendes Spiel verlängerte, und niemand griff ein.

Der zweite Durchbruch eigenen Wesens durch die Zurückhaltung und Form ereignete sich bei dem geliebten Mädchen am Hochzeitstage der zweitjüngsten Schwester unserer Mütter. Es war die Schwester, die uns auf ihrem Kutschierwagen gern mitgenommen hatte und von der des Mädchens Vater bewundert wurde und an der wir beide hingen. Die Hochzeithaltende hatte bestimmt, daß ich der erste Kranzlherr, also der Brautführer sein sollte, der mit ihr bis zum Altare der Vöslauer katholischen Kirche gehe, und daß die Geliebte den Bräutigam zum Altar begleiten sollte. Die empfindliche und nicht mehr aus irgendeiner großen Liebe einen Czechen des Beamtenadels heiratende Mutterschwester wollte uns während der eigenen Schwermut ganz deutlich die Freude bereiten, daß wir im Hochzeitszuge und beim Orgelspiel aus der Kirche zusammen herausgehen durften als ein Paar und daß wir beim Hochzeitsessen zu Recht nebeneinander säßen. In Erwartung des Tages, der fast ein Versprechen gemeinsamer Zukunft zu enthalten schien, war ich wie trunken im Herzen und trunken im Kopfe. Noch achtundvierzig Stunden vor der Hochzeit schien alles in Ordnung. Am Vortage, an dem der Bräutigam eintraf, erfuhr ich, Lenerls Vater habe, was die Brautführer und Brautjungfern angehe, neue bestimmte Wünsche geäußert. Am Morgen des Hochzeitstages trat der Umschwung ein, ein telegrafisch vom Dienste weg herbeigerufener Neffe des Bräutigams, ein böhmischer Dragoneroffizier, erschien „unerwartet" und sollte als der Ältere an meine Stelle treten. Die Mutterschwester setzte durch, daß sie doch von uns beiden, von dem Fremden und von mir, an den Altar geführt werde, aber weiter reichte ihr ermüdeter Wille nicht. Der Fremde ging mit meinem Mädchen aus der Kirche, ich mußte eine Halbbase führen, die ich menschlich mochte, die jedoch von uns allen aus verschiedenen Gründen nicht für voll angesehen wurde, und hatte auch sie zu Tisch. Die Kirche, der Tag, das Essen war danach grau und verhangen; mitwirkte, daß mir die heiratende Mutterschwester und die mir zugeteilte Halbbase beide leid taten. Am Nachmittage sollte in dem großen Saale des großen, vornehmen Gasthofes, in dem das Mahl stattgefunden hatte, von den jüngeren Gästen getanzt werden. Ich hatte zum Tanzen keine Lust. Die Halbbase kam zu mir. Sie sagte: „Mach Deine Augen auf. Baron S. ist fort. Er war nur herbestellt, er mußte zum Dienst zurück. Du kannst L. nicht allein lassen. Sie tanzt auch nicht, weil Du nicht tanzt. Wie magst Du so hart sein wollen, ihr eine Schuld zu geben. Sie hat doch nichts anders gedacht als Du. Sie läßt sich nur weniger anmerken als Du. Dir steht immer alles gleich auf dem Gesicht. Das ist nicht leicht für andere." Ich mochte nichts hören und mochte auch wiederum nicht ganz davongehen, weil das geliebte Mädchen noch da war und weil ich doch ab und zu heimlich vor mir selber hinter ihr her blicken konnte, und weil ich doch auch — die Ferien gingen in wenigen Tagen zu Ende — ihr Bild in mir so lebhaft wie nur möglich machen mußte für ein anderes langes Jahr der Trennung. Dann plötzlich sahen meine Augen den Mann der jüngsten Schwester meiner Mutter, einen ganz unverkünstelten und wohltuend menschlichen oberösterreichischen Arzt, auf das Mädchen zutreten, und meine Augen sahen, daß sie den blonden Kopf schüttelte und daß er sie nun an der Hand packte und mit sich zog und sie zu mir brachte. Er sagte in seinem Oberösterreichischen: „Bua, wos is' dös? Sie will nicht tanzen, auch mit mir nicht, weil Du net tanzen tust. Macht Ihr beiden jungen Leut' Euch das Leben nicht jetzt scho' schwer. Laßt's die andern verruckt sein. Und jetzt gieb i auf Euch acht und gieb i für Euch acht, und jetzt tanzt's!" Und dann faßte mich das Mädchen, und ich faßte sie, und wir tanzten völlig aneinanderhingegeben. Nach einer Weile merkte ich, daß sie den schönen blonden Kopf an mein Gesicht lehne. Ich flüsterte: „Um Gottes Willen, andere sind doch im Saal". Sie antwortete: „Was gehen uns die andern jetzt an, wir wollen einmal für uns nehmen, was wir nehmen können." Ich weiß nicht, wie es gelang, ich weiß nicht, welche Gewalt der gutmütige, lächelnde

Oberösterreicher ausübte, ich weiß nicht, warum der Minister und irgendwelche ärgerlichen Aufpasser verschwunden blieben, und weiß nicht, ob der Wein und Champagner Einzelne der Jungen blind gemacht hatte, ich weiß nur, daß wir beide unaufhörlich tanzten und einander sehr fest hielten und uns um niemand kümmerten.

Des Mädchens Vater und der Goldecker Tisch mit den vom Minister bestimmten Gesprächen bei den Mahlzeiten haben mich, wie im Großen mein Vater mit dem durch ihn bestimmten Gespräch am Tisch meines Elternhauses, mancherlei gelehrt, das mir kein Buch und keine spätere eigene Lebenserfahrung hätte zubringen können. Ich glaube, ich ließ von früh an trotz aller sonstigen Versponnenheit an meinem unteren Tischende kein einziges politisches Wort bei den Jungenohren vorübergehen, und um Politik handelte es sich, wenn der Minister sprach, doch meistens. Wo mir eine ganze Erklärung fehlte, fragte ich mich nachträglich bei den Verwandten durch und am meisten bei dem sehr gescheiten jüngsten Bruder der Mutter, übrigens einem der sehr wenigen ‚runden' Männer (all round men), denen ich im Leben begegnet bin; denn er hatte einen gebildeten Geschmack und hatte nachgedacht und hatte vielerlei gesehen und gelernt und war herumgekommen und ritt und tanzte und schoß und schwamm ausgezeichnet und malte mit Können und zog sich immer gut und gepflegt an und war ritterlich und drahtig und — vielleicht gehört das auch dazu — er verstand Frauen.

Die Goldecker politischen Gespräche hatten meistens einen Ausgangspunkt, der dem reichsdeutschen Jungen zunächst befremdlich war. Für den reichsdeutschen Jungen aus Mitteldeutschland bedeutete die staatliche und nationale Zugehörigkeit nichts verschiedenes. Ihm schien, daß, wer zu dem Staate Deutsches Reich gehöre, selbstverständlich deutsch sei von seiner Nationalität und seinem Wesen her. Ihm fiel deshalb ein frühes hingeworfenes Wort des Ministers besonders auf. Es lautete im Dialekte: „I bin net deitsch, i bin net bömisch, i bin net ungrisch und net slowenisch und net polnisch, i bin kaiserlich ..." Solchem Denken, das für den Minister des ‚Nationalitäten-Staates' eine große und zugleich gefährliche Richtigkeit unzweifelhaft enthielt, wurde von dem oberösterreichischen Onkel in den verschiedenen Jahren, in denen er von Hall aus auf kurze Besuche erschien, jedes Mal mit neuer Erregung widersprochen. Der Oberösterreicher war Schönerer Anhänger, er hatte als junger Mediziner den deutsch-französischen Krieg mitgemacht und war von den vielen verdienten Ehren seines helfenden Lebens auf nichts stolzer als auf das Eiserne Kreuz. Er erklärte etwa: „Ja, Ihr Wiener nennt's Euch gern kaiserlich und tut's gern Eure Deutschheit verstecken, aber der Böm ist bömisch und der Ungar ungarisch und der Pole polnisch und geniert sich net ..." Und er sagte auch: „Aber irrt's Euch nicht, die Steirer und die Tiroler und die Kärtner und die Salzburger und die Vorarlberger und wir in Oberösterreich sind nicht zuerst wienerisch und nicht zuerst habsburgisch-kaiserlich, sondern wir sind so deutsch wie die Hannoveraner und Schwaben und Bayern und Schlesier und Märker und Sachsen und Preußen und nicht anders und nicht mehr und nicht weniger, und damit fängt alles an und hört auch alles auf. Und wenn die Deutschheit im Versteck bleiben und sich das heimliche Verbiegen und heimliche Angreifen immer weiter gefallen lassen soll, dann kann sie eines Tages die große mühevolle Ordnungsarbeit für Europa im Osten und Süden nicht mehr leisten, und dann ist Euer Wiener Österreich samt allen gepriesenen übrigen Staatsklugheiten vorbei ..."

Ich begann bei solchen Gesprächen also die ungeheure Problematik Mitteleuropas ein klein wenig zu erkennen, welche uns Jungen im Reiche und auch den meisten Zugehörigen jener älteren Generation des Reiches, die sich noch bayrisch und hannoversch und sächsisch usw. fühlte, damals merkwürdig verschlossen blieb. Ich begriff widerwillig, daß es ein unnationales Österreich, eine Art europäischen Vernunftstaat wohl geben müsse, so nötig wie weiter nördlich ein soldatisch gewohntes Preußen, um die europäischen Ostgrenzen und alles das, was unter europäischer Kultur verstanden wird, stets von neuem gegen Asien zu schützen. Ich begriff aber auch, daß dieser Schutz nur von deutschem Ordnungs-Pedantismus und gewiß nicht immer liebenswürdigem Pflichteifer getragen werden könnte, wie das seit Jahrhunderten der Fall war. Und was ist im näheren europäischen Osten von Leistungen der Kunst und Wissenschaft und der Ökonomie und des Rechtes und jeder Art dauernder Menschenhilfe nicht deutscher Herkunft und deutschen Ursprungs? — Mir schien später auf Grund dieser Jugenderfahrungen die von Westeuropa her erzwungene Auflösung der österreichischen Monarchie im Jahre 1918 ein europäischer Rückschritt. Mir wurde auch auf

Grund der Jugenderfahrungen später manches verständlicher, was sich menschlich und sachlich ereignete, einschließlich der Person und Art des Oberösterreichers Hitler.

Die Goldecker Jugendzeit ging für mich zu Ende, als ich als ein Oberprimaner die letzte Urlaubszeit in Vöslau sein durfte. Die Geliebte und ich waren wenig zusammen. Ich nahm vor lauter Verhemmtheit das Wenige wiederum schlecht wahr. Aber ich sah sie doch und hörte doch von ihr oder über sie täglich und atmete doch dieselbe Vöslauer Fichtenluft wie sie, und als wir einmal bei einer Verwandteneinladung wieder als Paar zwischen meiner Mutter Vetter und dessen Frau, einer Engländerin, gesetzt waren, kam es zu einer vorsichtigen kleinen Aussprache zwischen mir und dem Mädchen, und ich meinte, wir hätten uns damals verlobt, verlobt heimlich auf nichts weiter als auf Zuwarten hin.

Von der Kinder- und Jugendliebe in Österreich und vom Glanz der Ferientage auf Goldeck habe ich in einer einzigen Folge erzählt, es möchte danach scheinen, anderes habe sich für mich auf dem Wege vom Quintaner bis zum Abiturienten nicht ereignet. Das trifft natürlich nicht zu, und nachzuholen ist jenes Nochandere, das von außen an den jungen Menschen herangetragen wurde und ihn in die ihm schicksalhafte Richtung wies und stieß.

In der Zeit, in der die Vöslauer-Fahrten begannen, hatte ich einen Schulfreund Paul von Finckh, er kam von auswärts und wohnte in derselben Mainzerstraße wie wir. Er war ein stiller, guter, freundlicher Junge, er stellte sich mir nie entgegen. Unser gemeinsames Spiel waren meistens Puppentheateraufführungen in unserem Hause vor meinen Brüdern, dabei für mich die genauen und umständlichen Vorbereitungen die Hauptsache waren, was ihn nie verdroß. Wäre er über die Untertertia hinaus in Wiesbaden geblieben, hätte sein kluges, warmes Innenleben auf mich mehr Einfluß gewonnen. Wir schrieben im übrigen die gleich schlechten Extemporalien in der Schule; der Unterschied war, daß er dafür von seinem Vater keine harten Worte zu hören bekam und nicht gestraft wurde. Auch sonst ging bei ihm alles viel sachter zu, vor allem fehlte bei ihm ein Ähnliches wie die ewig lauernde Gereiztheit zwischen dem zweiten Bruder und mir, und die Stunden, die ich an Sonntagnachmittagen und -abenden bei Paul in dem großen schloßähnlichen Hause seiner Tante verbrachte, darin seine Eltern das Gaststockwerk innehatten, waren Stunden wohltuender Ruhe und sich frisch herstellenden Gleichgewichtes.

Die Wende in Wiesbaden trat für mich im Dreikaiserjahr 1888 ein, und in der Zeit der sich anbahnenden Wende verschwand Paul.

Ich wurde in den frühen Monaten des Jahres 1888 von sich steigernden Kopfschmerzen befallen, sie erschwerten das Lernen sehr, und eine fünfte und sogar vierte Vormittagsstunde oder dritte Nachmittagsstunde hindurch, und selbst wenn es sich da nur um Singen handelte, saß ich vor quälenden Kopfschmerzen und vor schlechter Luft recht verblödet da. Man machte mich nun auf Wunsch des alten guten Hausarztes Ricker erst von einigen Stunden frei, dann wurde ich ganz aus dem humanistischen Gymnasium mit seinem Griechisch, das mir so besonders schwer fiel, herausgenommen. Aber die peinigenden Kopfschmerzen ließen nicht nach. Mein Vater war viel in Berlin, es war seine Abgeordnetenzeit. Die geliebte Mutter sorgte sich sehr um mich und tat mir an Freundlichem, was sie nur erdenken konnte.

Ich muß mich hier einer Schuld anklagen, die ich ihr nie recht gestanden habe, die mir aber mein Leben lang nachgegangen ist und mir bis zum Ende nachgeben wird. Ich übertrieb, um mir noch mehr ihrer Wärme zu gewinnnen und um — wo es gelingen könnte — einen ganzen Sommer in Goldeck verbringen zu dürfen, die äußeren Symptome meines unzweifelhaft quälerischen Leidens bewußt. Mir ist das immer unbegreiflicher geworden und wäre der Mutter völlig unbegreiflich gewesen; und wenn sie es heute noch erfahren und glauben könnte, legte sich ihr diese zeitliche Unwahrheit ihres ältesten Kindes, von dem sie so viel hielt, noch als späte Last auf die Seele. Und ich war sonst — und da liegt für mich die Unbegreiflichkeit — wie als Kind ein lauterer und zu jedem Eingeständnis bereiter Junge und versuchte nicht einmal mir selbst etwas vorzumachen.

Der Hausarzt riet, man solle das humanistische Gymnasium für mich ganz fahren lassen, man solle mich nach einer gründlichen Auskur in den Bergen und auf Goldeck in das Realgymnasium eintreten lassen bei Verlust eines Schuljahres. Statt Griechisch und Latein als Hauptfächern wären mir damit als Schullehre Englisch, ein erhebliches Mehr an Mathematik, Physik und Chemie, ein Mehr an Französisch und Latein als Nebenfach zugefallen. Die andern Fächer hielten sich die Waage. Ich muß heute, da ich den unterbrochenen humanistischen Lehrgang seit vielen Jahren bedaure, lächeln über die Meinung, einem Knaben mit äußerst empfindlichen Kopfnerven könnten etwa die mathematischen Fächer zuträglicher sein und leichter fallen als die Humaniora.

Zur endlichen Entscheidung für das Realgymnasium trug bei, daß ich also Überseekaufmann werden sollte nach des Vaters geheimen Wunsche und damals auch werden wollte nach den mehr phantastischen als richtigen Vorstellungen, die ich mir von der Kaufmännerei über See machte.

Von den Gedanken, die den Vater leiteten, habe ich oben gesprochen, er war in Sorge um den materiellen Rückgang der deutschen altbürgerlichen Familien, nicht weil er Wohlleben und Bequemlichkeit für diese suchte, sondern weil er ihnen die zur großen kulturellen Arbeit unbedingt notwendige Freiheit und Unabhängigkeit von neuem sichern wollte. Die deutsche altbürgerliche Leistungskraft könne, so meinte er wahrscheinlich, sowohl in den Offiziers- wie oberen Beamtenstellen und in deren Abhängigkeiten am Ende verzehrt werden zum allgemeinen Schaden; traf es doch zu, daß sogar die Universitätsprofessoren immer mehr zu beamteten Männern wurden. Vielleicht wirkte bei meines Vaters suchenden Gedanken die Erinnerung an die glückhaften Zustände mit, die er als junger Professor in Basel miterlebt hatte. Darüber hinaus aber spürte mein Vater, daß unser Volk aus seiner Binnenländischkeit und Verhemmtheit und gegenseitigen unseligen Reiberei heraus müsse und meinte, daß dies ohne Zusammenstoß mit der Umwelt am ehesten auf einem „hansischen" Wege erreicht werde, und da gehöre am schicklichsten vornehin, was nicht als Raffer geboren sei. Zu dritt und unbewußt mag den Vater jene Fernensehnsucht beeinflußt haben, die schon in seiner Kinderzeit in ihm rege gewesen war, als er den brennenden Wunsch hatte, englischer Marineoffizier zu werden in Zeiten, in welchen es deutsche Seeoffiziere noch nicht oder noch nicht wieder gab.

Was mich anging, so spielte auch bei mir die romantische Fernensehnsucht eine große Rolle, entfacht oder angeregt durch ein frühes Briefmarkensammeln und genährt durch die erste deutsche koloniale Bewegung und durch Freiligrath-Gedichte und das Pieter Maritz - Buch. Aber weg wollte ich auch von jener Art deutscher Binnenländischkeit und Ungelüftetheit und Derbheit, die damals in unserem Mitteldeutschland stark zu spüren waren. Den letzten Ausschlag gab die Einbildung, ich werde das geliebte

Mädchen in Österreich auf dem kaufmännischen Umwege über See am ehesten gewinnen können.

Ich wurde im Realgymnasium und ohne die elende Quälerei der Kopfschmerzen zunächst ein recht leidlicher Schüler, sogar, dank den Vöslauer Nachhilfestunden, in der Mathematik. Bei zwei sehr schwachen Lehrern verlotterte die ganze Klasse in der Obertertia und bis in die Untersekunda hinein maßlos, dann kam ich sachte wieder vornehin. Gut in Mathematik, Physik oder gar Chemie wurde ich nicht mehr, obgleich wir in der Mathematik und Physik Professor Dr. August Schmidt zum Lehrer hatten, der unendlich viel konnte und trotz dem ihm lebenslang anhaftenden Spitznamen Stips von den Schülern aller Jahrgänge wegen seiner geraden Menschlichkeit verehrt wurde. Auch in Englisch und Französisch glänzte ich nicht. Meine Fächer waren Deutsch, Latein, Geschichte und Religion. Ich arbeitete für diese Fächer kaum, sie fielen mir leicht durch die Sprechgewandtheit, die ich damals besaß und wohl auch durch das vielfache Bildungsgut meines Elternhauses; ich konnte zusammensehen und zusammenstellen. In meinen Fächern hatte ich zwei Lehrer, die mir mehr als nur Wissensstoffe vermittelten, der eine war Professor Dr. Karl Endemann, der andere der Direktor Professor Dr. Karl Fischer, der Vater des gescheiten Schriftstellers Kurt Aram.

Mein Freund im Realgymnasium wurde in Untertertia, in Obertertia, in Untersekunda und noch im Obersekunda-Jahr der hellblonde Hugo Müser, der Herkunft nach Westfale, der Nationalität nach Nordamerikaner, der Elternwohnung nach Brüsseler Junge. Hux war der älteste Sohn und also „Kronprinz" des größten Spitzenhauses der Welt mit Kontoren allüberall, wo Spitzen hergestellt werden. Er war eines Jugendasthmas wegen für eine Reihe von Schuljahren in Wiesbaden untergebracht worden. Er hatte schon vor mir einen kleinen Freundeskreis um sich, bestehend aus Kaufmannssöhnen, die nun auch meine guten Bekannten wurden, sie hießen Arthur von Haas, Sohn des verstorbenen Direktors der Ottomanischen Bank in Konstantinopel und einer Engländerin, Georg Beckel, in Pflege des Divisionspfarrers Kramm zu Wiesbaden, Sohn eines Kaufmannes in New York, und Heinz Magnus, Sohn eines Kaufmannes in Ägypten und Enkel des Berliner Physikers Dove. Wir fünf wurden zusammen bei dem Divisionspfarrer Kramm konfirmiert an meinem sechzehnten Geburtstage. Hux, der einzige mir ganz nahe, war aus irgendeinem Grunde eine Klasse zurückgeblieben. Ich bekam Freistunden wegen eines sich wiederholenden Anfalles der Kopfschmerzen. In den Freistunden spielten Hux und ich in seiner Wohnung oder in leeren Klassenzimmern, erst empört gehindert, dann heimlich beschützt von dem urwüchsigen Nassauer Pedellen Gigerich, mit Leidenschaft Schach, dazu sich ein ledernes flaches Reiseschachbrett meines Vaters mit Einsteckfiguren, das unter den Schulbüchern nicht auffiel, wunderbar eignete. Nicht gut für mich war, daß Hux, dessen frische, gerade, nüchterne Art fördernd auf mich wirkte, viel zu früh von Wiesbaden davon ging, wie einst Paul von Finckh.

Ich war nach ihm ohne rechten Freund. Ich saß viel in meinem ungestörten Giebelzimmer und reimte und versuchte mich durch die Literatur der nachklassischen Zeit hindurchzulesen, und schleppte aus der Nassauischen Landesbibliothek alle jene Bücher an, die mit den altnordischen Sögur und mit Island zu tun hatten. Ich empfand bei diesem Lesen und Treiben eine zunehmende und gelegentlich recht starke Abneigung gegen den kaufmännischen Plan. Ich sagte mir aber immer wieder und immer schärfer: „Sei vorsichtig! Du mußt mehr ans Leben heran, wenn Du eines Tages ein Dichter sein willst, und darauf bist Du am Ende aus. Du bist darauf vielleicht noch mehr aus als auf das ersehnte Zusammenspiel mit Lenerl. Das Reimen mit dem dem blauen Himmel zugewandten Gesichte haben andere besser gekonnt als Du, und davon ist auch genug da, und zu spintisieren über das, was sich in der Vergangenheit ereignet hat, und zu einem zehnten vorhandenen Buch ein elftes hinzuzuschreiben, ist elende spielerische Zeitvergeudung. Alle Dinge sind in merkwürdigem Fluß, überall ist schon Auflösung, nichts scheint mehr ganz zu stimmen; jetzt wird nötig, daß man sich heranwagt und die Augen aufmacht vor dem, was wird, und daß man zusammensieht und die Zusammensicht in klare Sätze formt für viele und also dichtet, und das ist der große neue Auftrag der Wortkunst. Und wenn Du das bei Deiner Empfindlichkeit und Furchtsamkeit und körperlichen Schwerfälligkeit je können willst, dann mach Dich zuerst weg von Dir selbst!"

Die geliebte Mutter, der meine Schwächen noch weniger deutlich waren als mir selbst, begann stark zur Germanistik zu raten und zur Aufgabe des kaufmännischen Planes, sie brachte es sogar fertig, den Vater unsicher zu machen. Ich setzte damals durch, was rein kaufmännisch gesehen gewiß nicht richtig war, daß mir nach bestandenem Abiturientenexamen, über dessen Vorzug oder Nachteil meines Vaters kaufmännische Bekannte durchaus nicht einer Meinung waren, keine deutsche Lehre, wie sie die deutschen Bekannten des Vaters geraten hatten, zugemutet werde, sondern daß ich im Auslande in irgendeiner noch unklaren Weise anfangen könne. Hux war mein Helfer und Zeuge bei diesem Entschluß.

Ich hatte außer der Neigung zu der nordischen Saga und nordischen und deutschen Mythologie in den mittleren und oberen Schulklassen noch eine besondere Liebhaberei: das Vogelhalten und die Vogelzucht, und die Bücher der Nassauischen Landesbibliothek über die in- und ausländischen Stubenvögel lagen nicht weniger bei mir als die nordischen Bücher. Mein Vater teilte diese Liebhaberei für die Vogelwelt. In unserem Garten war den ganzen Winter über vor einer großen Pinus Austriaca ein von ihm sehr sorgsam und reich bestellter Futter- und Trinkplatz im Gange. Der Futter- und Trinkplatz wurde bald in der so zahlreichen und der so verschiedenen europäischen Vogelwelt bekannt, die sich in der Winterzeit im mittelrheinischen Becken zusammenfand. Der Vater verbrachte manche Stunde mit dem Glase beobachtend an unserem Eßzimmerfenster im ersten Stock und hatte eine mächtige Freude, wenn unter der Vielzahl der Besucher ein neuer und zunächst unbekannter Gast auftauchte. Als ich andeutete, mir wäre ein Flugkäfig im Garten für meine Stubenvögel für die Frühling-, Sommer- und Herbstzeit sehr willkommen, lehnte er das einmal nicht ab, sondern erfüllte ohne viele Worte den Wunsch; und dann züchteten und hielten wir im Garten Generationen von Kanarienvögeln, dann Wellensittiche und andere Zwergpapageien, und schließlich die verschiedensten ausländischen Stubenvögel, die bis zum Spätherbst in der freien Luft besonders schön ins Gefieder kamen. Bei dem Vogelhalten begegneten sich einmal des Vaters und meine romantischen Gefühle und störten sich nicht. Es ging ganz ohne Lehrhaftigkeit von seiner Seite zu, ich sah da nur Heiterkeit und Freude bei ihm. Er gab mir nicht einmal zu merken, daß er im Aufpassen und in der Pflege viel genauer war als ich.

Während der zwei letzten Schuljahre ließ mich der Vater Reitstunden nehmen, wie ihm das richtig schien und von seinen kaufmännischen Beratern für meine geplante überseeische Zukunft dringend angeraten worden war. Mit mir nahm der Klassenkamerad Paul Albert Reitstunden, er und ich kamen uns dadurch noch näher. Unsere Väter schätzten sich von der „nationalliberalen Partei“ her; sein Vater war Gründer der großen chemischen Werke auf der Amöneburg bei Biebrich und war der Mann, der die Bedeutung der bis dahin toten Thomasschlacke als künstlicher Dünger erkannt hatte und volksverständlich machte und also ungezählten Menschen zum Brote und Sattwerden half. Paul wurde sehr einfach und abgehärtet erzogen. Die Eltern waren schon recht reich, da besaß er, der jeden Morgen von Biebrich in die Stadt kam, noch keinen Wintermantel oder wollte keinen besitzen. Er ruderte und segelte auf dem Rhein und schwamm im Strom zu allen möglichen und unmöglichen Zeiten, er war ein ausgesprochener Kindskopf, aber ein sehr kluger Kindskopf, und war ein ausgesprochener Lausbub, aber ein hochanständiger Lausbub, und war stark wie ein Bär. Die Kriecher unter den Lehrern mochten diese Mischung von Kindskopf, Lausbub, Faulpelz und Kraft gar nicht. „Stips“, Professor August Schmitz, mochte den Jungen trotz den immer wieder enttäuschenden Schulleistungen. Die Klasse mochte den Jungen ohne Rückhalt, weil er der Stärkste und körperlich Gewandteste war und durch seine Streiche für Lachen sorgte. Paul mochte mich, weil ich ihn durch meine Art der Darstellung der Vorkommnisse zwei- oder dreimal aus Patschen geholfen hatte. Verteidigungen anderer gelangen mir durch die damalige äußere Wortgewandtheit meistens und gaben mir in der Klasse Ansehen. Paul begriff und ich begriff, daß wir beide zusammen eine Macht seien. Wir spürten auch beide, daß damit eine Pflicht verbunden sei. Als Stimme der Klasse trat Paul mir gegenüber dann auf, wenn ich den Lehrern etwas klar machen oder einen betroffenen Klassenkameraden herausreden sollte.

Gegen Weihnachten des letzten Schuljahres merkte ich, daß ich vorsichtig zu sein hätte, wenn mein schwaches Arbeiten für die Schule und meine Gleichgültigkeit und geringe Begabung für die höhere Mathematik und Physik mich nicht in des Teufels Küche bringen sollte beim Maturitätsexamen. Einholen ließen sich die mathematischen, physikalischen und chemischen Schwächen bestimmt nicht mehr. Die französischen und englischen Kenntnisse hatten sich bei mir auch nicht vermehrt, und der Lehrer, der nach der Versetzung des Direktors Fischer die Prima übernommen hatte und im alten Stil Französisch und Englisch lehrte, war mir nicht gut und wartete, so schien es mir, auf seine Gelegenheit.

Am Anfange seines heimlichen Zornes war ich nicht schuld. Wir hatten Ochsenaugen gebraucht bei Stips. Wie das bei so ausgefallenen Angelegenheiten zugeht, waren nicht zu wenig, sondern Massen Ochsenaugen von uns Schülern angebracht worden. Nicht alle Augen rochen frisch. Als ich vom physikalischen Hörsaal als letzter in die Klasse kam, in der eine französische Stunde bevorstand, sah ich von der Tür aus auf dem Lehrerstuhle das braune Papier liegen, in dem ich meine sechs Ochsenaugen angebracht hatte. Ich dachte: „Paul ...", und rief: „Ihr seid nicht bei Verstand!" und sprang hin, um das Papier mit den jetzt etwa vierzig Ochsenaugen wegzureißen. Aber ich wußte nicht gleich, wohin mit dem Zeuge, und hörte draußen des Lehrers Schritt, da klappte ich den Deckel des Lehrerpultes auf, den „Trauermantel" noch niemals hochgehoben hatte, und ließ es hineinfallen, damit es vorerst aus dem Wege käme und „Trauermantel" sich nicht erst draufsetze und eine ganz üble Geschichte entstehe. In der Mitte der Stunde suchte Trauermantel wahrscheinlich Kreide und hob den Deckel. Er wurde weiß. „Wer hat das gemacht?" Ich meldete mich. Ich erklärte: „Wir haben die Ochsenaugen in der Physikstunde gebraucht. Ich sah sie zufällig neben der Tafel liegen, als ich als letzter hereinkam. Ich hörte Ihre Schritte draußen. Ich wollte Scherereien vermeiden helfen. Ich wußte nicht gleich, wohin mit dem Kram, da legte ich ihn vorläufig in das Pult." Vom Stuhle sagte ich natürlich nichts. Trauermantel versuchte ein paar aufklärende Fragen zu tun, aber zu anderem als zu einer Bestätigung meiner Aussage durch zweite und dritte kam es nicht. Daß er die Sache nicht los wurde, merkte ich bald.

In der Klasse war der evangelische Religionslehrer ebenso unbeliebt wie Trauermantel. Er pflegte nicht sehr geschätzte Schüler „Blasrohr" zu nennen, diese Bezeichnung wurde ihm, in Erwiderung der Freundlichkeit, von Paul als Spitznamen angehängt, sie blieb an dem Lehrer kleben. Mir war der Mann nicht unerträglich, weil er mir seit langem Zweien gab und mich, von meinem Können überzeugt, in Ruhe ließ. Die Klassenkameraden meinten, vielleicht zu Unrecht, „Blasrohr" sei dazu da, um uns Abiturienten in Kirchengeschichte usw. etwas zu bilden. Blasrohr seinerseits hatte entdeckt oder sich mitteilen lassen, daß wir von den dogmatischen Schriften des Neuen Testamentes sehr wenig wüßten. Er verlangte auf einmal und zwar von Stunde zu Stunde die mündliche Inhaltsangabe eines halben Apostelbriefes und nahm angeblich denjenigen dran, der ihn in irgendeinem Sinne geärgert hatte. Zur bedenklichen Angelegenheit wurde, daß diese Religionsnote plötzlich eine Rolle bei der Reife spielen sollte und daß mitgeteilt wurde, bei uns werde Religion zu den Prüfungsfächern gehören. Ich verhielt mich nach der Aufregung der anderen und Pauls gegenüber zunächst kühl. Ich las die Apostelbriefe nicht durch. Ich versuchte mich lieber an Gedichten, wenn in den Abendstunden die dringlichste Schularbeit getan war. Ein Tag erschien dann, an dem kam Paul wieder dran und sollte den Inhalt irgendeines apostolischen Sendschreibens vortragen. Er konnte es, wie gewöhnlich nicht, aber keiner konnte es, der gefragt wurde. Da merkte ich, daß das ganze Wasser jetzt auf mich zulaufe. Ich horchte hin auf die verschiedenen Stammeleien, ich versuchte, mich — nach Möglichkeit — aus einem unter der Bank aufgeschlagenen Testamente etwas zu orientieren. Ich kam nach dem allgemeinen Versagen wirklich dran. Ich stammelte nicht, ich tat nur, schnell redend, das bißchen zusammen, das ich gehört und noch zugelesen hatte. Der Lehrer schien mir nicht zu folgen, er sah zum Fenster hinaus, er sagte „gut", als ich fertig war, und malte die Note in sein Merkbuch, wie er die Noten der anderen hingemalt hatte. Nach der Stunde waren Paul und waren die andern auf mich unversehens böse. Paul sagte für die andern: „Du hast doch die Epistel nie angesehen, ich habe sie angesehen . . . Du mit Deinem Mundwerk kannst Dir nur besser helfen." Mir wäre die Antwort möglich gewesen, daß Paul und die übrigen nassauischen Jungen zu ihren gelegenen Augenblicken über eine ganz erhebliche ‚Klappe' verfügten; aber daß Paul in einem Sinne recht habe, spürte ich doch. Am nächsten Tag nahmen Paul und nahmen die andern das Gespräch wieder auf. Sie erklärten, die Dinge mit der Religionsstunde müßten anders gehandhabt werden. Religion dürfe nach so schwachem Unterrichte nicht im letzten Vierteljahre zum Prüfungsfache erhoben werden. „Weiter wollen wir auch etwas anderes hören. Er (der Lehrer) soll an die Streitgegenstände heran. Neulich hat er gefragt, welche Erkenntnis in Kürze einen zum Christen stempele. Wir haben keine Antwort gewußt. Du hast geantwortet: Die Erkenntnis, daß Jesus Christus der verheißene Messias ist. Und das nannte er richtig. Glaubst Du denn das und bist Du daher Christ? Warum sagst Du es also? Du glaubst es nicht, und wir glauben es nicht. Das hat mit unserer Ehrfurcht vor dem Menschen Jesus Christus der Evangelien gar nichts zu tun. Nun solltest Du für uns sprechen. Du solltest dem Manne vortragen, daß Du und wir uns mit der Gottheit Christi nicht zurechtfinden können und daß er sich dazu äußern möge, und Du sollst ihm erklären, daß uns im letzten Vierteljahre Religion nicht auch noch als Prüfungsfach aufgehalst werden darf. Das solltest Du, und ein anderer kann es in diesem Falle nicht, aber — da wirst Du nun stillbleiben ..."

Ich überlegte. Ich sagte mir: „Du holst Dir zu der ‚Trauermantel'-Gefahr eine ‚Blasrohr'-Gefahr hinzu. Und stelle Dir vor, Du werdest im Mündlichen in Religion geprüft!" Noch mehr als vorher erkannte ich die Hohlheit meines Abiturientenwissens.

Am nächsten Tag war wieder Religionsstunde, da meldete ich mich und trug den Klassenwunsch oder besser die Klassenbedenken vor. Der Lehrer zeigte sich betroffen, eiskalt betroffen. Er fragte, ob etwa ich mich auch nicht imstande fühle, die mündliche Prüfung in Religion zu bestehen. Ich entgegnete, nein, ich fühle mich auch nicht imstande, und wir hätten es mit den nötigen Wiederholungen in den exakten Fächern zu schwer, um jetzt noch Übriges nachzulernen. — Wir bekamen in der folgenden Zeit von ihm Ausführungen diktiert, die sich gegen David Friedrich Strauß richteten; außer mir hatte wohl kaum einer in der Klasse je von ihm gehört. Meine Religionsnote im letzten Weihnachtszeugnis vor der Reifeprüfung lautete zum ersten Male seit fünf Jahren drei statt zwei, obgleich ich seit jenem einen Ereignis auf keine einzige Frage eine richtige Antwort schuldig geblieben war.

Ich habe von den Wochen vor der Reifeprüfung wie sehr viele Männer mein Leben lang in Abständen bös geträumt. In den Träumen erscheint immer nur die Mathematik als Gegenstand, von dem ich gar nichts wisse, was nun plötzlich offenbar werde und zwar recht wie ein schreckhafter Betrug.

Eine mathematische Arbeit brachte ich bei der schriftlichen Prüfung überhaupt nicht zu Ende, eine andere mathematische Aufgabe löste ich falsch. Dagegen glaubte ich, daß der deutsche Aufsatz mir spielend gelungen sei. Ich, der später so langsam formte und niederschrieb, meinte nach zweieinhalb Stunden fertig zu sein, die geforderte „Disposition" machte ich nachträglich und ging vergnügt von den scharrenden Kameraden davon zum Schlittschuhlaufen; auch der lateinischen und englischen schriftlichen und

Das Schlumbergersche Weingut Goldeck in Bad Vöslau bei Wien.

Hans Grimms Geburtshaus in Wiesbaden. Heute Landwirtschaftsschule.

Hans Grimm als Abiturient 1895 in Wiesbaden.

einer schriftlichen geschichtlichen Arbeit glaubte ich sicher sein zu können. Mein Mut sank von neuem zwischen der Woche der schriftlichen Prüfung und dem Tage der mündichen Prüfung.

Der Tag der mündlichen Prüfung begann in der Klasse, da wurden die genannt, denen die mündliche Prüfung erlassen sei. Mein Name ward an der alphabetisch ihm zugehörigen Stelle nicht ausgesprochen, und ich dachte: „Nun ja ..., nun kommt's heraus!" Ich muß ein entsprechendes Gesicht gemacht haben, wenigstens erzählte das Professor August Schmidt am folgenden Vormittag lachend vor der Klasse. Stips fragte auch: „Grimm, was hawe Sie dene zwei Herren vom Französischen und Englischen und von der Religion gedan?" Er fügte lächelnd hinzu — wenn ich mir das nicht langsam selbst erfand — „Grimm, Sie müssen vorsichtiger sein im Leben!" Und er sagte auch, von neuem lachend: „Ein Mathematiker sind Sie nicht, Grimm!"

Erst als Sechzigjähriger hörte ich durch Zufall, daß mein deutscher Aufsatz mich damals nicht gerettet habe, sondern daß ich mit ihm es — anders als sonst — nur zur Note vollkommen genügend gebracht habe. Ich hörte auch zur selben Zeit und auf demselben Wege, daß ich im Gesamturteile als der Einzige unter den Kameraden bezeichnet worden sei, der ganz reif sei. Ich bin noch heute erstaunt über diesen Schluß. Ich merkte jedenfalls nichts von der Reife.

Paul Albert allein wurde durch die ganze mündliche Prüfung geschleift, und wahrhaftig wurde ihm auch die Prüfung in dem Fache Religion nicht erspart. Am Ende verlangte der die Prüfung führende katholische Oberschulrat, daß Paul Choräle hersage, vielleicht, um nur irgendein Schulkönnen bei Paul festzustellen. Paul hatte wohl nie ein Kirchenlied wirklich gelernt, aber sein rasches helles Gedächtnis hatte die Erstzeilen in Unmengen bewahrt, und in Angst und Frechheit und mit unerhörter Schnelligkeit hing er Erstzeile an Erstzeile und ließ sich nicht unterbrechen. Nicht nur bei uns, den Kameraden, sondern wohl auch bei einem Teil der Lehrerschaft kam die Sage auf, Paul sei durch die mündliche Prüfung im Fache Religion gerettet worden. Und er war doch ohne Zweifel der Lebenstüchtigste unter uns und wäre ein seltener Menschenhelfer und Menschenführer geworden nach seinen Anlagen. Wir warteten in der Klasse den Ausgang seiner Prüfungsmarter am Nachmittage oder Mittage ab. Wir hörten, wie die Türe der Aula zugeworfen wurde und wie er heranstürmte, er machte vor der offenen Klassentür einen Luftsprung und stieß sich am scharfen Türbalken einen erheblichen Spalt in den blonden Schädel.

Ich will hier den Bericht über Paul zu Ende bringen. Ich glaube, er studierte Chemie und andere technische Fächer. Er wurde als Student der Meisterschaftsradfahrer Deutschlands, mir scheint, er habe schließlich die Weltmeisterschaft gewonnen. Vom Rade wandte er sich dem Kraftwagen zu und wurde Rennfahrer und rückte wiederum vor zur Meisterschaft. Auf der Hinfahrt zu einem internationalen Rennen in Paris ereilte ihn das Schicksal. Auf der Landstraße bei Bingen wurde sein umgeschlagener Rennwagen gefunden, er lag tot darunter oder daneben, aus seiner Tasche fehlten die Papiere und fehlte das Geld.

Die Schilderung aus der letzten Hälfte des Abiturientenjahres mit dem ‚Schwatzen aus der Schule' scheint einen ungebührlichen Raum einzunehmen. Aber es kommt doch auf die Anstöße an, auf d i e Anstöße, die Narben hinterlassen, oder — weil Narbe zu vollmündig klingt — die Richtung geben. Ich hatte natürlich Tanzstunde wie die andern und lief wie die andern trotz der Goldecker Leidenschaft Mädchen nach und mochte einzelne besonders und spielte Tennis und tanzte gern. Nur betraf mich das alles nicht wirklich und nicht mehr als das Wetter, wobei gewiß Sonne lustiger ist als Regen für den Augenblick, aber beide fast so schnell vergessen werden, wie sie sich ereignen.

4.

Die Vorbereitung auf meine kaufmännische Laufbahn sollte damit beginnen, daß ich in Lausanne ein Sommersemester hindurch Französisch treibe, um zunächst einmal diese Sprache zu beherrschen. Im Herbste sollte ich dann als kaufmännischer Volontär nach England gehen.

Freund Hugo Müser hatte den Plan begutachtet, und sein Gutachten hatte meinen Vater beruhigt, zumal mit dem Gutachten das Angebot verbunden war, eine englische Volontärzeit, so ich nichts Besseres gleich fände, in der Zweigstelle der Firma Muser Brothers in der Spitzenstadt Nottingham in den englischen Midlands anlaufen zu lassen. Freund Hux beurteilte die Lage, wie mir heute scheint, als Sohn eines Welthauses, der mehr oder minder mit einem Stück fertiger kaufmännischer Lehre schon auf die Welt oder durch die Kinderstube gekommen ist und dem dann die rechte Erziehung zum weltläufigen und führenden Menschen erheblich wichtiger erscheinen kann als späte Erziehung zum genauen Kontoristen. Ich mag auch, was Verstand, raschen Blick, Fleiß, Willenskraft und Genauigkeit angeht, von ihm überschätzt worden sein, denn er selbst meinte, mir werde es in den wenigen Jahren in irgendeinem Sinne gelingen, und ich werde dann meinen Weg zu der Geliebten unschwer finden.

Zu dem Lausanner Plan gehörte bei mir und, wie ich merkte, bei meiner Mutter und vielleicht sogar bei meinem Vater ein Hintergedanke: Von Lausanne aus, wo ich mich als étudiant en lettres immatrikulieren lassen wollte, war noch der Absprung zum germanistischen Studium anstelle der Kaufmännerei möglich; dazu hätte dann freilich ein folgendes griechisches und lateinisches Nachlernen gehört; denn damals reichte die Reifeprüfung eines Realgymnasiums zum germanistischen Studium nicht hin.

Der Hausarzt hatte dem vierundsiebenzigjährigen Vater zum ersten Male in dessen Leben eine Auffrischung angeraten, und der Vater entschloß sich in der Tat zu einem Aufenthalte in Faulenseebad am Thuner See. Er gedachte über Basel bis Lausanne mit mir zu fahren. Das von ihm sehr geliebte Basel wollte er mir zeigen und wollte die noch lebenden Baseler Freunde und Bekannten seiner Professorenzeit besuchen, mit denen er die etlichen vierzig Jahre in Verbindung geblieben war, und wollte wohl auch mich ihnen vorstellen. In Lausanne sollte ich bei Frau und Sohn des verstorbenen Dichters Eugène Rambert wohnen. Eugène Rambert war ein naher Bekannter von meines Vaters Bonner Genossen Gottfried Kinkel gewesen, und den Vater reizte es, die Familie und das Haus kennen zu lernen, und lockte vielleicht auch die Lust, einmal zwei Tage wieder französisch zu sprechen. Ich erinnere mich sehr gut an die gemeinsame Fahrt, dabei sich der Vater wie immer als ein wundervoll unterrichteter Kenner der Strecken samt dem landschaftlichen, wirtschaftlichen, politischen und geschichtlichen Drum und Dran erwies und solches einem als sein ‚erlebtes Leben' zuzubringen verstand. Ich erinnere mich dagegen merkwürdig wenig an die einzelnen Baseler, und wir besuchten doch eine Reihe von Häusern und nahmen an verschiedenen Mahlzeiten teil und machten zwei oder drei Spaziergänge mit. Als Persönlichkeiten sehe ich nur Professor Andreas Heusler (den Älteren) vor mir. Er hatte noch als Student beim Vater gehört. Wir aßen bei ihm zu Mittag und tranken einen sehr köstlichen alten Schweizerwein, den der berühmte Jurist für ein Gutachten oder einen Schiedsspruch von einem Kanton erhalten hatte. Wenn mir aber die Gestalten der anderen Männer und Frauen heute namentlich fehlen, unvergessen geblieben ist der besondere Eindruck, den ich in jenen Baseler Tagen als junger, zuhorchender Mensch empfing und auch brieflich sofort an die Mutter weitergab. Ich hörte sprechen über Dinge der Welt und Dinge in Deutschland, als wenn die Sprecher ganz ferne und gänzlich unbeteiligte Zuschauer seien. Ich dachte: „Herrgott, muß das langweilig sein, sich selbst so in Ruhe zu erhalten und so unbetroffen zu fühlen." Ich hätte den Vater fragen sollen: „Wie ist das möglich bei den Leuten hier? Sie wissen sehr viel, sie reden meistens sehr klug und auch angenehm, aber alles, davon sie reden und auch verhandeln, erscheint wie vor vielen, vielen Jahren geschehen und scheint ihnen selbst keine inneren Schwierigkeiten zu bereiten." Vorstellen könnte ich mir die Antwort des Vaters auf eine von mir gewagte Frage dieser Art nicht.

Wir in unserem Elternhause in Wiesbaden und schließlich die deutsche Oberschicht meines Umgangs waren ja wohl bis dahin selbst gewöhnt, das Volks- und Völkergeschehen als wie von einem Orchestersessel zu betrachten, und die österreichische Verwandtschaft hatte gar uneingestanden das ungefähre Gefühl, sie säße, bald mit Applaus, bald mit Spott im ersten Rang. Wirkliche innere Unruhe gegenüber jeglichem menschlichen Tun und Lassen fing, so scheint mir, erst bei uns reichsdeutschen Jungen der ausklingenden Bismarckzeit an. Wir, meine ich, spürten noch von ferneher zum ersten Male, daß von nun an das „Tua res agitur" für uns bei a l l e m Volks- und Völkergeschehen Gültigkeit gewinne, oder mit anderen Worten, daß sich nichts ereigne und nichts in Glauben genommen werde beim eigenen Volke, im ganzen deutschen Sprachgebiet, in den Nachbarländern, in Europa und schließlich in der ganzen Welt, das nicht jedem einzelnen von uns eines Tages zum Schicksal ausschlagen müsse. Ich wiederhole, wir reichsdeutschen Jungen der ausklingenden Bismarckzeit spürten das noch von ferneher; ob wir viele oder wenige waren, die es spürten, weiß ich nicht. Aber in Basel zwischen den gescheiten Leuten wurde mir, vielleicht weil ich sie vom Vater her sehr ernst nahm, das Fehlen unserer Art der Unruhe zum ersten Male besonders deutlich. Und — ich will jetzt etwas vorausnehmen — ich für mein Teil bin der Art unserer jungen zunehmenden deutschen Unruhe auch unter tatfrohen Engländern bis etwa 1934 überhaupt nicht begegnet, wennschon sich das englische Fehlen ganz anders dartat und durch ganz anderes bedingt wurde als das Fehlen im beschaulichen, hochgebildeten Basel.

In das Museum in Basel brachte mich der Vater vor allem der Holbein- und Böcklin-Bilder wegen. Den Besuch der Böcklin-Bilder hatte ich erbeten. Ich war für Holbein noch nicht verständig genug, ich wurde von ihm nur historisch bewegt und gar nicht ergriffen, und der Vater unternahm in diesem Falle keine rechte Unterweisung, was mich nachträglich erstaunt. Wiedergaben von Böcklinbildern hatten vom ersten Sehen an meine Phantasie an- und aufgeregt. Ich mochte mich von den Baseler Böcklin-Gemälden kaum trennen und stahl mich ein paarmal von Vaters Seite fort zurück zu ihnen. Sie wirkten auf mich wie Opernmusik und wie Felix Dahn und hätten mir auf die Dauer nicht gut getan. Der Vater betrachtete die Gemälde sehr genau, er sprach kein Wort dafür und kein Wort dagegen.

Der Aufenthalt in Lausanne wurde zu einer freundlichen musischen Angelegenheit und war gewiß ein seltsamer Auftakt zur vorgesehenen raschen Laufbahn eines Überseekaufmannes. Ich belegte literarische und germanistische Vorlesungen, als lägen meine Ziele bei der Literatur und Germanistik. Über das französische Drama und das zeitgenössische französische Schrifttum sprach Professor Renard, dem unter den Studenten nachgesagt wurde, er habe im Jahre 1870 zu den Pariser Communards gehört und sei noch aus Frankreich ausgewiesen. Ich habe nie wieder Vorlesungen gehört, an denen ich leidenschaftlicher teilnahm und habe nie Dramenausschnitte eindrucksvoller vortragen hören. Es lag gewiß viel an des Mannes großem Können, es lag aber wohl noch mehr an der eigentümlichen Musik der französischen Sprache und deren Möglichkeiten. Was läßt sich mit solcher Musik alles herausholen, herausholen ohne jede Schauspielerei. Und wie verstand der französische Professor seine Muttersprache liebkosend und ehrfürchtig laut werden zu lassen. Am tiefsten wirkte auf mich der Vortrag der „Dernière nuit de travail"; nach den drei

Nächten fließender Arbeit am Drama ‚Chatterton' hat Alfred de Vigny in der vierten Nacht den sogenannten Epilog geschrieben und hat ihm dem französisch-englischen Trauerspiel dann als Prolog vorausgestellt. Das eigene Entzücken und die ganze seltsame Zartheit Renards kam bei diesem Lesen zu Tage.

Wir Gäste der Witwe und des Sohnes Paul des wadtländischen Dichters Eugène Rambert hatten die Bücherei des Dichters zur Verfügung, ich verschlang Buch nach Buch, das auf der Universität erwähnt wurde, und konnte, wenn die heimlichen Zweifel sich meldeten, ob das nun der richtige kaufmännische Anfang sei, mir achselzuckend antworten, es gehe jetzt doch zunächst um eine rechte Aneignung der französischen Sprache. Man eignet sich aber keine Sprache an durch stilles Lesen, sondern auf das tapfere und mehr oder minder erzwungene Drauflosreden vor Menschen kommt es an, die einen nur in ihrer Sprache verstehen. Madame Rambert, eine geborene Deutschschweizerin, gab sich redliche Mühe, uns zur Ordnung zu rufen, und ihr Sohn Paul, später ein höchster Richter der Schweiz, sprach französisch als die Sprache, in der er dachte, rechnete und betete. Aber wir andern waren alle keine Franzosen und waren alle sehr lebhaft und hatten eine helle jugendliche Freude an der gegenseitigen Unterhaltung bei den Mahlzeiten und vor allem nach dem Abendessen auf dem großen Balkon, von dem man auf Ouchy und den Genfer See und die Savoyer Bergwelt hinsah.

Wortführer war ein nicht mehr junger Deutsch-Schweizer Ingenieur, er hatte am Gotthard Tunnel mitgebaut und baute am Simplon Tunnel. Er sprach beide Sprachen gleich gut, er war knorrig und skeptisch und antikirchlich und sehr belesen. Das geistige Raufen war ihm ein Vergnügen. Nach ihm zeigte den lebendigsten Geist ein langer Amerikaner aus deutscher Familie. Ihm fiel die französische Sprache leicht zu und er hatte, mag sein weil er selbst gut geigte, ein ungewöhnliches Ohr für Hübschheiten und Feinheiten des französischen Schrifttums und trug sie sehr geschickt vor. Erzählte er Daudets Geschichte vom Bon Curé de Cucugnan aus den ‚Lettres de mon Moulin', dann ward sie zu gegenwärtigem, lächelndem Leben. Ein junger freundlicher Berner oder Züricher, der ein bekannter Komponist und Klavierspieler zu werden hoffte und daraufhin studierte, stand in Bedeutung für mich an dritter Stelle, er sprach weniger als wir andern und wußte viel weniger von den allgemeinen Dingen der Welt. Ich genoß sein Spiel und seinen Anschlag und seine musikalischen Einfälle; alles drei ging über technische Geschicktheit erheblich hinaus; dennoch meinten wir andern bei unserer Bewunderung heimlich, er werde die letzten Schritte, zu denen doch wohl in allen Zweigen der Kunst eine besondere Art der Härte und harten Erlebens gehört, nicht tun. Der vierte war ein Duisburger Jurist, Sohn einer alten Firma, klug und mit Willen nüchtern. Zu fünft stand mir der Sohn eines größeren Schweizer Hotelbesitzers, der Vater war noch aus Deutschland zugezogen, der Sohn zeigte sich aus irgendeinem Grunde der Familienerfahrung dem staatlichen Deutschland gegenüber zu abfälligen Worten bereit.

Nach Pfingsten wünschte mein Vater, daß ich ihn in Faulenseebad besuche. Ich sollte in den Kanton Wallis fahren und den Anmarsch zu ihm über den Gemmipaß tun, über den er als junger Mensch gegangen war; er wollte mir, so sich die Gelegenheit biete, im Berner Oberland entgegenkommen. Die Wanderung wurde entscheidend für mein Leben. Mir fiel wie dem Vater im Rhonetal das Vordringen des Französischen gegenüber dem Schwizerdütsch auf, das immer mehr deutsche Ortsnamen überrannt hatte. Ich genoß den seit Vaters erstem Gang zahm gewordenen Aufstieg über die Gemmi. In der ursprünglichen Wildheit wäre ich den Paßweg schon damals nur widerwillig und zagend heraufgestiegen wegen eines von Jahr zu Jahr zunehmenden Schwindelgefühls, wie es sich bei mir aus der praktischen Blindheit des rechten Auges entwickelt zu haben scheint.

Im Gemmiwirtshaus über dem Paß traf ich einen Berufsführer. Ich fragte ihn, woher die frischen Edelweißblüten an seinem Hute wären und ob er mich gar am frühen Morgen an Edelweiß bringen könnte. Er antwortete: Ja, wir hätten aber zwei bis drei Stunden nötig, und von sechs Uhr an sei er wieder verpflichtet. Wir fanden an einer schwer zugänglichen verborgenen Stelle, geschützt von alten Schneewehen und Eis zu des Mannes eigenem Erstaunen eine ungewöhnliche Masse blühender Pflanzen, ich steckte mir ein breites Band um den Hut und trug einen großen Strauß. Das Schwindelgefühl, zu dem Grund genug vorhanden gewesen wäre, merkte ich vor lauter Jagdeifer so wenig wie die Kälte des frühen Morgens.

Im Berner Oberland hatte sich damals ein Berggipfel gespalten, der abgespaltene Teil war in ein breites Hochtal hineingestürzt, und schon von dem ungeheuren Luftdruck waren Häuser weggewirbelt worden, und ein oder zwei Ortschaften lagen erschlagen und verschüttet. Ich wußte von dem Unheil merkwürdigerweise nichts und beobachtete nun betroffen die Spuren am Wege. Aus dem verwirrenden Schlachtfelde der Natur kamen mir zwei Männer und eine Frau entgegen und waren mein Vater und ein junges Ehepaar. Ich erkannte die Frau von weither als eine mir etwa um zwölf Jahre ältere Nachbarstochter aus Wiesbaden, die vor Jahren einen deutschen Überseekaufmann aus Südafrika geheiratet hatte. Ich erinnerte mich wohl an die Auffahrt bei der Hochzeit und an das herzgewinnende, das siegfriedartige Aussehen des jungen Ehemannes und sah nun, daß er, Werner Rolfes, der dritte Wanderer sei. Der Vater gab mir die Erklärung, daß das Ehepaar die erste Heimatreise von Südafrika aus gemacht habe und in seinem Gasthaus wohne und daß man ein Stück zusammen gefahren sei, und daß ein Wagen für ihn und mich eineinhalb Stunden rückwärts warte. Das Ehepaar fing seinerseits sofort von der Menge Edelweißblüten zu sprechen an, die sie an mir und bei mir sahen, wo und wie ich daran gekommen sei, ihnen seien letzthin verschiedene Suchen mißglückt.

Wir trennten uns dann, und der Vater und ich marschierten zurück zu seinem Wagen. Im Gehen erzählte mir der Vater, was alles ihm das Rolfes-Paar von Südafrika, von dem Leben dort und von der Aufbauarbeit in der verhältnismäßig jungen, aber schon großen Firma Rolfes, Nebel & Co. mit ihren Häusern in London, in Port Elizabeth und Kimberley im Kaplande, in Johannesburg im Transvaal, in Bulawago in Rhodesien berichtet hatte. Er sprach wie immer ohne Übertreibung, aber — es läßt sich nicht anders ausdrücken — mit einer sehr starken Anteilnahme, als geschähe da eine Leistung, an der er sehr gerne teil hätte. Ich blieb zwei oder drei Tage beim Vater. Ich lernte im Gasthofe eine alte Schweizer Freundin kennen, Frau des Schweizer Oberst Herzog, eine Frau besonderer Feinheit und Güte, und hörte sie und den Vater über des Vaters frühe Baseler Professorenzeiten und seine zweijährige Wartezeit auf dem Rigikaltbad Erinnerungen austauschen und war nun, obgleich noch länger geraten als der Vater, das „Grimmchen" neben dem „annektierten langen Hessen", wie der Vater bei den Rigi-Kaltbad-Freunden geheißen hatte. In der freundlichen Luft versuchte ich, wenn der Vater ruhte und Frau Herzog ruhte und an den genauen frühen Abenden des Vaters den „Grünen Heinrich" von Keller zu lesen, den ich siebzehn Jahre später so sehr lieben lernte. Aber damals ging es mir ähnlich wie dem Knaben bei der IX. Symphonie, ich wurde nicht ergriffen und ließ das Buch liegen. Mir erklären kann ich das nicht. Mag sein, mich erschreckte eine vermeintliche Ichwichtigkeit des Buches, mag sein, ich wurde von den Dingen, die von außenher an mich kamen, zu sehr bestürmt, und um solche Dinge drehten sich die Unterhaltungen.

Etwa eine Woche nach meiner Rückkehr schrieb mir der Vater, das Ehepaar Werner Rolfes sei wiedergekommen und Werner Rolfes habe ihn gleich um eine Besprechung ersucht. Bei der Besprechung habe Werner Rolfes erklärt, er und seine Brüder und Schwäger gedächten, nicht ewig in Südafrika zu bleiben. Er sei auf der Suche nach etwa zwei zuverlässigen jungen Leuten aus ihnen bekannten Familien, nach jungen Leuten, die nach einer nicht langen Vorbereitung als Jungteilhaber bei Einzahlung einer bestimmten Summe in die Firma draußen einträten und in ihr als Mitbesitzer oder Besitzer eine gute und sichere Zukunft fänden zu beiderseitigem Nutzen. Nun sei ich ihnen ja im Grunde von Kind auf bekannt, und mein Wesen hätte ihnen, da ich frisch und wohl aussehend mit dem vielen Edelweiß angekommen sei, recht gut gefallen, und er und die Frau hätten sich bestätigt: „Das ist einer, wie wir ihn suchen", und ich solle also nach der Lausanner Zeit in die geplante englische Volontärstelle gehen und solle die englische Sprache und die Kontorarbeit beherrschen lernen und solle mich in anderen zwei Jahren für Südafrika melden, wenn er, mein Vater, zustimme und ich Lust zeige. Über die Höhe meiner Einlage sei auch schon ein Einverständnis erzielt worden. Der Vater fügte hinzu, der Vorschlag habe ihn in jeder Hinsicht befriedigt und werde gewiß auch mich befriedigen. Er fahre jetzt besonders erfreut nach Hause.

Ich glaube, ich war wohl zufrieden mit der Nachricht. Aber der rechte Eindruck ist sehr rasch aus meinem Gedächtnis verschwunden, und zunächst war ich froh, daß die Lausanner Zeit mit ihrer Naturschönheit, mit ihrer beschwingten Kameradschaft, mit den Anregungen der Universität, mit den Möglichkeiten des Genfer Sees, mit dem reichen französischen Lesen, mit heimlichen eigenen Reimen und Entwürfen und auch mit dem gelegentlichen Sehen und Sprechen eines sehr hübschen Wiesbadener jungen Mädchens, das wir drei Brüder Grimm gern mochten, noch nicht zu Ende war.

Im September des Lausanner Sommers sollte in Deutschland die fünfundzwanzigjährige Wiederkehr des Sedantages begangen werden. In meiner frühen Schulzeit war der Sedantag alljährlich durch einen Festzug gefeiert worden, am Schlusse des Wiesbadener Zuges waren da noch in Wagen die paar nassauischen Veteranen von Waterloo mitgefahren worden. Die Fünfundzwanzigjahr-Feier war, so hieß es in der Presse, als ein Abschluß gedacht. An der Lausanner Universität lehrte ein französischer Professor André, ein wohlangezogener und gut frisierter Mann, die französische Umgangssprache. Die meisten seiner Hörer waren Deutsche aus dem Reiche. Unter den Studenten galt er mit Recht oder Unrecht als Deutschenfeind. In einer seiner Vorlesungen wandte er sich gegen die in Deutschland beabsichtigten Fünfundzwanzigjahrfeiern, der Plan sei ungut und beleidigend und also falsch. Mag sein, daß die geschärften Worte ursprünglich fielen, um den Widerspruch der Hörer herauszufordern, um sie in Bewegung zu setzen und eine Konversation in französischer Sprache anzufachen. Seine Anklagen wurden aus der Universität in die Breite hinausgetragen, und viele Lausanner wurden französisch erregt und wir Deutschen deutsch. Die Erregung drang auch in das Rambert-Haus in der Avenue de Rosemont und entlud sich bei den Mahlzeiten und in den Abendgesprächen auf dem Balkon.

Mich traf die nationale Beschuldigung als etwas Neues und Empfindliches. Wohl hatte ich in den Knabenzeiten in Österreich hin und wieder die süddeutschen Klischeeworte gegen Preußen und Berlin gehört und hatte mich gegen das, was ich als Hänselei spürte, eifrig und jugendfrech verteidigt, obgleich ich weder Berliner noch anders als staatsrechtlich ein Preuße war. Aber mit Hänselei hatte die Lausanner Erfahrung nichts zu tun, sondern auf einmal mit ungeahnter Feindschaft, ja mit angelesenem Haß und auch wirklicher Anklage. Ich begriff das nicht. Ich hatte im Elternhause von dergleichen nichts gehört und auch im Schulunterrichte nicht. In meiner Geburtsstadt Wiesbaden liefen sehr viele Menschen herum, die nicht Deutsche waren. Es gab eine englische Kirche und Gemeinde und eine griechisch-orthodoxe Kapelle mit einer russischen Gemeinde. Die englischen und russischen Jungen wurden von uns, ihren Klassenkameraden im Gymnasium und Realgymnasium, nicht einmal als Fremde empfunden; Spaniern, Brasilianern, Mexikanern, Argentiniern und Amerikanern wurde, weil sie so abenteuerlich weit herkamen, sogar der Hof gemacht. Patriotische Gedichte waren bis Quarta gewiß gelernt worden, ich hatte sie selbst gern gelesen, sie hatten aber nie etwas anderes als die Augenblickswirkung einer vorbeiziehenden Militärmusik gehabt. Mit der Tertia hörten diese Gedichte auf. Danach fehlte unserem Unterrichte in den oberen Klassen gerade das, was Goethe in Dichtung und Wahrheit, II. Teil, Buch 7, an der deutschen Poesie vermißte, nämlich „ein Gehalt, und zwar ein nationaler ..." Im Geschichtsunterricht waren wir dann auch mit dem Reiche nicht über den Dreißigjährigen Krieg, mit Preußen nicht über Friedrich den Großen, und mit Frankreich nicht über die französische Revolution hinausgelangt.

Im Rambert-Hause standen bei den Sedanunterhaltungen der knorrige Züricher Simplon-Ingenieur, der Schweizer Wirtssohn und der Sohn Rambert auf der französischen Seite. Ich kannte die Gedichte Eugène Ramberts noch nicht alle. Wir erfuhren, daß er gegenüber dem einstigen Rheinliede Beckers, das da begann: „Sie sollen ihn nicht haben, den freien deutschen Rhein ..." und der französischen Antwort Alfred de Mussets eine tadelnde Antwort gedichtet hatte, die den „jungen", den „politisch" unverdorbenen Rhein, als ewig der Schweiz gehörig erklärte. — Wir hörten jetzt, daß der Dichter in der Wiedervereinigung des Elsaß und Lothringens mit dem wiederhergestellten Reiche ein großes Unrecht erblickt und über den ersten und am ersten Oktober 1872 ein leidenschaftliches Gedicht geschrieben habe. Diesem Gedicht voraus, das wir nun lasen, stand in Französisch der uns deutschen Jungen inzwischen unbekannt gewordene Artikel 2 aus dem deutsch-französischen Friedensvertrage. Der Artikel lautete:

„Les sujets francais, originaires des territoires cédés, domiciliés actuellement sur ces territoires, qui entendront conserver la nationalité francaise jouiront jusqu'au per octobre 1872, et moyennant une déclaration préalable, faite á l'autorité compétente, de la faculté de transporter leur domicile en France et de s'y fixer, sans que ce droit puisse étre altéré par les lois sur le service militaire, auquel cas la qualité de citoyen francais leur sera maintenue."

„Ils serons libres de conserver leurs immeubles situés sur le territoire, auquel cas la qualité de citoyen francais leur sera maintenue."

„Ils serons libres de conserver leurs immeubles situés sur le territoire réuni à l'Allemagne." Das Stück aus dem Friedensvertrag lautet in deutscher Übersetzung: „Diejenigen französischen Untertanen der abgetretenen Gebiete, die dort wohnen geblieben sind und die die französische Staatsangehörigkeit bewahren möchten, können ihre französische Nationalität bis zum 1. Oktober 1872 aufrecht erhalten, wenn sie eine vorläufige Erklärung zuständigen Ortes abgeben. Sie gewinnen danach die Gelegenheit, ihren Wohnsitz nach Frankreich zu verlegen, ohne der deutschen Wehrpflicht unterworfen zu sein. Sie bleiben französische Bürger. Sie dürfen ihren unbeweglichen Besitz behalten, der sich in den mit Deutschland wieder vereinigten Gebieten befindet."

Dem Artikel war ein einzelner Satz aus einer Korrespondenz vom 29. September 1822 nachgedruckt: „Toutes les routes de l'Alsace sont encombrés d'émigrants". Dann begann das Gedicht:

„Jamais plus sombre et plus profonde
On n'a vu descendre la nuit . . .
Le premier des peuples du monde
A commis un crime aujourd'hui."

Und enthält die Strophen:

„On est las d'attendre l'aurore,
Les seuls dieux que ce siècle adore
Sont la force et la vanité.
„„Encore un peuple sans patrie,
Un peuple errant de lieux en lieux,
Qui dans l'exil travaille et prie,
Et dont la plainte emplit les cieux.
„Du fait brutal et sans vergogne
Règne impur, triomphe hideux!
C'était trop peu d'une Pologne;
A l'Allemagne il en faut deux!"

Wir antworteten auf das, was uns vorgehalten wurde: Wir wüßten gleich jedem, auf welche Weise zuletzt unter Ludwig XIV. das deutsche Elsaß im 17. Jahrhundert an Frankreich gekommen sei und wie es als Folge der französischen Revolution die noch bestehenden Reichsstände und geistigen deutschen

Freiheiten verloren habe. Wir wüßten von keinem Stadt- und keinem Ortsnamen des Elsaß, der nicht deutsch sei. Und brauche einer etwa zu sagen, zu welchem Volkstum die Kulturträger des Elsaß, wie Meister Eckart und Tauer und Sebastian Brant und der Mönch Ottfried von Weissenburg und die Minnesänger Reinmar von Hagenau und Gottfried von Strassburg und Johannes Sturm und der Münster-Erbauer Erwin von Steinbach gehört hätten? Unseres Wissens gebe es da einen einzigen französischen Namen, nämlich den Elsässer Chatrian und dazu den deutschen Elsässer Erckmann, der französisch geschrieben habe. Vernommen hätten wir hin und wieder allerdings, daß das deutsch sprechende Elsaß-Lothringen durch französische und kirchliche Propaganda in unnötige und unehrliche Unruhe gebracht werde; aber werde das nicht vergehen?

Der Simplon-Ingenieur und der Schweizer Wirtssohn hielten wiederum gegen und einer der beiden fragte mich, wie denn nun „demokratisch" gesehen die Lage stehe, ob die Elsässer und Lothringer selbst von uns je nach ihrem Willen gefragt worden seien? Da fielen mir Gespräche ein, die bei der Fahrt nach Lausanne in den Baseler Professorenhäusern geführt worden waren über die Schweizer Sonderbundskantone und den Schweizer Sonderbundskrieg des Jahres 1847, dabei von der Eidgenossenschaft die sieben Sonderbundskantone, obgleich wohl ganz Europa für diese Partei ergriffen habe, durch Waffengewalt in die Schweizer Gemeinschaft zurückgezwungen und mit den Kriegskosten belastet worden seien. Ich sagte: „Dies ist ungefähr um dieselbe Zeit geschehen, in der mein Vater als Professor nach Basel berufen wurde, aber ich habe bis vor kurzem nie etwas davon erfahren. Wie kommt das nur, daß Ihr für reichsdeutsche Angelegenheiten so viel mehr empfindlich seid als für die eigenen?"

Von der Erfahrung jener Tage an begann ich aufzuhorchen auf nationale Dinge und auf die Vorwürfe, die dem Reiche, die den deutschen Staatsmännern und die uns Deutschen und namentlich uns Deutschen aus dem Reiche gemacht wurden, als seien wir im Reiche eine ganz besondere Species der deutschen Volkheit. —

Im September schrieb ich an die Eltern, mir scheine, ich solle noch das Wintersemester in Lausanne bleiben, um in der französischen Sprache ein Stück Können zu erreichen, fünf Monate genügten dazu auch mit unseren Vorkenntnissen nicht. Aber der Vater widersprach, und die Mutter unterstützte mich nicht. Mag sein, der Vater betrachtete Französisch in Verbindung mit dem südafrikanischen Plane nicht mehr als sehr wichtig, mag auch sein, er fürchtete sich vor einer Zersplitterung des Sohnes, schon die von mir gewählten Vorlesungen waren ihm nachträglich nicht ganz recht gewesen.

Die Englandfahrt trat ich Mitte Oktober an. Der Kanaldampfer der Strecke Ostende—Dover fuhr um 23 Uhr 30 von Ostende ab und hatte um vier Uhr bei unangenehmem Nebel und unangenehmer Kühle am Kai von Dover festgemacht. Ich war nicht geweckt worden und lief etwas verstört die Treppen hinauf, über denen der nach London bestimmte Zug wartete. Ich merkte am Zuge, daß ich nur meine Kappe trug und den Hut an Bord des Bootes über dem Schlafsofa hängen gelassen hatte. Ich versuchte den Zugführer zu fragen, ob es eile oder ob ich zurücklaufen und den Hut von Bord holen könne. Wir hatten zuletzt in Prima Shakespeare's Kaufmann von Venedig und Macbeth englisch gelesen, aber die Frage nach dem Hute vermochte ich nicht so zu stellen, daß sie dem kurz angebundenen englischen Manne verständlich wurde. Da trat ein gut aussehender und sehr gut angezogener Engländer aus einem Erste-Klasse-Abteil heraus und erkundigte sich in französischer Sprache, was mir fehle, und fragte den Zugführer, und ich fand meinen Hut und kam gerade noch mit.

Ich sollte in Nottingham in einer Villa wohnen, in der Freund Hugo Müser gewohnt hatte und wo nur empfohlene und von den Insassen gebilligte Gäste angenommen wurden. Die energische Besitzerin hatte sich durch irgendeinen geschäftlichen Mißerfolg des gutmütigen hinkenden Eheherren zum Brotverdienste durch zahlende Gäste gezwungen gesehen. Sie besaß noch Hausgestühl und Porzellan ihrer wohlhabenden Zeit, sie hielt drei tüchtige geschickte Hausgehilfinnen in schwarzen Kleidern mit weißen Hauben und Haubenbändern und weißen Manschetten, und das Haus hatte, mein erstes mäßiges Schlafzimmer ausgenommen, Stil und hatte dadurch Reiz.

Nach einer mehrstündigen Fahrt durch ungewohnten Nebel in einem sehr bequem blauen Erste-Klasse-Wagen der Midlandbahn, die Füße warmgehalten von den in die Abteile geschobenen Warmwassertrommeln und gelegentlich mißfällig angesehen von breite Zeitungen lesenden Mitreisenden, gelangte ich am Nachmittag nach Nottingham. Der hinkende Ehemann meiner künftigen Wirtin empfing mich. Da es draußen zu einer Mischung von Sonne und Regen gekommen war, teilte er mir mit: „The sun is washing his eyes". Was er damit und mit anderem meinte, verstand ich erst bei Nachdenken. Er erzählte mir auch gleich, daß er zwei jüngere Söhne in Johannesburg im Transvaal habe, denen es wohl gehe, und daß sein älterer Sohn bald hinaus solle, und dann wollten er und die Frau, „and Mrs. H.", den beiden Söhnen folgen.

Am Abend aß ich zum ersten Male an einer englischen Tafel das ausgiebige Dinner. Der breite Mahagonießtisch reichte durch das lange Zimmer vom brennenden Kamin bis zur Anrichte, die Stühle waren schwere Mahagonistühle mit schwarzen Lederpolstern. Die Hausfrau saß an der Spitze des Tisches mit dem Rükken zum Kamin, am anderen Ende des Tisches mit dem Rücken zur Anrichte saß der Hausherr. Er sprach die beiden Tischgebete auf den jedesmaligen kräftigen Zuruf der Hausfrau, er zerlegte die Braten und verteilte die Scheiben auf die Teller; Eliza, die Bedienerin trug die Teller zur Hausfrau, diese tat das Gemüse und am Schluß des Essens den Pudding oder die Pastete auf die Teller. Die Frauen am Tische trugen mäßig ausgeschnittene Kleider, das Mannsvolk hatte teils Frack, teils schwarze, weggeschnittene Röcke an. Alles bewahrte beim ersten und bei jedem Dinner an jedem Abend eine gewisse kleine Feierlichkeit, und ohne Lächeln aber auch ohne Mißfallen wurden von der Gemeinschaft die Rügen überhört, die die Hausfrau dem Hausherrn erteilte, so oft er sich etwas dichterisch-töricht oder nur ungewöhnlich äußerte. Nach dem Essen zogen sich die Frauen in das große Damenzimmer und die Herren in das Rauchzimmer zurück und brannten sich mit einem Fidibus aus den Fidibusbechern über dem offenen Kamin die kurzen Pfeifen oder Zigaretten an, und der beizende Rauch des beizenden englischen Tabaks hing sich in den Raum. Um neun Uhr abends konnte man hinübergehen in das Damenzimmer und konnte dort eine Tasse Tee mittrinken und eine von den kleinen Butterschnitten mitessen. Geraucht durfte im Damenzimmer in jener viktorianischen Zeit nicht werden.

Man zeigte mir, dem Fremden, gleich bei der ersten Mahlzeit ein nettes Entgegenkommen trotz meiner sehr holperigen englischen Sprechkunst, ich hatte also, um das österreichische

Wort zu brauchen, ‚Ansprache' und begriff rasch genug, daß diese ‚Ansprache' dem guten Namen des Freundes Hugo Müser und seiner Empfehlung und dem bekannten Namen seiner väterlichen Firma zu danken wäre. Ich gewann aber auch sehr bald eine eigene Freundschaft im Hause. Es wohnte da eine ältere englische Dame, Miss Charlot Jackson, Schwester eines Canon der Hochkirche; sie war viel gereist, sprach gut französisch und wohl besser deutsch, als sie zugab, und hatte viel gelesen. Sie nahm sich in gütiger Weise meiner an, sie schlug mir die Bücher vor, die ich lesen möge, sie verbesserte meine englischen Sprachschnitzer auf jene ‚charmante' Weise, auf welche das sonst nur Franzosen den Ausländern gegenüber tun. Sie hätte eine Schwester meiner Mutter sein können; und als ich anderthalb Jahre später in einem entfernten Vororte Londons krank lag an Bräune und arg von Kraft geriet, bat ich um ihre Pflege, und sie erschien gleich.

Am Tage nach meiner Ankunft in Nottingham meldete ich mich bei dem deutschen Vertreter der Firma Muser Bros. Freund Hugo Müser hatte ihn mir in verschiedenen Briefen geschildert, er sei ein braver Mann, es könne geschehen, daß er mir etwas argwöhnisch begegne, weil er sich anscheinend keinen Nachfolger heranziehen wolle. Sein Steckenpferd heiße eigene Ahnenforschung, er schreibe mit Ausdauer an einer Schrift über sein angeblich aus den Niederlanden stammendes und nach seiner Meinung dem herrschenden gräflichen Uradel zugehöriges Geschlecht. Verheiratet sei er mit einer liebenswürdigen Engländerin und wohne in einem Hause mit den Schwiegereltern, die nach Art und Kleidung wie aus einem Dickens Roman herausgeschnitten seien.

Des Freundes Beschreibung traf in jedem Punkte zu. Herr von Renesse, so hieß er, fragte mich sofort, was ich eigentlich wolle. Zu tun für mich sei in der Niederlage oder Einkaufsstelle nichts. Ich müsse mich selbst beschäftigen, vielleicht mit Rothschilds Taschenbuch für Kaufleute oder dergleichen. Zu auftauchenden Fragen werde er mir dann immer gern Antwort geben. Nichts dagegen habe er, wenn ich die ausgehenden und eingehenden Briefe läse und die Rechnungen der Spitzenfabrikanten annähme und nachsähe, die an jedem Samstag bezahlt wurden. Er fügte hinzu, er müsse als Lehrmeister einen Namen haben, weil man ihm in seine Niederlage immer wieder junge Deutsche als Volontäre zusende.

Ich will gestehen, daß mich der Empfang, so wie ich ihn erlebte, doch bedrückte. Ich erzählte, um vielleicht besser Wetter für mich zu machen, von dem südafrikanischen Vorhaben. Er antwortete, Nottingham werde mir gewiß nicht schaden und am meisten käme es mir ja wohl auf eine Vervollkommnung in der englischen Sprache an. Nach Hause schrieb ich von der Enttäuschung nichts.

Mein kaufmännischer Anfang bestand von nun an darin, daß ich in der Niederlage die vier Bücher von Feller und Odermann über kaufmännisches Rechnen, kaufmännische Korrespondenz, Buchführung und Kontorwissenschaft durchzuarbeiten versuchte und daß ich mich mit den beiden einzigen Angestellten, dem Faktotum John und dem Errand Boy George, unterhielt und auch mit den Lace Girls oder Errand Girls, die Spitzmuster und Rechnungen zubrachten, und daß ich die ankommende Post und die von Herrn von Renesse alle mit der Hand geschriebenen ausgehenden Briefe las und daß ich mich von John über die Spitzenmuster unterrichten ließ und über die seltsame Beziehung, die zwischen dem deutschen Plauen im Vogtlande und zwischen der englischen Stadt Nottingham bestand; es wurde nämlich in Nottingham das Netz auf Maschinen gewoben, daraus die Plauener Maschinen die Plauener Spitzen herstellten.

Ich mag hier einfügen, daß das geschäftliche englische Kleinvolk, mit dem ich zunächst durch John und George in Nottingham in tägliche Berührung kam, mir niemals als Fremdem begegnete, so sehr ich anfangs durch fehlende englische Sprechgewandtheit als Fremder gekennzeichnet war. Wenn ich recht überlege, sind mir auch später die meisten Einzelnen des britischen Kleinvolkes — von den Mehreren und der Masse und den Trinkern spreche ich nicht — überall ‚natürlich' begegnet; erst wo die Erscheinungsform der Halbgebildeten und der Typ des Unteroffiziers begann, den es unter den Angelsachsen durchaus nicht weniger gibt als bei uns, und von diesem Typ der Halbbildung an sehr weit hinauf traf ich das Mißtrauen und die Selbstüberschätzung und das große Ungeschick, und das heißt die Unnatur im Umgang mit einem Angehörigen eines von den Zeitungen so gern angeschwärzten Volkstums und Staates. Und ich will hier noch einen Schritt weiter voraustun: Als ich in Südafrika meinen ausgezeichneten Bambusen Johnnie gewann, der als ganz ‚roher' Gaikakaffer ohne Schule und ohne Mission zu mir kam und mit dem ich dann Jahre lang ritt und mich unterhielt, da merkte ich mit dankbarem Erstaunen, wie unfremd sich die fernsten Menschen in ihrer Natur seien, wo nicht Zeitung, eifernde Politik und eine falsche Belehrung und Lehrhaftigkeit sie füreinander verdorben habe, und daß also das liebenswerte englische Wort in der Tat gelte: „One touch of nature makes the whole world kin . . ."

Meine künstliche geschäftliche Tätigkeit in der Niederlage von Muser Bros. füllte mich nicht aus. Es gab außerdem den damals in Deutschland noch unbekannten einen freien Nachmittag in der Woche, und manchmal waren es deren für mich zwei, es gab noch den todlangweiligen englischen Sonntag ohne jede Art öffentliche Veranstaltung, ohne jede Art Hausmusik außer Chorälen und auch selbst ohne Schach und Domino und mit keinem anderen Laute als dem für unsere Gegend fünftönigen, meine Phantasie immer wieder aufstörenden Glocken-Bimmelbamm, es gab die langen Herbst- und Winterabende. Ich konnte die ganzen Abende nicht im Damenzimmer verbringen und Miß Jackson's gutem Englisch zuhören und mich von ihr verbessern lassen und also geraden Weges lernen, weil ich leidenschaftlich rauchte. Die Männer im Rauchzimmer lasen ihre Zeitungen und Zeitschriften und Bücher und starrten in das Kaminfeuer, und in den ersten Wochen las ich da auch. Es war die Zeit des Buches „Trilby" von Du Maurier und die Zeit der Bücher der Marie Corelli, ich fand die Corelli fürchterlich und sprang von ihr ab und las mich, dem Rate von Miß Jackson folgend, als Anfang durch die ganze George Elliot und war genau und schrieb Wort für Wort auf, das ich nicht kannte, und ließ mir um zehn Uhr von der mütterlichen Freundin die Bedeutung erklären und ließ mir die Worte des Vortages abfragen wie ein Schuljunge. An dem freien Nachmittag der Woche und auch zuweilen zwischen Geschäft und Hauptmahlzeit besuchte ich die erfreuliche Bücherei der Mechanic Hall mit den vielen Zeitschriften. Ich war zu jener Zeit gar nicht politisch sondern nach deutscher Art historisch gespitzt. Ich merkte, wie wenig ich geschichtlich über England wisse, und da war nun der Sherwood Wald, Wald im englischen Sinne, bei Nottingham, und zum Sherwood Forrest und Nottingham gehörte die Gestalt des Robin Hood, und zur Gestalt des Robin Hood, der, ein angeblicher Earl of Huntingdon, als Geächteter und Volkshelfer im

Walde gelebt hatte, gehörte der alte Unwille des angelsächsischen Volkes gegen die unterdrückenden Beamten und Geistlichen der Normannenzeit, und da begann ich meine geschichtliche Ausschau bei Robin Hood, weil über ihn so viel Stoff um mich herum zu finden war und weil der sächsisch-normannische Zusammenprall und Ausgleich meine Wißbegierde stark reizte. Ich kaufte mir zuerst eine schöne Ausgabe der Percy Reliques aus dem 18. Jahrhundert, darin die meisten Robin Hood Balladen gesammelt sind, und las mich weiter in die verschiedenen Robin Hood Bücher hinein und begann dann in meinen Freistunden des Sonntags und an den Abenden außer ein paar gefühligen Weihnachts-Kamingeschichten für die ferne Geliebte ein Jambendrama „Robin Hood" zu schreiben und legte es später meinem alten Lehrer Professor Endemann vor und machte es fertig für die Mutter.

Das Schreiben war anfangs stark gehemmt. Ich konnte mich von je bei irgendwelchem Lärme oder gleichmäßigem Geräusche und bei irgendwelchem Geruche nicht sammeln. ‚Dichterische' Arbeit im Rauchzimmer kam also nicht in Frage, mein erstes eigenes Zimmer im Talbot-House war aber klein und sehr kalt und hatte nicht einmal einen ordentlichen Tisch, sondern ein anderes Möbelstück mußte als Schreibtisch benutzt werden, auch der Gasarm an der Wand war zu hoch und gab schlechtes Licht. Ich hätte mir den Kamin am Abend anzünden lassen können, für den Abend hätte das 6 d, also 50 Pfennig und für den Nachmittag 1 s, also eine Mark gekostet, und an den Kamin gerückt, hätte ich dann eine Weile nicht gefroren. Aber ich lebte doch noch ganz von meines Vaters Geld und wollte ihn, dem ich jeden Pfennig abrechnete, nicht über das Notwendigste hinaus belasten, da vor dem nahen Studium der Brüder das Geld zu Hause auch nicht im Überflusse vorhanden war. Außer dem kalten, unwohnlichen ersten Zimmer hemmte mich die Erkenntnis, daß ich zu deutscher „dichterischer" Arbeit, wenn ich schon meinetwegen die Weihnachtsgeschichten für die Geliebte in Wien auf mein Gewissen nehmen wollte, kein Recht hätte. Denn brachte die verträumte Schreiberei an „Robin Hood" mich, der ich untertags kaufmännisch so wenig zulernte, wenigstens in der englischen Sprache weiter? Und das war doch eben gar nicht der Fall.

Die Frage des Zimmers löste sich zuerst. Ich bekam durch einen guten Zufall eine andere große Stube mit einem englischen Doppelbett statt dem zu kurzen harten Lager in der ersten Kammer. Ich erhielt auch einen großen Frisiertisch als Schreibtisch hineingestellt, obgleich die Wirtin zu dem Gasverbrauch im Schlafzimmer ein saures Gesicht machte und für alle Fälle den zweiten hier vorhandenen Gashahn vom hinkenden Ehemann sorgsam mit Siegellack verstopfen ließ, den ich mit List und Mühe wieder entfernte. Die Frage der Beheizung und später auch der besseren Beleuchtung löste sich dadurch, daß ich bei mir deutsche Stunden gab, zwei Mann zusammen zu zwei Schilling 50, einem Mann zu anderthalb Schilling, die meist zweistündige Stunde. Den kleinen George, den ‚errand boy' aus dem Geschäfte, unterrichtete ich umsonst. Von den Stunden her konnte ich heizen und die Beleuchtung verbessern und der geliebten Mutter aus dem ersten selbstverdienten Gelde Weihnachten einen Ebenholzstock mit einer silbernen Krücke schenken. Blieben noch die Gewissensbisse übrig wegen einer Arbeit, die wiederum mein Denken und meine Zeit und schließlich des Vaters Geld in Anspruch nehme und mit dem kaufmännischen Berufe und auch — das wußte ich immerhin selbst — mit wirklicher Kunst noch gar nichts zu tun habe. Aber dann und gegenüber den Gewissensbissen stand der Satz des heiligen Augustin gegen mich und für mich auf, der da heißt: „Die Seele nährt sich von dem, an dem sie sich freut". Und an den verträumten und eifrigen dichterischen Tastversuchen freute sich die Seele und nährte sie sich ohne Zweifel.

Das historische Betrachten der Dinge, zu dem ich — ich muß wohl sagen — wie jeder junge Deutsche der achtziger und frühen neunziger Jahre erzogen war, und dazu die eigenen heimlichen dichterischen Hoffnungen hinderten mich in jener Frühzeit an einem raschen außenpolitischen Sehen und Erkennen. Und wer außer den Fachleuten in den Ämtern machte sich damals schwere Gedanken zu dem Auf- und Abschwellen des auswärtigen Geräusches? Das Wesentliche schien doch, daß die ganze weite Welt mit der einen Ausnahme Rußlands für jedeinen offen stand ohne Paß und ohne Anfrage, so lange er seine Fahrkarte bezahlen und seinen Unterhalt bestreiten konnte. Und wie gut und glatt und sicher liefen zum Beispiel die internationalen Züge und ging die Weltpost vor sich. Die Eltern gaben mittags in Wiesbaden die Briefe an mich auf, und sie wurden mir vierundzwanzig Stunden später mit immer gleicher Genauigkeit in Nottingham in den englischen Midlands in das Kontor der Firma zugetragen, und die häufigen Pakete der Mutter mit Bäckereien und den reichlichen Mustern Herzegowiner Zigarettentabaks erreichten mich unberaubt und ohne Förmlichkeit fast ebenso schnell.

Wessen klare Erinnerungen und wessen Miterleben erst nach der Jahrhundertwende beginnt, kann nicht nachfühlen, wie stark sich bei den Kulturvölkern der Gedanke einer menschlichen Gemeinsamkeit und allgemeinen Verpflichtetheit und Verbindlichkeit ganz wortlos entwickelt hatte. Das Wissen um jenen gesegneten Zustand und um die Vorgänge seines Verschwindens ist aber nötig, wenn einer die folgenden fünfzig Jahre ganz verstehen will. Und wie ich in Nottingham noch den Schwung erlebte und schon den ersten Umschwung zu erleben begann, muß ich hier berichten.

Ich erzählte, der Vater habe von je eine Neigung zu England gehabt und habe gewünscht, daß jeder seiner Söhne wenigstens ein kleines Stück der Formung in England gewinne. Die englischen Schüsse, die 1884 auf die eine Karl Peters-Expedition an der afrikanischen Ostküste fielen, machten ihn wohl stutzig, aber wurden von ihm als Mißverständnisse betrachtet. Ich erzählte auch, daß von uns deutschen Jungen die englischen Schulkameraden im Gymnasium und Realgymnasium in Wiesbaden nicht in irgendeinem trennenden Sinne als Fremdlinge oder Unzugehörige angesehen wurden. Und ich fühlte mich im Talbot House in Nottingham, sobald ich nur die Unterhaltung Wort für Wort aufnahm und ohne eigene Mühe und Bemühung der andern von mir aus daran teilnehmen konnte, ganz gewiß nicht als Fremdling in irgendeinem Sinne; ja, durch die mütterliche Freundin Miß Jackson und ihr Wesen einer „perfect lady", so urteilten die andern englischen Gäste über sie, fehlte nicht einmal die Wärme des Elternhauses. Ich meinte also nur mit anderen Gewohnheiten und Einrichtungen fertig werden oder mich ihnen anbequemen zu müssen, und dann sei keinerlei Art der Getrenntheit mehr vorhanden.

Ich las in Nottingam täglich die größte örtliche Zeitung und bekam im Talbot House auch hin und wieder die Times in die Hand. Mir fiel in den ersten drei Wochen Lesens nichts auf, das mich beunruhigt hätte, und Aufstörendes kam in Gesprächen, wo immer sie vor und mit mir gepflogen wurden, zunächst nicht vor. Eines Tages stand dann der amerikanische Spitzeneinkäufer der Firma im Kontor, und im Vorraum und Packraum drängten sich sechzig bis achtzig Nottinghamer Spitzenfabrikanten mit ihren Mustern und Spezialitäten. Sie wurden von Renesse auf Wink des Einkäufers einer nach dem andern hereingerufen und einer nach dem andern legte seine Entwürfe und Proben dem stummen Einkäufer vor, und dieser machte sich wohl knappe Aufzeichnungen, sonst geschah nichts. Die wartenden und abgefertigten Nottinghamer Hersteller erschienen mir ungewöhnlich bedrückt. Aus ihren knappen Unterhaltungen war zu entnehmen, daß von dem Einkäufer und von dem nordamerikanischen Einkaufe überhaupt in diesem Jahre sehr wenig zu erwarten sei und daß die Nottinghamer Spitzenindustrie und was dazu gehöre eben immer weiter in das Hintertreffen gerate. Die so unenglisch gepreßte Ausdrucksweise der Männer und auch die kühle Ruhe des Einkäufers veranlaßten mich zu Fragen bei Renesse und bei verschiedenen andern nach den Schicksalen von Nottinghams größter Industrie, Fragen, die ein mit richtigem kaufmännischen Eifer ausgestatteter junger Mann früher gestellt hätte. Renesse und die andern erwiderten: „Ach, mit Nottingham ist immer weniger los. Wie viele der alten Spitzenweber sind schon verschwunden, und wie manche Spitzenhäuser sind von Auswärtigen übernommen worden". Woher das käme? Die Antwort lautete: „Nottingham ist mit seinen Erzeugnissen nicht länger allein im Markte nach Übersee. Die Nottinghamer Methoden wurden alt, bei den Entwürfen soll es an Ideen mangeln". Wer denn Nottingham den Rang ablaufe. Die Entgegnung hieß: „So einfach läßt sich das nicht sagen. Hier deutet man auf Deutschland mit Plauen". Ich warf ein, ich hätte mir vorgestellt, zwischen Nottingham und Plauen habe sich eine richtige Zusammenarbeit entwickelt oder sei in der Entwicklung. Es wurde mit den Achseln gezuckt, es wurde (wohl nicht von Renesse, aber von den andern) unvermittelt erklärt: „Gegen deutsche Schandlöhne gibt es in Großbritannien kein Aufkommen. Eure Arbeiter machen die langen Stunden und leben von Kartoffelschalen." Ich sagte zu Renesse: „Ich weiß ganz bestimmt, daß unsere Arbeiterklasse nicht geringer lebt als zum Beispiel die Familien Ihres John und Ihres Errand Boys George, sie sind auch bei uns nicht mehr schlechter bezahlt. Ich sehe nur einen Unterschied, daß nämlich alle britischen Unzufriedenen und an der Entfaltung aller ihrer Kräfte Gehemmten von England aus in britische Kolonien gehen können und dort die Gelegenheit zur ganzen Entwicklung finden." Renesse widersprach nicht, er sagte:

„Na ja, das Gerede von deutschen Hungerlöhnen und Überstunden ist in vieler Hinsicht faule Entschuldigung, die übrigens von Euren deutschen Radikalen nicht zuletzt in der Welt verbreitet wurde. Hier werden übrigens ernsthafte Fragen auch erörtert ...", und dann zeigte er mir einen Zeitungsausschnitt in Verbindung mit einer Parlamentsdebatte, da hieß es, übersetzt ins Deutsche, „eine Änderung der britischen Erziehung und Ausbildung sei dringend notwendig, damit England sich in Stand gesetzt sehe, gegen die deutsche Invasion Front zu machen ..." Ich tat die Augen weit auf. Ich wiederholte ein paarmal kopfschüttelnd und erschreckt „Deutsche Invasion? Deutsche Invasion? Muß man das so ausdrücken?" Ich erkundigte mich an einem der nächsten Tage: „Wer sind denn die Auswärtigen, durch die früher englische Spitzenhäuser Nottinghams übernommen wurden? Sind das Deutsche?" Ich erhielt die Antwort: „Deutsche Juden ..." Mir schien, er meine einfach die Konkurrenz, und ich bat nicht um eine nähere Erklärung.

Bei den Tischgesprächen im Talbot House war in der nächsten Zeit von einer angeblichen Überzahl der deutschen Straßenmusiker, deutschen Barbiere, deutschen Kellner und deutschen Handelsbeflissenen in England und besonders in London die Rede. Briefe aus dem Publikum an Zeitungen hatten weit und breit im Lande, so wurde erwähnt, die Erörterung des Themas veranlaßt. Die Mitgäste im Talbot House nahmen den Verdacht und Vorwurf, die genannten Deutschen in ihrer Überzahl könnten regelrechte Spione sein, selbst nicht ernst, sie spotteten vielmehr darüber. Sie stimmten sich aber gegenseitig zu, daß die deutschen Handelsbeflissenen erstens als geschäftliche Aushorcher eine Gefahr bedeuten könnten für die englischen Firmen und daß zweitens durch die Vielzahl der Fremden, denen vor allem am Englischlernen und weniger am augenblicklichen Verdienst liege, der Arbeitsmarkt belastet und Lohn und Gehalt gedrückt würden.

Ich wandte mich an die mütterliche Freundin Miß Jackson und trug ihr meine neue Unruhe vor und bat sie um ihr Urteil, ich hätte, wie sie wisse, an eine unverbrüchlich gewordene deutsch-englische Gemeinschaft und in der Folge an eine sich immer mehr verwirklichende europäische Gemeinschaft fest geglaubt und glaube noch daran. Bereite sich dennoch anderes vor? Sie lächelte, ich dürfe mich nicht verwirren lassen, ein Schuldsuchen werde es im Aufundab der Wirtschaft immer geben. Sie und ich waren dann bald Teegäste bei dem Nachbarn, einem gut aussehenden Pfarrherrn der Hochkirche und seinen rassigen Söhnen; er kam von selbst auf einen zunehmenden Schwatz gegen Deutschland zu sprechen, er schob ihn beiseite, das deutsche Reich sei ja wohl eine absolute Monarchie, aber die bestunterrichtete Nation seien ohne Zweifel die Deutschen und die besterzogene dazu. Ich stellte die Behauptung von der absoluten Monarchie richtig. Ich dachte: ‚Mit den Dänen, Holländern, Schweden und Schweizern mögen wir wohl das bestunterrichtete Volk sein. Aber erzogen?‘ Als ich mich bei einem England-Deutschen erkundigte: „Wie kommt das Gerede von der absoluten Monarchie auf?" wurde mir erwidert: „Sie dürfen in England das Gewicht von zweierlei Aussagen nicht unterschätzen. Was sich in Deutschland vor dem Militärdienst drückt, versucht zunächst in England unterzuschlüpfen und schimpft hier mit Vorliebe auf deutsche Einrichtungen, um sich selbst Ansehen zu verschaffen und auch wohl um eigene Minderwertigkeitsgefühle zu übertönen, und die deutschen Juden verschaffen uns schon seit Heine nur selten eine gute Nachrede und merken nicht, was sie anrichten, und der Engländer wiederum nimmt's an und weiß bei beiden nicht, woher es kommt."

Während meine Gefühle schwankten und ich mich selbst einen Schwarzseher nannte und mich zu der früheren „harmonischen Überzeugtheit" zurückzufinden trachtete, wurde mir, ich weiß nicht mehr von wem, ein Leitaufsatz aus der damals viel gelesenen und sehr gut geschriebenen Wochenschrift, der Saturday Review, zugebracht. Der Aufsatz war schon am 24. August des Jahres erschienen, er trug die Überschrift: Our true foreign Policy (Unsere richtige Außenpolitik). Die wichtigste Stelle des Aufsatzes lautete: „Unsere Außenpolitik hat an erster Stelle mit der verbissenen Feindschaft Frankreichs zu rechnen. Man mag diese Feindschaft unklug und unzeitgemäß nennen, aber wegzweifeln läßt sie sich nicht. Ein Teil unserer englischen Presse empfiehlt jetzt, Lord Salisbury solle mit dem deutschen Kaiser ein Bündnis gegenseitiger Hilfe eingehen. Uns gefällt solche Politik nicht, soviel Sicherheit sie zu bieten vermöchte, und zwar aus mancherlei Gründen. Vor allem gilt doch, daß wir Engländer bisher stets gegen unsre Wettbewerber in Handel und Verkehr Krieg geführt haben. Und unser Hauptwettbewerber in Handel und Verkehr ist heute nicht Frankreich, sondern Deutschland. Bei einem Kriege mit Deutschland kämen wir in die Lage, viel zu gewinnen und nichts zu verlieren. Ein Krieg mit Frankreich dagegen, endige der Krieg, wie er wolle, schlösse immer mit schweren Verlusten für uns ab."

Ich war von dieser doch zynischen Offenheit, wie sie damals in unseren außenpolitischen Abhandlungen meines Lesens nie zu sehen gewesen war, entgeistert. Ich lief mit dem Aufsatze bei den anderen Gästen des Talbot House herum. Ich bekam zu hören, es werde viel gedruckt; ich bekam auch zu hören, der Aufsatz sei ja wohl politische Theorie, enthalte indessen gewisse richtige Überlegungen, und warum sollten sie nicht einmal besprochen werden, und schließlich sei der Aufsatz doch überholt.

Die Merkwürdigkeit trat nun ein, daß das so nüchterne Urteil der andern gegenüber dieser bisher schlimmsten Enthüllung mich glauben ließ, ich hätte am Ende aus irgendwelcher Überreiztheit heraus Gespenster gesehen. Und tatsächlich hörte ich und las ich in den letzten November- und in den ersten Dezemberwochen des Jahres 1895 kein verfängliches Wort mehr gegen die Deutschen, gegen Deutschland und gegen die kaiserliche Regierung. In der großen Weihnachtspantomime, die wir am zweiten Feiertag besuchten und die den Titel trug „The Queen's Garden Party", wurde die Gruppe Deutschland unter der schwarz-weiß-roten Fahne sogar mit warmen Zurufen und langem Händeklatschen begrüßt, und Zischen und sich wiederholende Pfiffe schollen nur dem Sternenbanner und der amerikanischen Gruppe entgegen wegen irgendeiner inzwischen vergessenen politischen Häkelei.

Die Christtage des Jahres 1895 waren mein erstes Weihnachten außerhalb des Elternhauses. Uns war nach der frühsten Kindheit ein sehr warmes Fest zu Hause eigentlich nie gelungen. In sämtlichen Jahren unserer Schulzeit ging der Vater nach dem Anzünden des Christbaumes und nach der Bescherung in sein Kasino zu dem gewohnten Männergespräch. Sein Fortgehen war uns Söhnen und der Mutter nie unrecht gewesen, es konnte doch dann die zwei Stunden hindurch jeder ungemahnt tun und lassen, was er gerade mochte. Ein rechtes Konzert entstand auch ohne ihn nicht, obgleich die drei Brüder kaum weniger als ich an der Mutter hingen. Mir tat es der Mutter wegen stets frisch leid, sie beklagte sich nicht, aber sie wußte doch schon von mir, daß meine sehnsüchtigen Gedanken am Heiligen Abend suchend in Wien seien und nicht zu Hause, und was half ihr meine Fernsucht? Dennoch umgab den Wiesbadener Christabend ein besonderer Reiz und schien mehr als ein Zusammensein und mehr als der große, lichterreiche Tannenbaum im hohen festlichen Zimmer mit der schönen Decke und den vielen feierlichen Ölbildern. Der Reiz nahm seinen Anfang bei dem gewaltigen Geläut der prachtvoll abgestimmten Wiesbadener Glocken der fünf, später sechs Kirchen, das sich über dem quellenreichen Talkessel einzigartig zusammenhielt. Um sechs Uhr setzte das anderthalbstündige Weihnachtsgeläut plötzlich aus, und das war der Augenblick, auf den in allen Wohnungen mit jungen Kindern bei aufgeklinkten Fenstern gewartet wurde, denn dann fing draußen in der plötzlichen Pause des wogenden Klanges ganz einfach und allein und hell auf der Marktkirche das ‚Kinderglöckchen' zu läuten an. Von dem ‚Kinderglöckchen' ging die Kunde, es sei von reinem Silber und sei beim Bau der Hauptkirche und nach dem Brande der Mauritiuskirche von den Wiesbadener Kindern gestiftet worden, um die eine Stunde des Jahres bekannt zu geben, an der der Christbaum zu brennen beginnt; und während die Kinder mit irgendeiner älteren Verwandten angehaltenen Atems hinaushorchten, zündeten binnen Vater oder Mutter oder beide in fast allen Häusern die Wachslichter des Tannenbaumes an, und das Aufbrennen der Kerzen wiederum war für die hinaushorchenden und hinausstarrenden Kinder an nicht wenigen hell werdenden andern Fenstern zu sehen. Ja, mit dem ‚Kinderglöckchen' begann der Reiz. Aber wenn nun alles in der Wohnung der Eltern und Brüder zu Ende und das Gas in den Zimmern und im Vorzimmer ausgelöscht war, wartete für mich in meiner Giebelstube oben über der Wohnung noch einmal eine besondere Freundlichkeit. Neben Weihnachtsgebäck war dann dort, von der Mutter hingelegt, irgendein Buch zu finden, das mir wohltun sollte und den Willen zum Schrifttum in mir stärken könnte.

Wenn ich nun den Unterschied zwischen der ersten Weihnachtsfremde und der weihnachtlichen Heimat in kurzem Satz ausdrücken soll, dann könnte dieser lauten: Nottingham hatte den melodischen, unbekümmerten Kling-Kling-Kling-Klang-Klang seines Glockenspiels, aber es kannte das wogende tiefe Geläut mit dem kindlichen Auflachen dazwischen nicht.

Zu Weihnachten waren zwei Drittel der Gäste vom Talbot House davongefahren zu ihren Verwandten und die mütterliche Freundin Jackson mit ihnen.

Die ersten zwei Akte von „Robin Hood", die der Mutter ein Zeichen sein sollten, waren bei mir nicht fertig geworden, ich hatte ihr nur unter besonderer Anschrift, wie das zwischen mir und ihr üblich geworden war, einen für sie allein bestimmten langen Brief geschickt, aber das wirkte nun recht ärmlich.

Gerade zum Feste war für mich aus Wien ein Schreiben eingetroffen von der Verwandten, mit der ich statt mit der Geliebten jenes eine Mal hatte aus der Kirche gehen müssen, und gab unzweideutig und in anscheinendem Auftrage zu erkennen, daß die Geliebte daran sei, sich von mir abzuwenden.

Mißlungen war mir in den letzten Wochen ein mühevoller und beinahe beschämender Versuch, zu wirklicher kaufmännischer Lehre zu kommen und damit zu einem rascheren Voran.

Eingetroffen vom Vater war die Nachricht, er habe mit dem Chef des südafrikanischen Hauses, darin ich nach der Abmachung meine spätere Zukunft finden sollte, einen weiteren Meinungsaustausch gehabt, und an jener Zukunft und Übernahme draußen solle auch mein dritter Bruder teilhaben, sobald er im Frühjahr das Maturitätsexamen bestanden habe. Der Bruder, mit dem ich mich von kleinauf gut gestanden hatte, sollte die Laufbahn in Nottingham beginnen mit dem Erlernen der englischen Sprache.

In des Vaters Schreiben war außerdem von der Art des geschäftlichen Unternehmens mehr als früher die Rede, und da ich davon las, stieß es mich zum ersten Male ab.

Mit diesen Unzufriedenheiten und Unausgeglichenheiten war ich beschwert, als der Heilige Abend zu Nottingham begann. Sagen mußte ich mir, daß ich in nichts, es sei denn im englischen Sprechen, einen Schritt weiter getan habe und daß ich im übrigen von meines Vaters Zahlungen für mich und von meiner Mutter Liebe und ihrem Glauben an mich gelebt habe.

Als der Abend fortschritt, schrieb ich an die Mutter einen langen Brief, und als der Brief geschrieben war, nahm ich die Arbeit am „Robin Hood" auf und steigerte mich in eine unerwartete Freude hinein, weil die Arbeit dieses Abends irgendwoher segnet schien.

5.

Die letzten Tage des Jahres 1895 kamen und vergingen. Die Gäste vom Talbot House waren nacheinander von ihren Weihnachtsbesuchen zurückgekehrt, sie feierten noch, und dazu gehörte ein spätes Frühstück. Ich traf am Sylvestermorgen die Wirtin allein am Frühstückstisch; mir fiel beim Eintritt auf, daß ihre Lippen weniger verkniffen waren als sonst und daß ein echter Glanz über ihrem sonst zugleich versorgten und zugleich bemüht verbindlichen Gesichte läge. Sie fragte: „Does Eliza know about your tea and toast?" Sie fragte, sobald Tee und Toast und Hafergrütze hereingebracht waren: „Did you see the paper? Did you read what is happening?" Beides war in ihrer Stimme: Eine große Erregtheit und eine drängende Freude. Ich schüttelte den Kopf und antwortete neugierig: „Nein . . ." Sie sagte: „Stellen Sie sich das vor, Johannesburg im Transvaal wird jetzt britisch." Ich horchte verblüfft hin. Ich wußte natürlich, daß Johannesburg in der Burenrepublik Transvaal in Südafrika zur Zeit die zugleich größte Minen- und Goldstadt der Erde sei, und wußte, daß vor elf Jahren an der Stelle der Stadt noch einsame Burenfarmen gelegen hatten, bis ein Deutscher das erste Gold im Boden der Farmen entdeckte, und wußte endlich, daß die zwei jüngeren Söhne der Wirtin in Johannesburg tätig seien und daß der ältere den beiden in Kürze folgen und dann auch für die Eltern ein Unterkommen zur erhofften Glückswende finden sollte. Ich fragte: „Wie ist das möglich?" Sie stand auf und holte die Zeitung herein. Sie zeigte, sie tippte hart auf mit dem Finger und rief dazu: „Sehen Sie hier!"

Ich las drei kurze telegrafische Berichte, einen aus London, einen aus Kapstadt und einen aus Kimberley. Der Bericht aus London lautete ungefähr: Am Montag, dem 30. Dezember, hätten britische Truppen mit Artillerie bei Malmani, einem Flecken, im Betschuanaland gelegen, die Grenze der Burenrepublik Transvaal überschritten; sie befänden sich im raschen Anmarsche auf die Goldstadt, um dort die britischen Untertanen und besonders die Frauen und Kinder vor Übergriffen der burischen Verwaltung und Polizisten zu schützen. Der Marsch gehe ungestört vor sich. Das Kabel aus Kapstadt gab an, bei dem unerwarteten Eintritt in den Transvaal seien Streitmächte der britischen Regierung nicht beteiligt, es handele sich um 600 Mann berittene Polizei der Chartered Company, der Eigentümerin und Landesherrin von Maschonaland und eines Teiles von Betschuanaland, die Polizei sei wegen vermuteter Eingeborenenunruhen in Mafeking und Pitsani Potlage zusammengezogen gewesen, und die sechshundert Mann seien unter der Führung des Arztes Dr. Jameson, einem der Direktoren der Charter Gesellschaft, kurz entschlossen den Hilferufen aus Johannisburg gefolgt. Der englische Oberkommissar für Südafrika sei nicht erst zu Rate gezogen worden, auch der Ministerpräsident des Kaplandes, Cecil John Rhodes, der erste Direktor der Charter Gesellschaft, sei durch das Unternehmen völlig überrascht worden. Die dritte Nachricht aus Kimberley trug den Stempel der Überholtheit deutlich an sich, sie versuchte zu beschwichtigen durch die Erklärung, bei dem angeblichen Einbruch der Charterland Polizei in die Südafrikanische Republik handele es sich um nichts mehr und nichts weniger als um den Rückmarsch der Truppe nach Maschonaland, sie habe eine Eingeborenen-Erhebung im Betschuanaland verhindert und habe alsdann statt des Umweges entlang der künstlichen Grenze den bei allen Fahrzeugen und Reitern gewohnten Richtweg gewählt, der nun einmal durch den Distrikt Zeerust im Transvaal laufe.

Ich sah auf von der Zeitung. Ich sagte: Wenn die Mitteilung wahr ist, dann bedeutet sie doch Krieg." Sie fragte: „Why?" „Weil sich keine Nation einen solchen Einbruch gefallen ließe", erwiderte ich. Sie sagte merklich verächtlich: „Aber die Buren sind keine Nation, und wenn Frauen und Kinder in Not sind, muß wohl jeder zu Hilfe eilen". Ich entgegnete: „Von einer Not oder Gefährdung der Frauen und Kinder oder überhaupt einer wirklichen Not in Johannesburg habe ich in der Zeitung noch nichts gelesen, und haben Ihnen Ihre Söhne je davon etwas geschrieben?" Sie sagte ärgerlich: „Nein, vielleicht nein, aber die meisten Bewohner in Johannesburg sind Briten, und sie haben Johannesburg aufgebaut und sie tun die Arbeit dort, und zu sagen haben die Buren, und das ist nicht richtig." Sie fragte gleich weiter und nun mit plötzlicher Angst in der Stimme: „Glauben Sie in der Tat, daß die Buren sich wehren könnten und gauben Sie, daß die Johannesburger Männer womöglich kämpfen müssen?"

Ich eilte benommen ins Geschäft, mir lag daran, die Meinung Renesses zu hören. Er hatte keine einheitliche Meinung. Er erklärte: „Der Einbruch soll von der Charter Gesellschaft ausgehen, sie hat die großen Kosten bei der Einnahme von Maschonaland gehabt, und der Erwerb hat sich nicht bezahlt und die erwarteten

Bodenschätze waren nicht da, und die Aktien der Gesellschaft stehen unter dem Hund schlecht; wenn die Gesellschaft Johannesburg und den Rand an sich bringen kann in irgendeiner Weise, dann ist sie nicht nur von neuem saniert, sondern dann blüht ihr Weizen." Er bestätigte: „Natürlich ist das Ganze eine Mordsschweinerei, aber vielleicht gehört es sich auch nicht, daß die Buren an der Stelle bestimmen wollen, wo das meiste Gold aus der Erde geholt wird." Er fragte: „Sie bleiben doch jetzt hier: — Ich gehe eine halbe Stunde in den Konservativen Klub und höre mir an, was dort bekannt geworden ist." Er erschien gegen Mittag wieder. „Jeder ist sehr in Bewegung", berichtete er. „Einer weiß zuverlässig, daß in London in den Ämtern schon von der Mitte des Jahres an bekannt war, die Chartered Company habe etwas im Transvaal vor; aber man habe amtlich trotz allen Mühen nichts herausbekommen und von Cecil John Rhodes, der zugleich Erstminister des Kaplandes und erster Direktor der Charter Gesellschaft ist, seien bisher Pläne irgendwelcher Art abgestritten worden." Renesse sagte auch: „Die 600 Mann mit ihrer Artillerie staken in Uniformen der Charterland Police, wenigstens ein Teil der Offiziere gehört indessen der britischen Armee an und hat nur zeitweilig Uniformen gewechselt, und das kann die Sache sehr unangenehm machen, wenn etwa der gute Doktor Jameson nicht durchkommt." Er sagte zuletzt: „Was das Durchkommen angeht, so soll der General Sir William Butler bei einer Truppenübung bei Aldershot einem Offizier, der ihm am 28ten Dezember aus London das Gerücht eines bevorstehenden Einfalls in den Transvaal überbrachte und selbst einen guten Ausgang prophezeite, erwidert haben: „Tell these fine fellows from me that their friends who are about to invade the Transvaal will get the most infernal dusting they ever had in their lives." Und der General Sir William Butler kennt die Vorverhältnisse, er hat zweimal eine Kommandostelle in Südafrika innegehabt.

Die Gäste im Hause sprachen beim Lunch und bei der Abendmahlzeit nur von dem einen Ereignis und vielleicht traf zu, was die Wirtin in ihrer gehobenen Stimmung behauptete, daß in Gedanken die große Mehrheit der britischen Männer und britischen Frauen von Stunde zu Stunde den Ritt der sechs- oder achthundert Reiter mitmache. Und vielleicht traf auch zu, daß eine Mehrheit im Lande dem Zeitungswort glaubte, britische Frauen und Kinder und die belästigten strebsamen Arbeitsmenschen in Johannesburg seien in Not und müßten geschützt werden.

Am Morgen des Neujahrstages traf ich am Frühstückstisch mit einem älteren russischen Juden zusammen, der erst am Vorabend von seiner Weihnachsreise wiedergekehrt war. Er war von Beruf Geldverleiher, der Beruf galt in England als anrüchig, und der Mann hatte vor Jahren Aufnahme gefunden im Hause, weil er die Wirtin zu irgendeiner Zeit unterstützt hatte oder noch unterstützte. Er war kein Schwätzer, er kannte von Besuchen her den Transvaal. Ich erkundigte mich bei ihm: „Was ist das mit den Frauen und Kindern?" Er lachte: „Was das ist? Das ist Unsinn und Propaganda." Er fuhr fort mit der ewig heiseren Stimme: „Bilden Sie sich nicht auch Falsches ein. Herr Rhodes und seine Freunde, Dr. Jameson eingeschlossen, wollen den Transvaal durchaus nicht englisch machen, sondern die Minenkapitalisten möchten da draußen selber die entscheidenden Herren sein, sie wollen sich gewiß nicht mehr nach den Buren, aber auch nicht nach dem Londoner Kabinett richten müssen, und darauf sind sie aus. Und das ist's!" Ich sagte: „Ja, aber es ist doch so oder so Unrecht..." Er erwiderte: „Sie sind ein deutscher Idealist... oder, oder möchten Sie etwa, daß die Deutschen die Oberhand gewinnen im Transvaal? Die Buren werden Euch Deutsche aber nicht lieber haben als den Engländer." Ich sagte ärgerlich: „Wer denkt daran?" Er lachte von neuem und hob die linke Hand und heiserte: „Well, well, in Johburg sind so an die 16 000 Deutsche, und mit dem Golde haben eine ganze Menge Ihrer Landsleute zu tun und kaum weniger als die Engländer." Ich sagte: „Wir wollen lieber davon sprechen, was eben wirklich vor sich geht und geschieht..." Er fagte: „Was möchten Sie da wissen?" „Ich möchte wissen, was in Johannesburg wirklich los ist..." Er wiegte den Kopf hin und her, er antwortete: „Was wird schon los sein? In Johburg gibt's so gut wie keine Buren, und vielleicht laufen schon im ganzen Land mehr Ausländer als Buren herum, wenigstens wird das behauptet, aber die paar Polizisten, die in Johburg an den Ecken stehen, tragen die Buchstaben der Republik an der Uniform, und bei den Wahlen zum Volksraad haben die Ausländer kein Stimmrecht." Ich fragte: „Können sie nicht Buren-Bürger werden?" — „O ja, wenn sie die eigene Nationalität aufgeben... Aber wer hat Lust, Bur zu werden?" Ich fragte: „Was stellen die Leute also an?" Er lachte: „Sie schreien und protestieren in der Presse und setzen Schriftstücke auf und machen die Buren madig." Ich fragte: „Wer ist sie? Sind alle so? Sind es die meisten?" Er sagte: „Wer einen Vorteil für sich erwartet und bezahlt wird und auch wer genug zu trinken bekommt." Ich fragte: „Wie viele sind so in ganz Johannesburg?" Er gab keine gerade Antwort auf die Frage, er sagte: „Ob das nun eine Menge sind oder wenige, die Burenverwaltung in Johburg ist fehl am Platze, und die Burenverwaltung in einem Lande, wo es dermaßen viel zu holen gibt, ist auch fehl am Platze und ist auf alle Fälle antiquiert." Ich sagte: „Aus Ihnen wird man auch nicht klug." Er antwortete: „Nein, dafür sind Sie wahrscheinlich zu grundsätzlich. Eine Anzahl Deutscher sind das ja wohl. Aber Sie müssen es mir nicht übelnehmen." Er stand auf vom Frühstück. Ich bat in meiner wachsenden Unruhe: „Bleiben Sie noch einen Augenblick. Ich habe noch eine Frage. Wie soll alles weitergehen? Haben die, die es angeht, in Johannesburg etwa eine Revolution oder dergleichen eingeleitet und sollen ihnen die Jameson Reiter von außen die Hand reichen?" Er lachte wieder auf. Er erklärte: „Hören Sie, ich bin jetzt in Eile. Ich habe eine Verabredung mit einem Klienten. Aber eines dürfen Sie glauben, in Johannesburg ist kein einziger, der Opfer sein und sein Leben hergeben will in dieser Angelegenheit. Das gehört ihnen nicht mit zum Geschäft. Auch nicht, wenn Waffen in Haufen heimlich hingelegt worden sind, auch nicht, wenn einer an den Abenden und Halbfeiertagen in einem Freiwilligenverbande marschiert wie die Söhne unserer Hauswirtin." Er ging schnell hinaus.

Ich blieb verstört eine Weile sitzen, bis Eliza eintrat zum Abräumen und Neudecken. Ich fand mich nicht vorwärts, weil alles so unfaßbar schien. Ich hatte eben bis dahin nur im Frieden gelebt und hielt ihn für sicher. Ich meinte bis dahin, das internationale Gewissen sei vom nationalen und von dem Gewissen der täglichen Haltung nicht weiter verschieden, und ich kam, was Dinge der täglichen Haltung anging, aus dem sehr empfindlichen Elternhause, in dem man von anderen nichts forderte und an ihnen nichts verurteilte, was man nicht von sich zu fordern und an sich zu verurteilen selbstverständlich bereit war. Ich begriff den Einbruch der 600 oder 800 Mann in ein fremdes Land und Volkstum von der damaligen Zeit aus nicht mehr. Ich begriff nicht, wie Zuwanderer in ein anderes Volk Bürgerrechte des Staates verlangen und zugleich das Volk verunglimpfen könnten.

Ich begriff nicht, wie englische Zeitungen, und das waren doch germanische Zeitungen, den gefühligen Schwindel von den bedrohten Frauen und Kindern aufbringen oder weiter verbreiten könnten. Ich begriff endlich nicht, daß mit alledem England, das vom Vater so hoch respektierte England, das betont christliche England in Verbindung gebracht werden könnte und mochte und gar sollte. Ich spürte doppelte Moral, an deren Herrschaft ich damals durchaus nicht glauben wollte, und erschrak tief vor ihr.

Um die Mittagszeit des Neujahrstages hieß es immer noch, der Ritt hinein in die Republik nehme seinen ungestörten Fortgang und in Bälde werde Johannesburg erreicht sein. Es hieß auch, die Johannesburger Reformer hätten 14 000 Gewehre und 14 Kanonen, und hieß, die Johannesburger ihrerseits hätten den Anmarsch auf Pretoria, den Sitz der Burenregierung, inzwischen begonnen, um dort Ordnung zu schaffen. Nirgendwo tauchte als Gerücht die Nachricht vom wirklichen Geschehen im weiten menschenleeren und heißen südafrikanischen „Veldt" auf, nirgendwo wurde bekannt, daß seit dem Tage des Eintritts die Buren-Bürger rechts und links und hinter dem Beritt und auch bald vor dem Beritt aufgerufen worden waren unter ihrem Landesverteidigungsgesetz. Denn während die Landesregierung in Pretoria sich noch im Unklaren befand, hatte der Landdrost des Grenzbezirkes Zeerust dem plötzlich und von verschiedenen Windrichtungen her verbreiteten Gerücht, es handele sich um nichts als einen Durchmarsch nach Maschonaland auf dem Richtwege, keinen Glauben geschenkt und hatte von Farm zu Farm alle berittenen und bewaffneten Männer aufrufen lassen, und außer Sicht der Eindringlinge und rund um sie herum, ritten die „Kommandos" der Bürger vom Abend an durch das schweigsame „Veldt" und warteten ihre Gelegenheit ab.

Am zweiten Januar 1896, am Spätnachmittage, wurde der Zusammenbruch des Jameson-Unternehmens in ganz Europa bekannt. Das Kabel von Südafrika meldete: „Dr. Jameson und sein Reitergeschwader sind bei Krügersdorp im Transvaal und gar nicht weit von Johannesburg von Burenkommandos aufgehalten und umzingelt worden. Einige Tote hat es auf beiden Seiten gegeben. Da nichts mehr zu gewinnen war, hat Dr. Jameson zuerst bedingt, dann bedingungslos die Übergabe angeboten." Die Kabel meldeten ferner: Zwischen Johannesburg und Pretoria seien Burenkommandos in der Gesamtzahl von 12 000 Mann aufmarschiert.

Die Kabel meldeten nichts mehr von gefährdeten Frauen und Kindern und meldeten auch nichts mehr von irgendeinem kämpferischen Unternehmen oder irgendeinem Widerstande der Johannesburger Reformer. So schien für die weite Welt der Vorgang beendigt, den der schon erwähnte englische General der Rt. Hon. Sir W. F. Butler in seiner 1911 erschienenen Autobiografie „The fruitful mother of so many disasters" nennt.

Es ist vielleicht richtig, wenn ich gleich an dieser Stelle die rationalistische Erklärung des Jameson Raids wiedergebe, die ich als Mann annahm, als ich ertragen gelernt hatte, daß meine Generation mit ihrer protestierenden deutschen Gewissensprüfung der Ereignisse nicht durch Welt und Leben komme.

Die Erklärung lautet in den fertigen Worten eines anderen (Dietzel): „Es ist (im Jahre 1895) noch einmal ein Versuch gemacht worden, zu einer friedlichen Lösung des Problems (zwischen Engländern und Buren) zu gelangen, und er wurde charakteristischerweise von Rhodes unternommen, in einer Form freilich, die scheinbar alles andere als friedlich war. Denn nur unter dem Gesichtspunkt, einem Krieg mit seinen verhängnisvollen Folgen für das künftige Zusammenleben der beiden Staatsvölker in Südafrika zuvorzukommen, ist der Jameson-Raid überhaupt zu verstehen. Es lag ihm der Gedanke zugrunde, durch eine revolutionäre Umwälzung in Transvaal von innen heraus die Vorbedingungen zu schaffen, die allein eine freiwillige Eingliederung des Landes in die britische Machtsphäre bei äußerlicher Wahrung autonomer Formen ermöglichten. Eine Zollunion, gemeinsames Obergericht, eine generelle Regelung der Eisenbahntarife für ganz Südafrika sollten dann einer „Federal Union under the Crown" die Wege ebnen ... Die Initiative für die Durchführung dieses verwegenen Planes konnte naturgemäß nur bei der Johannesburger Minenbevölkerung liegen. Die Schar des Dr. Jameson, die in Bereitschaft an der Grenze stand, hatte eine rein politische Funktion, die Wiederherstellung der gestörten ‚Ordnung', die man den ‚ungeeigneten' Polizeikräften Transvaals angeblich nicht überlassen durfte, und die Truppe konnte bei ihrer geringen Stärke — 800 Mann — eine andere Aufgabe auch nicht lösen. Für den Fall des Gelingens der Revolution rechnete Rhodes überdies — und sicher nicht mit Unrecht — mit dem Einsatz regulärer englischer Formationen. Trotzdem übernahm Jameson von allen Verschwörern die heikelste Aufgabe, weil es ihm zufiel, den richtigen Augenblick für sein

Eingreifen zu finden, obwohl er, beträchtlich weit vom Zentrum der Bewegung entfernt, eine engere Fühlung mit den Führern in Johannesburg nicht halten konnte. Diese — freilich unvermeidliche — Schwäche der Organisation ist dann auch dem Putsch zum Verhängnis geworden."

Ich sagte, ich hätte diese rationalistische Erklärung angenommen, als ich mühsam ertragen gelernt habe, daß man allein mit der Gewissensprüfung nicht an letztes Recht oder letztes Unrecht vielmenschlichen Geschehens gelange und daß also anscheinend kein politisches Fortschreiten ohne bösen Seelenschaden erreicht werde. Aber natürlich bleibt auch bei solcher Erklärung die Frage immer noch offen, inwieweit Cecil Rhodes als englischer Patriot und inwieweit er als rücksichtsloser, machthungriger Finanzmann seine Pläne geschmiedet habe, und offen bleibt auch jene Frage, warum großgedachte Vereinheitlichungen und Staatsakte und Versuche, wenn sie unter der britischen Krone herbeigeführt werden, vor uns übrigen eine Entsühnung und, wenn sie von andern unternommen werden, eine schuldvolle Vergewaltigung bedeuten sollen. —

Am dritten Januar brachten die Morgenzeitungen in die allgemeine englische Verdrossenheit und Unsicherheit der Gefühle die eine vielsagende Neuigkeit hinein, Cecil Rhodes habe seinen Posten als Ministerpräsidenten des Kaplandes aufgegeben und gehe jeden Äußerungen zum Jameson-Einbruch aus dem Wege.

Am vierten Januar früh und für manche besonders Unterrichtete schon am dritten Januar abends, ereignete sich die größte Sensation der Jameson-Angelegenheit. Die Presse verbreitete ein Telegramm, das der deutsche Kaiser am Vormittage des dritten Januar von Berlin aus nach Pretoria an Paul Krüger, den Staatspräsidenten der Transvaal-Buren gesandt habe. Die Depesche hatte folgenden Wortlaut: „Ich spreche Ihnen meinen aufrichtigen Glückwunsch aus, daß es Ihnen, ohne an die Hilfe befreundeter Mächte zu appellieren, mit Ihrem Volke gelungen ist, in eigener Tatkraft gegenüber den bewaffneten Scharen, die als Friedensstörer in Ihr Land eingebrochen sind, den Frieden wiederherzustellen und die Unabhängigkeit des Landes gegen Angriffe von außen zu wahren. Wilhelm."

Ich war bis dahin kein begeisterter Anhänger des jungen Kaisers gewesen, aber ich muß gestehen, daß sich mir beim ersten Lesen der Depesche das so bedrückte Herz hob, weil doch ein beachtlicher Mann den Mut zeigte, schwarz schwarz und weiß weiß zu nennen. Ich gaubte auch damals nicht, daß die Mehrheit der sauberen Engländer durch eine Stellungnahme verletzt sein könnte, die — so schien mir — jedeiner von ihnen eingenommen hätte. Ich irrte mich, was die Anregung zum Verletztsein und das Verletztsein selbst angeht, gründlich. Der Propaganda der am Raid-Unternehmen Beteiligten war eine Gelegenheit gegeben, die eigene Schuld zurückzudrängen durch die Anklage gegen den Kaiser und mit ihm gegen die Deutschen und Deutschland; und die Propaganda nützte ihre Gelegenheit aus. Auf einmal schien viel weniger bedeutsam, was im und am Transvaal geschehen sei und was in Pretoria und Johannesburg vor sich gehe, als was der Kaiser angerichtet habe. Im englischen „Punch" sah ich ein paar Tage darauf die wohl allgemeine britische Anschauung durch folgenden Zuruf an den Kaiser wiedergegeben: „Poor Jameson has acted foolishly, you, Sir, have acted criminally."

Ich konnte mit Renesse erst am Nachmittage des vierten Januar sprechen. „Der Kaiser hat in ein Wespennest gestochen", sagte er. „Aufträge, die nach Deutschland gegeben waren, werden angeblich überall zurückgezogen, und in London sollen ein paar unangenehme Sachen vorgekommen sein." Er hielt mit seinem Urteil zurück, er sagte abschließend: „Ich habe die Engländer noch nie so aufgeregt gesehen; wenn nur aus dem ganzen Handel kein Krieg entsteht!"

Vom Krieg ging drei Tage lang die Rede weit und breit und vom Rechte, das England in und auf Südafrika habe. In der großen Times fand ich den seltsamen Satz: „Die Buren haben kein Recht auf den Transvaal, denn sie haben ihn genommen, England handelt also im Recht, wenn es annektiert." Ich fragte, so wie ich die Dinge damals verstand, bei den Tischgesprächen: „Was hat denn England im Grunde mit dem Einbruch zu tun?"

Nach dem ersten solchen Gespräche nahm mich im Rauchzimmer der russische Jude beiseite: „Sie sind auch ein ‚Innocent abroad'' (was man auch mit ‚harmlos' übersetzen mag), sagte er. „Sie müssen englische Zeitungen mehr hintergründig lesen lernen, wie die Klasse der verständigen Engländer ihre Zeitungen zu lesen versteht. Ist Ihnen denn nicht aufgefallen, daß die vielen Soldaten gegen die Aschantis noch verladen wurden, als die Aschantis an der afrikanischen Westküste schon um Frieden gebeten hatten? Die Soldaten sollten, wenn Jameson Erfolg gehabt hätte, im Transvaal eingreifen und dort besetzen ..." Er zuckte mit den Schultern: „Vielleicht auch, um Rhodes die Sache nicht allein machen zu lassen ..."

In einer 1926 erschienenen gut geschriebenen Geschichte des Deutschen Reiches der Jahre 1871—1926, die nirgends die besondere Art innenpolitischer deutsch-demokratischer Rückgefühle zu unterdrücken vermag, heißt es: Das Bekanntwerden dieser (der Kaiser-) Depesche löste in England ein wahres Wutgeheul der öffentlichen Meinung aus. Nicht sowohl, weil man sie fälschlich für eine impulsive Handlung des Kaisers hielt oder weil der Hinweis auf die Möglichkeit eines Appells an befreundete Mächte eine vertragswidrige Drohung und eine Beleidigung Englands war, als vielmehr deshalb, weil es überhaupt nur noch eines solchen Anstoßes bedurft hatte), um den langgehegten Groll Englands zu offenem Haß gegen Deutschland umschlagen zu lassen. Die Ungeschicklichkeit der deutschen Politik hob in England das von Handelsneid erfüllte Jingotum in den Sattel der öffentlichen Meinung."

Wie ich vorgreifend die rationalistische Erklärung des Jameson Raids wiedergab, mag hier, um der ungeheuren Schicksalsträchtigkeit des damaligen Geschehens willen in das Gedächtnis gerufen werden, welche Erklärung sich für die Krüger-Depesche des Kaisers nach Jahren ergab:

Von unbestimmten Plänen der Charterland Leute und der Minenkapitalisten gegenüber der Burenregierung hatten, so erwies es sich, den Sommer und Herbst 1895 hindurch nicht nur der britische Kolonialminister Chamberlain und mit ihm das britische Kabinett, sondern auch die deutsche Reichsregierung Mitteilung erhalten. Als Folge hatte Berlin in London erklären lassen, daß das Reich ein lebhaftes Interesse am Fortbestande der Burenstaaten habe. Auch nach Pretoria war im Verlaufe von 1895 auf Anzeigen hin wiederholt geschrieben worden, daß Deutschland möglichen Staatsstreichen in Südafrika entgegenwirken werde wegen des so erheblichen deutschen Wirtschaftsanteils an den Republiken. Als in den allerletzten Tagen vor dem Einbruch neue verdächtige Meldungen in Berlin (wie in London) einliefen, „protestierte die deutsche Regierung in einer Note gegen Veränderungen des bestehenden Zustandes der Republiken". Diese Note gelangte, das sei vorweggenommen, „nach dem Eintreffen der Kunde von dem Mißerfolg des Einfalls uneröffnet wieder in der deutschen Regierung Hände." (J. Daniel Chamier, „Ein Fabeltier unserer Zeit".) Vor der Rückgabe der Note hatte sich dann folgendes ereignet. Die Nachricht von der Gefangennahme Jameson's war noch am Abend des zweiten Januar in Berlin eingetroffen und war sofort dem Kaiser hinterbracht worden. Der Kaiser erschien früh am dritten Januar im Auswärtigen Amt in der Wilhelmstraße zu einer Sitzung, an der der Reichskanzler, der Staatssekretär des Auswärtigen von Marschall, der Marinestaatssekretär von Hollmann und der Vorstand der Kolonialabteilung Geheimrat Kaiser, einer der nicht zahlreichen hohen Beamten jüdischer Herkunft, u. a. teilnahmen. Vorgelegt wurde ein von Geheimrat Kaiser entworfenes und wahrscheinlich von dem bekannten Ränkestifter Geheimrat von Holstein angeregtes Glückwunschtelegramm an den Burenpräsidenten Paul Krüger, das Telegramm wurde besprochen, der Kaiser bezweifelte die Notwendigkeit der Demonstration, auch wenn sie nicht gegen England gerichtet sei; er ließ sich aber, nachdem auf seinen Wunsch hin ein nicht mehr festzustellender herausfordernder Satz gestrichen war, überstimmen und unterzeichnete. Der Kaiser selbst äußerte sich viele Jahre nachher wie folgt zu der Sache: „Indem ich einem Vorschlage zustimmte, fiel die Verantwortlichkeit für die Entscheidung und ihre Folge selbstverständlich auf mich." Der Engländer J. Daniel Chamier sagt in seinem Buche „Fabulous Monster" (Ein Fabeltier unserer Zeit): „Da wir ja selbst den Einfall verurteilt hatten, so hatten die Minister (des Kaisers) geglaubt, das Telegramm könne nicht offen so ausgelegt werden, als sei es gegen England gerichtet. Sogar (der verabschiedete) Bismarck, der selten mit ihnen derselben Ansicht war, meinte, die britische Regierung selbst hätte die Depesche schicken können. Als sie von unserer Seite mit einem Wutgeheul begrüßt wurde, begriffen die Minister, daß sie einen Mißgriff begangen hatten ..." Chamier fährt fort: „Mindestens drei ganz verschiedene umständliche Berichte über Wilhelms impulsives Entwerfen der Depesche auf der Eisenbahn oder auf See liefen in wohlunterrichteten englischen Kreisen um; das englische Kabinett betrachtete das Telegramm als ein „nichtamtliches Schriftstück". Wäre es anders aufgefaßt worden, so hätte es zum Kriege kommen können; England hatte schon ein Fliegendes Geschwader in Dienst gestellt ..." Zuletzt heißt es bei Chamier: „Während einerseits der Kaiser in der englischen Presse in jeder Weise beschimpft wurde und aus England eine Flut beleidigender Briefe erhielt, sogar von Damen der Gesellschaft, machte ihn das Telegramm in ganz Deutschland populär ... So sehr der Vorfall später ausgenutzt wurde, wenn man ihn des persönlichen Regimentes beschuldigte, damals jedenfalls rief er deshalb (in Deutschland) keinen Sturm hervor." Chamier gibt abschließend den Brief des Kaisers an den Zaren vom 20. Februar wieder: „Die Engländer haben sich sehr ungehörig zu mir benommen, aber das läßt mich unberührt, während das Mobilisieren ihres berühmten Fliegenden Geschwaders gegen uns, die wir kaum etwas haben, das der Rede wert ist, sie im höchsten Grade lächerlich macht."

Das große Zanken und Schreien gegen den Kaiser ließ am sechsten Januar nach, als das Fragen nach Jameson's weiterem Schicksal und auch nach dem Schicksal der untätigen Reformer in Johannesburg wieder vordrängte. Bekannt geworden war durch die Zeitungen, daß der Hohe Kommissar der britischen Regierung sich am vierten Januar von Kapstadt nach Pretoria begeben habe zur Besprechung mit der Burenregierung. Deklamiert wurde weit und breit jene seltsame Jameson in den Mund gelegte Trotzreimerei des Poeta Laureatus Austin, die da begann:

„Wrong? Be it wrong, it may be,
I am not a burger's baby ..."

Leute, die andeuteten, Jameson werde unter seinen Umständen wohl erschossen werden, wurden höhnisch und zornig verlacht.

Und Jameson wurde nicht erschossen. Der Ausführende Rat der Buren spielte, geführt vom Präsidenten Paul Krüger, gegen das Grollen des Burenvolkes ein höheres Spiel. Er überantwortete Jameson und seine Offiziere der britischen Reichsregierung in London zur beliebigen Bestrafung dort, er gab die gefangenen sechs- oder achthundert Reiter frei.

Bedingungen wegen Ablieferung der Waffen seitens der Johannesburger ließ sich der Burenpräsident vom Hohen Kommissar nicht stellen. Als der Kommissar erklärte: „Dann fürchte ich, daß sie sie nicht abliefern werden ...", antwortete Krüger: „Dann werde ich sie holen ... Johannesburg hat 24 Stunden Zeit zur Überlegung." Darauf wurden die Waffen ausgeliefert und wurden die Haupträdelsführer verhaftet und später verurteilt mit vierjähriger Bewährungsfrist. Der Burenpräsident sagte bei der endgültigen Besprechung am sechsten Januar: „Was kann uns am Leben dieser Menschen gelegen sein? Tausende von Engländern leben in unserem Lande, und so gerechtfertigt ein Todesurteil durch Kriegsgericht oder den Obergerichtshof sein würde, die sieben oder neun Hingerichteten bekämen die Geltung von ebenso viel Märtyrern und der Riß zwischen Bürgern und Engländern würde unheilbar."

Vom siebenten bis etwa fünfzehnten Januar folgten einander die verschiedenen Jameson- und Johannesburg-Nachrichten in den Zeitungen, und wurde hin- und hergeredet und verdrießlich und mürrisch gestritten, wieweit das Vorwissen des englischen Kabinetts und namentlich des Kolonialministers Chamberlain gereicht habe, und ob er etwa, wie die Buren behaupteten, eine Pflicht der comitas gentium gegenüber der Burenregierung verletzt habe dadurch, daß von ihm die Burenregierung nicht vor einer nahen Gefahr des Einbruchs gewarnt worden sei.

Vor solchem Hin- und Herreden verschwand wenigstens zeitweilig die Sensation der kaiserlichen Depesche.

Im Theater von Nottingham wurde seit Neujahr eine zweite große Ausstattungspantomime aufgeführt. Mir war erzählt worden, sie sei voll von politischen Anzüglichkeiten, und ein Deutscher sei von den Zuschauern niedergeschlagen worden, als er einen unziemlichen Witz auf den Kaiser mit einem ungeschickten Hoch auf den Kaiser beantwortete; mir war weiter erzählt worden, die auftretende Germania werde jedes neue Mal ausgezischt. Ich ging am 16ten Januar in die Pantomime, um mit eigenen Augen zu sehen und mit eigenen Ohren zu hören, was es gab. Ich erlebte den langsamen Umschlag der Stimmung. Etwa die Hälfte der Zuschauer zischte, als die Gestalt Deutschlands auftrat, die andere klatschte, und als der Ansager auf der Bühne feststellte: „Deutschland wurde durch Bismarck groß" stimmte die Mehrheit durch starken Beifall zu und die angehängten Worte des Ansagers „und durch Sauerkraut und Würste", erzielten nicht mehr den lauten Spott vorhergehender Tage.

Im selben Januar war ich mit der englischen mütterlichen Freundin einmal wieder Teegast im benachbarten englischen Pfarrhaus. Über den Kaiser, über Deutschland und über Jameson fiel kein Wort, aber gegen Ende der Unterhaltung bemerkte der Pfarrherr zur Freundin hin ohne Zusammenhang, wie mir schien, mit Vorherbesprochenem: „Did it never occur to you, Miss Jackson, God must have given the world to the English people. The English are the chosen people." (Ist es Ihnen nie deutlich geworden, Fräulein Jackson, daß Gott die Welt dem englischen Volk übergeben hat. Die Engländer sind das ‚erwählte' Volk.) Ich weiß nicht mehr, was die Freundin antwortete, vielleicht lächelte sie nur auf ihre gütige Weise. Ich erinnere mich aber, daß ich den Satz des Pfarrherrn wiedergab ohne Kommentar, als wir bei der abendlichen Hauptmahlzeit von unserem Besuch erzählten. Die Wiedergabe der Worte brachte unter den andern einen mit Ernst behandelten und mir damals ganz neuen Gesprächsgegenstand auf. Es zeigte sich, daß von den zwölf doch recht leidlich unterrichteten Teilnehmern der Tafel etwa ihrer neun sich zur Überzeugung bekannten, die Engländer seien Nachfahren der angeblich verloren gegangenen Stämme Israels, und zwar nicht im übertragenen, sondern im echten wirklichen Sinne, und die Verheißung an die Juden sei folgerichtig an sie gelangt und werde an ihnen und durch sie zur Wirklichkeit in der Welt. Ich hörte stillschweigend zu. Ein klein wenig spöttisch äußerte sich nur der russische Jude, obgleich er schon vor allerlei Jahren englischer Untertan geworden war. Im Damenzimmer fragte ich die mütterliche Freundin, als ich ihr dort allein begegnete, ob die Sprecher im vollen Ernste gewesen seien, oder etwa eine fromme Sage nach englischer Art nicht hätten stören wollen. Die Freundin erwiderte nur: „No, they were. . ." Ich bin danach der insularen Sage und Überzeugtheit ein Leben lang in Europa und Übersee, bei Niederen und bei Hohen, im Guten und Bösen, erstaunlich oft wieder begegnet und erfuhr, wieviel nationale Triebkraft sie gewähre und wieviel Verhemmtheit und Zweifel am eigenen Tun sie ausschalte.

Die politische Erregtheit des privaten Lebens schien in den letzten Wochen des Januars verschwunden. Ich war von neuem dankbar dafür und hielt mich von neuem und nunmehr mit Willen überzeugt, daß wir einzelnen deutschen und englischen Menschen, denen die Bereitschaft zur guten Kameradschaft und genauen Ordnung in gleicher Weise im Blute liege, von sich nie etwas gegeneinander haben könnten und haben würden ohne die „Politik" und das bedeutete mir jetzt ohne jene Leidenschaften und albernen und tückischen Nachreden, die von den politischen und wirtschaftlichen und kapitalistischen Strebern durch Wort und Presse in Umlauf gesetzt wurden zu einem im Grunde rein persönlichen und meist auch für sie nur scheinbaren Nutzen. Ich redete mir zu, daß ich, der ich ein Leben zwischen Deutschen und

Engländern zu leben haben werde, mir jedenfalls den Kopf und das Herz freihalten müsse und mich nicht sinnlos quälen und reizen lassen dürfe von dem, was sich „Politik" nenne und eben nichts weiter sei als die Angelegenheit weniger anderer, die jene anderen wenigen zur allgemeinen Angelegenheit aufzubauschen verständen.

Die Flucht aus der Gegenwart, die ich mit Willen zum ersten Male unternahm, tat meiner heimlichen Schreibarbeit gut, und die, wie ich mir einbildete, an Gelingen zunehmende Schreibarbeit half mir ertragen, daß Tag für Tag ohne rechtes geschäftliches Zulernen und Voran verging. Ich glaube, ich blieb in jener kurzen Zeit auch der Mechanic Hall fern, um nicht durch die Umschau in Zeitungen und Zeitschriften von neuem in Verwirrung hineingestoßen zu werden oder in das, was ich für Verwirrtheit hielt.

Bei aller Flucht konnte und wollte ich freilich an dem täglichen Lesen des Nottingham Guardian nicht vorübergehen, schon des Berufes, der englischen Sprache und allgemeinen Lernens wegen. Im Nottingham Guardian stand gegen die Mitte des Februar die Thronrede der Königin abgedruckt und in unmittelbarer Folge die Erwiderung des Führers der Opposition Lord Roseberry. Die Erwiderung hatte einen guten sauberen Klang und nicht am wenigsten dort, wo sie sich mit Deutschland beschäftigte; und gleich stellte sich die Frage bei mir ein, ob ich nicht in der Jamesonzeit überempfindlich gewesen sei und ob ich nicht aus lauter außenpolitischer Ungewohnheit und Binnenländischkeit und Träumerei die zwischenstaatlichen Gewitterwolken, die so wie sie aufzögen auch abzögen, zu ernst genommen hätte.

Ich befand mich noch in meinem Schwebezustande, da las ich in der wieder besuchten Mechanic Hall den Aufsatz der National Review, der den Titel trug: „The Key-Note (Grundton) of English Foreign Policy". Der Name des Verfassers war nicht genannt. Wenn ich damals dem Aufsatz eine Zensur hätte erteilen müssen, hätte ich vermerkt: Eine ungeschminkte brutale Kurzsichtigkeit. Der Aufsatz war vor der Thronrede und vor Roseberry gedruckt worden, ich wagte das Heft der „National Review" wegen des für mich hohen Preises von einer halben Krone nicht zu kaufen, ich schrieb aber sogleich an den Vater und riet ihm zur Anschaffung.

Ich fand noch eine andere seltsame Neuigkeit in verschiedenen englischen Zeitungen der Hall. Sie wollten entdeckt haben, daß hinter dem Jameson-Unternehmen fünf Berliner Finanzmänner gestanden hätten. Mir klang die Nachricht nicht unfaßlich; und verschwand mit ihrer möglichen Richtigkeit nicht alle englische Wichtigkeit und alle nationale und patriotische Wichtigkeit aus dem Jameson-Unternehmen und wurde nicht von neuem deutlich, was hinter dem vergifteten Begriff „Politik" in Wahrheit zu suchen und zu finden sei?

Und im Gefolge des National Review-Aufsatzes wurde mir eine dritte Kunde vermittelt. Ich bekam, ich weiß nicht mehr, ob in der Hall oder von einem englischen Leser im Talbot House, eine noch unbekannte Abhandlung zugetragen, die in der Londoner Wochenschrift Saturday Review schon am ersten Februar erschienen war unter der Überschrift: „Eine biologische Betrachtung unserer Außenpolitik von einem Biologen".

Die Erinnerung an die erste Begegnung mit dieser angeblich biologischen Betrachtung hat mich mein Leben lang an keinem einzigen Tage wieder verlassen.

Die Abhandlung versuchte darzutun, daß die Deutschen und Engländer einander am ähnlichsten seien und deshalb weltein und weltaus zu Nebenbuhlern werden mußten mit dem Erfolge, daß, wenn jeder Deutsche beseitigt werde, jedes englische Unternehmen zuwüchse. Zwischen Engländern und Deutschen werde also der erste große Artenkampf der Zukunft sichtbar, hier seien zwei wachsende Nationen, die aufeinander drückten rund um die Erde, eine der beiden müsse das Feld räumen, und eine von beiden werde das Feld räumen.

Der Aufsatz schließt mit den Sätzen: „Einfache Lehren ergeben sich (für uns) aus der biologischen Betrachtung der auswärtigen Politik. Erstens, schweißt unsere Kolonien in einen Bund zusammen, eine geographische Aufspaltung der angelsächsischen Rasse gegeneinander muß verhindert werden. Zweitens macht euch fertig zum Kampf mit Deutschland, denn Germania est delenda, Deutschland muß zerstört werden."

Ich sagte, die Erinnerung an die erste Begegnung mit dieser angeblich biologischen Betrachtung habe mich mein Leben lang an keinem einzigen Tage wieder verlassen. Es ging aber bei jener Begegnung nicht so zu wie bei den früheren erschreckenden Einbrüchen der Politik in meine jugendliche Gläubigkeit. In irgendeinem Sinne wirkte die Betrachtung doch nüchtern und also nicht ohne weiteres feindselig, und wo nur einer in der eigenen Hoffnung immer noch so sicher war, ließ sich sogar über das ungefühlige Verstandesspiel und biologische Kreuzworträtselraten samt der fatalischen Auflösung in frischen Stunden lächeln.

Wenn ich zu bezeichnen versuche, welche Einstellung ich als nächste Folge des Aufsatzes gewann, dann war es die, daß ich von nun an an einer Stelle meines Wesens um die aus der „Politik" entstandenen Gefahren des deutsch-englischen Verhältnisses wußte, daß ich sie aber zugleich nicht glaubte, und damals noch meinte, durch ein entschiedenes Nichtglauben wollen zu ihrer Entfernung beitragen zu können.

Im Februar machte ich wie im Januar als Gast ein paar Bälle in Mansfield mit. Eingeführt war ich dort von einem Chartered Accountant, Sohn eines Richters, einem der besonders freundlichen Mitbewohner vom Talbot House. Mir tat die natürliche Wärme und Kameradschaftlichkeit immer wieder wohl, die Engländer sich untereinander, und wem sonst sie ohne politische Nebengedanken begegnen, auszuteilen verstehen. Ich bin ähnlicher Herzlichkeit — immer vorausgesetzt, daß die angelesene und eingeredete „Politik" aus dem Spiele blieb — bei keinem anderen Volke begegnet. Und wo ist die Nation, die in sich besser zueinander wäre und sich gegenseitig das Leben leichter und heiterer zu gestalten verstünde? Damals kannte ich jene eine Ursache noch nicht, daß es nämlich in den letzten 150 Jahren immer leicht war ein bewußter Engländer zu sein, wie, nun von uns gesprochen, es fast immer schwer war, ein bewußter Deutscher zu sein, und dies nicht nur in den letzten 150 Jahren.

Ich genoß die englische Kameradschaftlichkeit alsbald bei einer Osterfahrt nach Paris, die von einem Reisebüro veranstaltet wurde. Bei uns kannte man damals diese billigen „trips to anywhere" noch nicht. Die Teilnehmer waren sehr ordentliche Leute der Mittelklasse, keine „Haw-Haw"-Figuren oder Angeber, aber auch niemand, der nach Art englischer Unterschichten mit dem Buchstaben H nicht umzugehen wußte. Ich hatte die Fahrt angezeigt gesehen, sie sollte wohl fünf Guineas kosten, und der Preis sollte alles einschließen: Die Reise von Nottingham nach London und von London nach Paris und die Überfahrten über den Kanal, die Gaststätte in Paris mit allen Mahlzeiten, mit Wein und Trinkgeldern, die Rundfahrten in Paris und die Führung, die zwei Ausflüge nach Versailles und St. Cloud und zwei Theater oder zwei Tingel-Tangelabende. Man sollte sechseinhalb Tage unterwegs sein. Ich hatte der Mutter von der Möglichkeit geschrieben, von der ich gern Gebrauch machen wollte, ohne den Vater in Kenntnis zu setzen. Das nötige Geld hatte ich zum Geburtstage geschenkt erhalten. Rückkehrend wollte ich den aus Deutschland kommenden und gar nicht englisch sprechenden Bruder in London in Empfang nehmen und wollte mich auch gleich mustern lassen auf dem Generalkonsulat, damit festgestellt werde, ob ich mit einem bis fast zur Blindheit schwachsichtigen rechten Auge vor der afrikanischen Ausreise das Einjährigenjahr abzuleisten habe oder nicht. Das Abholen des Bruders in London und die Musterung waren mit dem Vater vereinbart. Das Geständnis des Parisausfluges machte ich ihm nicht, ich weiß eigentlich nicht warum, und die Unterlassung schien mir später verkehrt, aber ich stand damals noch unter der Nachwirkung der mancherlei Verbote und Schwierigkeiten der Wiesbadener Schulzeit. Die Mutter mit ihrer Neigung für Paris und Neigung für die Franzosen und vor allem mit ihrer stillen Ansicht, ich müsse als späterer und nur „aufgeschobener" Schriftsteller vor der Afrikafahrt so viel von Europa gesehen und in mich aufgenommen haben, wie nur sein könne, stimmte meinem Plane eifrig zu. Von den Mitreisenden war noch keiner „politisch" verdorben und grundsätzlich antideutsch, und besonders willkommen war ich ihnen, als sie merkten, daß ich französisch sprechen könne.

Wir wurden in einer Gaststätte untergebracht, in der bis auf ihre englischen Namen alles französisch und die Verpflegung recht anständig war. Auch die Fahrten und Führungen waren gut und bis auf die ärgerlich zusammenfantasierte Rede des Führers im Spiegelsaal von Versailles ohne Geschwätz. In der Nacht vom Ostermontag zum Osterdienstag überfiel mich ein plötzliches hohes Fieber. Ich mußte anderthalb Tage krank das Bett hüten. Die zwei halben Tage, die noch verblieben, verbrachte ich immer noch von Fieber geschüttelt, aber doch gierig betrachtend, im Louvre und verlor durch meinen fiebrigen Eifer um ein Haar den Anschluß an die Rückfahrt.

Am Abend des zweiten Tages in Paris waren wir in das Tingel-Tangel geführt worden, ich glaube in den Moulin Rouge. Die englischen Reisekameraden zogen das Tingeltangel einer unverstandenen Aufführung in der Comèdie Francaise vor. Nach dem

Tingeltangel fragte der Führer, ob es den Herren recht sei, wenn er ihnen nun ein ‚Freudenhaus' zeige; er bat mich französisch, den englischen Herren zu erklären, daß für niemand irgendeine Verbindlichkeit durch den Besuch entstehe, nicht einmal Kosten, und daß wir jederzeit gemeinsam aufbrechen könnten. Ich war als verliebter und verträumter Junge nicht nur ohne jede Gelüste, sondern war von der Vorstellung eines öffentlichen Hauses, seitdem ich überhaupt von solcher Einrichtung wußte, angeekelt gewesen, und mit einem käuflichen Mädchen hatte ich noch nie gesprochen. Die englischen Mitreisenden hörten den Führer und hörten mich an, sie machten von einem zum andern hin betretene Gesichter. Sie fragten im Kreise herum: „Shall we?" Daß sehr starke Neugier bei ihnen ausnahmslos vorhanden sei, ließ sich sofort erkennen, es gab ja in England keine Freudenhäuser und ‚living on the proceeds of prostiution' wurde drüben schwer mit Zuchthaus bestraft. Wir fuhren zu dem Hause, unser kleiner Trupp zeigte sich bei der Hinfahrt beklommen, im voraus angewidert war nur ich. Wir wurden im Hause in ein großes Zimmer geleitet, hell erleuchtet mit Plüschsesseln und Plüschsofas an den Wänden, und es ergab sich eine Steifheit wie vor einer ersten Tanzstunde, dann erschien eine rundliche energische Madame und begrüßte den Führer mit „Mon Philibert . . ." Der Führer bestellte auf seine Kosten eine Flasche Champagner und noch eine zweite, als von uns anderen niemand eine Nachbestellung machte. Ein Mädchen trat auf, recht leicht bekleidet und drehte eine Art Orgel und schwatzte und lachte und äußerte zu Philibert hin bald ein par uns angehende Anzüglichkeiten, die ich allein aus dem Trupp verstand. Ein hellblonder Engländer, ein netter Kerl, flüsterte mir mit einiger Gier zu: „Mehr Mädchen müssen jetzt kommen." Ich wiederholte den Satz französisch zum Führer und zur Madame hin, die sich unterhielten. Madame klatschte in die Hände, und acht Mädchen folgten einander in sehr verschiedenen Aufzügen und tanzten und versuchten zu schäkern. Madame klatschte ein zweites Mal in die Hände, da kamen ihre drei besten Nummern herein, schlank, nicht klein, kräftig und mit Haltung, schwarze Dreispitze auf dem Kopfe, schwarzseidene Strümpfe an den Beinen, schwarze Schleier mit Silbersternen am Rumpf. Aber auch dieser Aufmarsch, der fast stolz ein paar Mal um das Zimmer herum erfolgte, machte keinen sichtbaren Eindruck. Der Führer ging unsern Kreis ab und sprach etwas zu jedem Teilnehmer hin, die sehr knappen Antworten verstand ich nicht. Zu mir kam er nicht wieder, vielleicht traute er mir nicht mehr. Es gab dann wieder Musik und abstoßende Spielereien zwischen dem Führer und den „Damen". Ich sah von einem zum anderen unseres Trupps und hatte den Eindruck,daß alle genug hätten. Der blonde junge Engländer, mein Nachbar, sagte: „Can't we go now?" Auch sein Nachbar nickte. Wir verständigten den Führer. Er sprach mit Madame, sie äußerte sich empört, und dann zogen wir die Treppe hinunter. Die ganze Damenschaft sammelte sich oben im Treppenhaus und rief uns „Freundlichkeiten" und Segensrufe nach, die auch ich mir nicht wörtlich übersetzen konnte. Aber die Verachtung und Empörung ging noch weiter, die Fenster des ersten Stockes über der Straße öffneten sich, es wurde geschimpft und wurden Geschirre heruntergeschüttet und wurde laut gelacht und nicht nur aus dem einen Hause.

Als ich dann krank lag am Osterdienstag in unserer Gaststätte, klopfte es nach Mittag an meine Türe. Herein kam die ältere Kochfrau oder einfache Hausdame des Gasthauses, der vielerlei Erfahrungen im Gesichte standen. Sie erkundigte sich nach meinem Ergehen. Sie fragte listig: „Warum kommen Sie alle von England so gern nach Paris? Was suchen Sie hier?" Ich antwortete aus dem Fieber heraus: „Paris hat doch den Namen in der Welt und Paris hat den Louvre und Versailles ..." Sie sagte: „O monsieur, die Engländer kommen nicht wegen des Louvre und der andern alten Dinge. Die Engländer kommen wegen der ‚Mädchen', gestehen Sie es ruhig ein. In England gibt es die Häuser mit den ‚Mädchen' nicht ..." —

Ich traf den Bruder nach meiner Ankunft in London in der Frühstücksstube des Holborn Bahnhofes, er war von Vlissingen gekommen und saß, seinem Wesen entsprechend, völlig gleichmütig und unbekümmert da, als sei er ein reisender Engländer jener Zeit in Deutschland.

Der Arzt, der mich auf die militärische Tauglichkeit prüfen sollte, hatte mich um zwei einviertel auf das Konsulat bestellt, wo ein alter adliger ausgedienter Offizier die Feder führte. Der redselige Arzt erläuterte meine Mängel, er vergaß bei jedem zweiten Worte, was er vorher gesagt hatte. Ich hörte, mein rechtes Auge sei nicht vollständig blind, zur Befreiung vom Militärdienste sei aber die vollständige Blindheit, nicht nur das praktische Sehunvermögen eines Auges nötig. Ich hörte, ich hätte als stärkstes Hindernis eine hohe rechte Hüfte, von der ich damals selbst noch nichts wußte und die, wie sich später herausstellte, eine sich langsam entwickelnde ärgerliche Folge eines unangenehmen Falles in der frühen Jugendzeit war. Der Arzt wollte, das ließ er erkennen, eine endgültige Entscheidung auf Grund der genannten Merkmale nicht fällen, sondern das solle erst in Deutschland bei einem Regimente geschehen. Der alte Offizier leistete ihm Widerstand. Er sprach das mich erheiternde Urteil aus: „Ein prachtvoller Kerl, aber nur gut zum Totschießen" und meinte, zum Totgeschossenwerden. Er sah Papiere durch und drängte von neuem zur völligen Freistellung, bis der Arzt nachgab. Ich erfuhr später, es habe zeitweilig eine Bestimmung gegeben, nach der zu einer Überseelaufbahn bestimmte junge Leute loszulassen seien, wo begründete Zweifel an deren körperlicher Geeignetheit zum Truppendienste bestünden. Man hatte an den oberen Stellen eingesehen, daß ein Deutscher, der über See gehe und seine Staatsangehörigkeit behalte und draußen etwas leiste, fünf anderen daheimbleibenden Deutschen in dem engen und von Hause aus nicht reichen Vaterlande nicht nur ein Auskommen ermöglichte, sondern ihnen auch Butter aufs Brot schaffe. Spätere Berechnungen ergaben, daß durch jeden Deutschen draußen zehn Deutsche daheim eine frische Lebensgelegenheit fänden. —

Der baumlange, phlegmatische, sich gut haltende und gut aussehende Bruder gefiel im Talbot House und wahrscheinlich mehr als ich mit meiner Unruhe in meinen ersten englischen Wochen. Ich wünschte sehr, daß er sich zu größerer Gesprächigkeit aufraffe, denn wie wollte er sonst englische Sprechgeläufigkeit gewinnen? Lustig für mich waren aber die ungewöhnlichen Anstrengungen der anderen Gäste, auch der selber mundfaulen, um gerade ihn, den ihnen ähnlichen, zu Antworten zu veranlassen. Am meisten bemühte sich ein frisch hinzugekommener Gast, die Witwe eines Arztes, etwa fünfzig Jahre alt, eine Frau wie ein Elefant, dazu lebenslustig und schnaufend. Mir war körperlich ihre Art in England noch nicht begegnet. Ich lernte durch sie eine mir unbekannte englische Auffassung kennen. Ihr Mann war in seinem Berufe bekannt gewesen, sie kam sicher nicht aus alter Bildung her, sie liebte es aber, wissenschaftliche oder besser halbgelernte Fragen aufzuwerfen und wohl oder übel zur Besprechung zu bringen. Und welcher Engländer wich damals aus, wenn eine Dame ihren Kopf auf etwas gesetzt hatte? Bei den

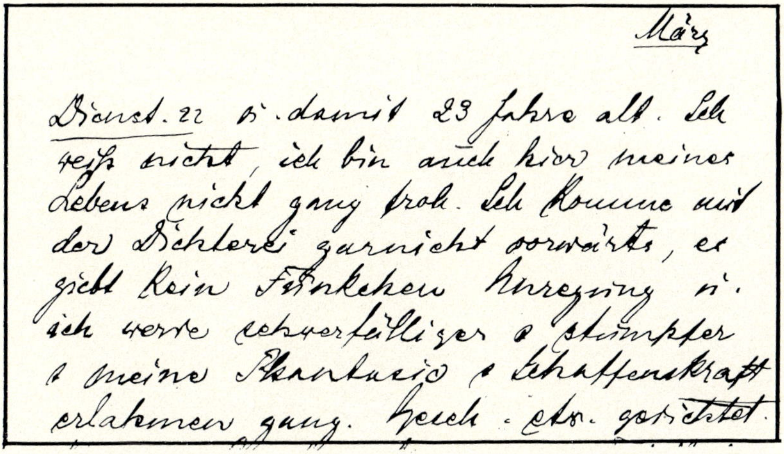

März

Dienst. 22 u. damit 23 Jahre alt. Ich weiß nicht, ich bin auch hier meines Lebens nicht ganz froh. Ich komme mit der Dichterei garnicht vorwärts, es giebt kein Fünkchen Anregung u. ich werde schwerfälliger u. stumpfer u. meine Phantasie u. Schaffenskraft erlahmen ganz. Gesch. etw. gedichtet.

Hans Grimm schreibt in seinen über Jahre geführten Tagebüchern immer wieder von seinem „Leben in Erwartung". So lautet die obige Eintragung am 22. März 1898 nach drei Monaten Angestelltenzeit in Südafrika: „Dienst. 22. u. damit 23 Jahre alt. Ich weiß nicht, ich bin auch hier meines Lebens nicht ganz froh. Ich komme mit der Dichterei garnicht vorwärts, es giebt kein Fünkchen Anregung u. ich werde schwerfälliger u. stumpfer u. meine Phantasie u. Schaffenskraft erlahmen ganz. Gesch(äft) etw. gedichtet."

In einem früheren Tagebuch, am 16. Januar 1896 in Nottingham (England) während der kaufmännischen Lehrzeit, trug er ein: „Jetzt glaubt auch Mama nicht mehr so fest an mein dichterisches Talent, wenn mir nur jemand würde, der ein gutes Urteil abgeben kann, u. bei allem, ich bin so mit dem Gedanken verwachsen u. habe oft ein solches Gefühl des Könnens u. der Stärke u. oft wieder dann freilich Anwandlungen, wo ich mir selbst sage, es heißt nichts, führt zu nichts u. stiehlt Dir Deine ganze Zeit. ‚Der Dichtung Flamm ist alle Zeit ein Fluch!' Los kann niemand kommen von ihr, aber um des einen Stirn formt sie eine Krone u. den anderen verzehrt sie. Eine vereitelte Hoffnung in dieser Beziehung macht mich für mein Leben unglücklich. Mir fehlt vor allem die frische, frohe Kraft, die setzt selten, ach so selten ein. Ich fühle, ich muß schreiben u. schreibe, oft gegen meine eigene Empfindung, aber ich muß! — So heißt's, fangen die sogenannten verfehlten Leben an. Das Gefühl im Menschen selbst ‚ich bin ein Dichter' stempelt eben leider das Individuum vor der Welt nicht dazu, u. Mittelmäßigkeit ist mir verhaßt. Sich sagen müssen, fühlen müssen, der größte Teil der modernen Produkte erreicht kaum ihre Höhe, u. es nicht besser machen können, das martert furchtbar, u. daneben noch die Idee, so viele Leute in sich getäuscht zu haben! Warum kann ich nicht, warum sollte ich nicht können? Frohe, frische Kraft fehlt nur, eine gewisse Art Energie! Kann ich das nicht ändern, oder lüge ich mir vor, ich hätte Begabung? Da sind zwei Stimmen in mir, auf welche soll ich hören?"

Hans Grimm (dritter von rechts) im Kreise seiner Mitangestellten
in Port Elisabeth.

Auf dem Hengst Mazete auf seiner Farm am Nahoon in East London.

Fragen eines Tages handelte es sich um die verschiedenen Einwirkungen des Mondes, deren eine, ich weiß nicht mehr, welche, von mir bei meiner Antwort angezweifelt wurde. Die Elefantin sagte gereizt: „O natürlich, in Deutschland sind viele Männer überklug, am meisten freilich die Professoren." Sie mußte aus einem verschwiegenen Grunde einen Zorn auf deutsche Professoren haben, denn sie ging unversehens zu einem wortreichen Angriff auf die Professorenschaft über. Ich fühlte mich innerlich belustigt, ich merkte aber, daß den andern Zuhörern der strafende Monolog ungemütlich werde, da sagte ich: „Well, Mrs. Unthank, I am the son of such a German professor." Sie machte den Mund weit auf, sie war aber gleich gefaßt und fragte: „O, dann werden Sie auch ein Professor?" Ich erwiderte: „Nein, Mrs. Unthank, ich werde Kaufmannn, ich soll ein Geschäft mitübernehmen." Sie wandte ihren mächtigen Körper mir zu, sprach jetzt langsam und laut und strafenden Tones und trennte dabei Wort von Wort: „Sie, o, Kaufmann!? — Ist es nicht merkwürdig, daß, wenn sich Väter gerade aus der Grube (Pit) heraufgearbeitet haben, die Söhne so oft wiederum hineinfallen und sich noch tiefer hineinwühlen, als die Väter zu Beginn ihres Schaffens standen?" Ich entgegnete bei nur halbem Erfassen: „Mein Vater hat sich nie in einer Grube befunden." Am Abend entschuldigte sich der Elefant und nahm sich, weil ich denn doch nicht der Richtige war, von nun an meines sprechträgen Bruders an. Ich bat die mütterliche Freundin Miß Jackson einmal wieder um Aufklärung. Miß Jackson bestätigte mir, daß die Frau selbst nicht sonderlicher Herkunft sei, aber daß die Klasse der professional men, zu der alle Studierten, alle Offiziere, alle höheren Beamten und alle Angehörige des Bankfaches und auch noch die Chartered Accountants gehörten, sich den Händlern, Kaufleuten und Arbeitern in England seit je voraus fühle und auch von den andern als im Voraus angesehen werde. Ich erwiderte verwundert: „Aber das „erziehende Geld" ist doch von den Fabrikanten und Kaufleuten nach England hereinverdient worden?" Ich erkundigte mich noch an andern Stellen. Ich erfuhr, daß der Freundin Erklärung zutreffe.

Als endgültig festgestellt war, daß man mich in den Landsturm ohne Waffe eingereiht habe, und daß sich also der einjährige Dienst einer afrikanischen Ausreise nicht in den Weg stelle, schrieb der Vater auf meine Bitte hin von neuem an meinen künftigen Geschäftsherrn in Südafrika. Er teilte die militärische Entscheidung samt deren Begründung mit, er wies darauf hin, daß ich in Nottingham nach meiner eigenen Aussage zu wenig lerne und daß mir bisher nicht gelungen sei, eine andere Volontär- oder Lehrstelle in England zu finden, wo ich Kenntnisse für Südafrika zu sammeln vermöge. Könne mir nicht für einige Zeit eine Arbeitsgelegenheit als Angestellter im Londoner Kontor der Firma Rolfes, Nebel & Co. eingeräumt werden, wie das Herr Werner Rolfes schon einmal angedeutet habe. Es traf sich, daß die Brüder, der Seniorchef Georg in London und mein zukünftiger südafrikanischer Herr und Meister Werner zu einer Besprechung beieinander waren; meinem Vater wurde erwidert, ich solle am ersten August in den Kontoren im Mark Lane London E. C. als Angestellter Aufnahme finden, ich solle aber bis dahin keine Gelegenheit vorübergehen lassen, mich im Englischen zu vervollkommnen. Ich fühlte mich nicht wenig erleichtert. Vereinbart zwischen dem Vater und mir wurde eine Fortdauer des Nottinghamer Aufenthaltes bis Juli und bis Renesse einen lang geplanten Urlaub hinter sich gebracht habe. Den Juli über sollte ich bei den Eltern in Wiesbaden sein dürfen.

Ich habe immer gefunden, daß nach einer Entscheidung und einem Entschlusse die Zeit schneller voranzurücken scheint. Dies traf für die letzten Monate in Nottingham zu, obgleich Renesse seinen Urlaub vor sich herschob ohne triftigen Grund und ich es also kommen sah, daß ich am Ende aufgehalten sein werde durch Renesses Abwesenheit.

Vom Eintreffen des Elefanten und meines Bruders an änderten sich die Gesichter um die Tafel und im Rauchzimmer und Damenzimmer des Talbot House fortwährend, und die wechselnden neuen Gemeinschaften hatten nicht mehr die Abgerundetheit des Herbstes und Winters. Die Hausfrau wurde immer zänkischer und schärfer und hackte immer mehr nach dem gutmütigen hinkenden Ehemann hin. Mag sein, die nahe und Anfang Mai vollzogene Abfahrt des ältesten Sohnes zu den beiden andern Söhnen in Johannesburg bedrückte sie samt einer ungewissen Zukunft.

Der Sohn kam drei Tage vor der Abreise zu mir mit einem neuen Buche voller Aussprüche, Lehren und Aufklärungen, das er sich als eine Art weltlichen Wegweisers für die Ausfahrt zusammen mit The Pilgrim's Progress erstanden hatte. Er wolle mir etwas zeigen, sagte er. Er suchte im Buche. Er war ein braver, etwas weichlicher großer Junge, mehr dem Vater als der Mutter nachgeraten. Trotz der Weichlichkeit hatte er eine Freude am Soldatenspiel und gehörte dem Freiwilligenregiment, den Sherwood Forresters an, denn so hießen sie wohl, und an einem Abend der Woche zog er in der schwarzen Uniform mit der schwarzen Fellkappe zu Übungen. Bei seiner Truppe war Robin Hood, mein Dramenheld, eine Gestalt besonderer Überlieferung, und in Gesprächen über Robin Hood waren er und ich uns etwas näher gekommen. Er hielt mir das geöffnete Buch hin. „Sie sollen sehen", sagte er, „welchen Ausspruch unser britischer Oberbefehlshaber Feldmarschall Lord Wolseley neuerdings über das deutsche Heer getan hat. Es klingt anders, als was in unseren Zeitungen hin und wieder zu lesen ist, und worüber Sie sich vor einiger Zeit beklagt haben, und er weiß doch genau, was er sagt."

Ich schrieb die angemerkte Stelle am Abend ab für meinen Vater, die Aussage lautete auf Deutsch: „Ich sehe im deutschen Heere die höchstentwickelte militärische Form und Wirkordnung, die aus den soldatischen Wandlungen seit der französischen Revolution hervorgegangen ist. Wenn ich dies deutsche Heer als Soldat bewundere, noch mehr bewundere ich es als Staatsbürger. Denn so groß die Bedeutung jenes Heeres für den Krieg sein mag, noch größer ist seine Bedeutung als nationale Erziehungsstätte eines Volkes im moralischen, im geistigen und physischen Sinne. Als reine Kriegsmaschine entstanden, ist es zu einer der wichtigsten Friedenseinrichtungen geworden. Da lernen alle Deutschen, was Kraft, was persönliche Reinlichkeit, was Gesundheit bedeuten. Sie lernen da ehrlich sein und männlich sein und was alles zu den Tugenden zuverlässiger und gesetzestreuer Gemeinschaft gehört. Es ist die Erziehungsstätte der Nation, wo rechte Liebe zum Geburtslande gepflegt wird und wo sämtliche Klassen des Volkes begreifen lernen, daß der Gehorsam seine Ehre hat und daß persönliche Aufopferung Adel bedeutet."

Ich lag danach wach im Bette. Diese Äußerung des englischen Oberbefehlshabers klang allerdings seltsam nach kürzlichen vom Zaun gebrochenen Ausfällen der Presse auf das deutsche Heerwesen, und seltsam war auch die Bereitschaft des sonst weichlichen englischen Altersgenossen zum Freiwilligendienst; und solchen englischen militärischen Freiwilligendienst hatte er nun wieder in der Goldstadt Johannesburg vor, mitten in der Burenrepublik, und solcher freiwilliger englischer Soldatendienst wurde von seinem zweitältesten Bruder seit Jahr und Tag dort mitten im Fremdlande ausgeführt. Wie ging es wunderlich zu in der Welt, und welcher Lärm bräche aus, wenn Deutsche in gleicher Weise handelten. Aber ich war mir auch mit mir selbst nicht eins, wenn ich die Ausführung Lord Wolseley's überdachte. Ich gestand mir nämlich, daß ich das Heer bei uns natürlich verteidigte vor Angreifern und daß ich es auch gern sähe als Schauspiel und gern läse und höre von einzelnen Taten der Vergangenheit und von soldatisch ritterlichem Wesen, daß mir aber im Grunde Soldatentum ganz fremd sei und mir für uns nicht mehr bedeute als ein sehr notwendiges Übel bei der ungeschützten deutschen Lage in Mitteleuropa und bei dem endlosen Unglück, das immer wieder über die deutschen Lande hereingebrochen war, als ihnen die rechte soldatische Verteidigung fehlte. Ich sagte mir: „Also ist George H. letztens weniger weichlich als Du." Und versuchte mich dann zu entschuldigen mit dem Gedanken: „Vielleicht, nein gewiß, hat er bei sich selbst weniger zu verteidigen und vor Störung freizuhalten!"

Alsbald nach der Abreise des Wirtssohnes in den Transvaal brachte der russische Jude den Teilhaber des eigenen Bruders im Transvaal in das Talbot House. Der Fremde befand sich auf einer geschäftlichen Europareise, er wurde eingeführt als Deutscher und sprach sein Englisch mit den üblichen deutschen Fehlern der Zeit. Die Hausfrau richtete Frage nach Frage an ihn, er wurde vor den bereiten Zuhörern sehr gesprächig. Daß das Gespräch einen zunehmend politischen Inhalt bekam, war nach den bisherigen Geschehnissen des Jahres wohl zu verstehen. Empfindlich wurde mir und dem Bruder das so eifrige wie unnötige Schlechtmachen Deutschlands durch den Berichterstatter. Er ließ es aber, als er wachsenden Beifall bei der Hausfrau und andern empfing, nicht bei den politischen Ärgerlichkeiten und Schimpfereien bewenden, sondern ging über zu Schauergeschichten vom allgemeinen Verhalten der Deutschen im Auslande. Ich habe die einzelnen Anekdoten bald danach vergessen, ich vergaß sie, weil die Namen, die der Mann auf mein dringendes Befragen hin mir endlich nannte, zu meiner Verblüffung ausgesprochen jüdische Namen waren. Ich wäre andernfalls in einer Art Verzweiflung den Dingen nachgegangen, und sei es nur, um die Landsleute vor

Miß Jackson und den Freunden am Tische noch nachträglich in rechtes Licht zu bringen. Im Rauchzimmer wurde mir noch am gleichen Abend das Zeugnis des Fremden von einem Rechtsanwalt, dem kleine Waffengänge einen rein äußerlichen Spaß machten, und von neueren Gästen als „deutsche" und nun keineswegs englische Aussage vorgehalten. Der Rechtsanwalt erklärte, der Respekt für Deutschland wachse nicht, wenn man Deutsche über Deutsche sprechen höre, und die Deutschen müßten doch über die Deutschen unterrichtet sein. Er wollte nicht gelten lassen, daß zwischen einem Juden, der Deutsch seine Muttersprache nenne, und zwischen eingeborenen Deutschen ein anderer als ein konfessioneller Unterschied bestehe. Ich erwiderte, das hätte ich meine Schulzeit hindurch auch nicht anders bedacht, bis ich dann Heine gelesen und die Wirkungen Laskers in Amerika langsam begriffen habe. Der Rechtsanwalt hatte von Heine in Verbindung mit dem Liede von der Lorelei gehört, von Lasker hatte er nichts gehört. Ich fügte hinzu, daß mir ‚Antisemitismus' völlig fremd sei und daß erst vor kurzem mein Vaterbruder, ein Mitbegründer der konservativen Partei und vieljähriger Vizepräsident des Reichstages, von den wirtschaftlichen Antisemiten um sein Wahlmandat gebracht worden sei, weil er in deren Töne nicht einzustimmen bereit war. Ich sagte auch: „In den deutschen Landen sind die Juden früher emancipiert worden, als in Ihrem ‚freien' England. Das hat mir früher niemand erzählt, das habe ich erst hier in englischen Büchern gelesen. Ich kann aber etwas nicht verstehen, daß die Juden in England fast immer zu den Konservativen und bei uns fast immer zu den Radikalen zu gehören scheinen. Und ich habe weiter einen ‚englischen' Juden nie England und Engländer schlecht machen hören, aber dieser Mann aus Johannesburg, der sich selbst deutsch nennt, ist für mich der dritte ‚deutsche Jude', der vor Ausländern Deutsche und Deutschland verächtlich macht und sei es nur, um zu gefallen. Wo kommt das nun her und wohin führt das? Denn geistig, so meine ich, finden die Juden mehr Nahrung bei uns als bei Euch in Eurer weiteren Welt." Ich sprach auch am nächsten Tage, als der Mann aus Johannesburg das ärgerliche Sticheln fortsetzte, mit unserem heisernden russisch-englischen Juden. Er zog die Vorkommnisse nach seiner Gewohnheit zunächst ins Lächerliche, aber dann lehnte er den andern ab und sprach wohl von falschen Angewöhnungen, zu denen Menschen unter dem Einfluß der sogenannten Politik gerieten.

Die ‚jüdische' Überraschung war nach der ‚englischen' Überraschung wahrscheinlich das Schwerste, das über mein Denken und Fühlen herfiel in den beiden ersten Jahren, die ich außerhalb des Elternhauses verbrachte. Ich entdeckte bei ihr nie, woher der Wind wirklich wehe. Mir schien nicht auszureichen, daß in Preußen ungetaufte Juden nicht Reserveoffizier und nicht höhere Verwaltungsbeamte werden konnten, auch der wirtschaftliche Antisemitismus, der an die Stelle von Überzeugungskraft Radau setzte, schien mir keine hinlängliche Erklärung.

Wenige Tage nach dem Erscheinen des Johannesburgers sagte im Kontor ein verärgerter junger Engländer, ein Spitzenfabrikant, ohne irgendwelchen Zusammenhang zu mir: „Your German jews are a disgrace to your nation ..." Ich stutzte. Mir fiel ein: „Der Engländer mag sich über irgendeinen der Eindringlinge in den Nottinghamer Spitzenhandel aufgeregt haben." Ich erwiderte: „Deutschland ist ein Durchgangsland für Leute aus dem Osten, das sollten Sie nicht vergessen." Ich drückte mich so aus, um mir selbst zu helfen. —

Das Buch, das in England von 1895 am meisten gelesen worden war, hieß „Trilby". Es handelte sich dabei um eine Liebhaberarbeit des sehr geachteten Zeichners Du Maurier vom „Punch". Die Hauptgestalt des Buches war ein tugendhaftes, jugendfrisches, bloßfüßiges Pariser Modell, dem ein östlicher Impresario Svengali eine gewinnbringende Singstimme anzuhypnotisieren versuchte und das von einem sauberen jungen Engländer knabenhaft geliebt wurde. Aus dem Buche wurde ein Theaterstück gemacht, und die Barfüßlerei Trilby's beschäftigte weit und breit die englische Einbildungskraft, und alle Füße bekamen den monatelang benutzten Übernamen Trilbies. Das Theaterstück „Trilby" wurde in Nottingham im Mai 1896 gezeigt. Ich ging hin und war entsetzt von der billigen Gefühligkeit und dem tobenden Beifall, den sich der Kitsch erzwang. Ich konnte ihn mir nur von einer ganz merkwürdigen englischen Unselbständigkeit des Urteils her erklären. Aber wie war im großartigen England solche Unselbständigkeit, solches Nachschwätzen, solches Verzichten auf den Zweifel entstanden? Und wie kam es wiederum, daß auch gegenüber diesen Dingen die Juden in England mit ihrer Skepsis und ihrem Spott nicht korrigierend eingriffen, was die deutschen Juden in Deutschland nie unterlassen hätten? Fast gleichzeitig mit der Trilby-Aufführung in Nottingham wurde in London Sudermanns

„Heimat" under dem Titel „Magda" aufgeführt und zunehmend abgelehnt und ein paar Zeitungsstimmen behaupteten, durch dergleichen werde der englische Geschmack verdorben. Ich war kein unbedingter Bewunderer des handfesten Theaterdichters Sudermann, so sehr ich seine saftige Lebensfülle mochte, diese kühle Ablehnung und ihr Zustandekommen begriff ich ebenfalls nicht.

Im Talbot House ging im Mai und Juni bei jeder Mahlzeit von Transvaal und Südafrika die Rede, und das war mir recht, ließ sich doch aus den Gesprächen für meine Zukunft dies und das unzweifelhaft lernen. Wie vor einem knappen halben Jahre die Jameson-Nachricht wurde dann eines bösen Morgens die Mitteilung vom schauderhaften Untergang des Südafrika-Dampfers „Drummond Castle" an den Frühstückstisch gebracht. Die Drummond Castle hatte die wöchentliche südafrikanische Briefpost an Bord. Sie hatte eine gute Heimreise gehabt, und am letzten Reiseabend wurde auf Wunsch der Reisenden noch einmal ein Bordfest und Ball gegeben. Das Wetter war warm, und die See war völlig ruhig. Ein blutjunger Deutscher aus Johannesburg, ein etwa Siebzehnjähriger, verließ den Tanz auf dem Deck der ersten Klasse und stieg die Treppe auf das Bootsdeck hinauf, um sich dort abzukühlen und zu verschnaufen. Er hockte sich hin auf die Reeling. Er sah das sehr nahe Licht des Leuchttums von Ushant. Er fühlte einen plötzlichen ungeheuren Stoß und hörte einen plötzlichen ungeheuren Krach und fiel und empfing sinnbetäubende Stöße und Schläge und meinte, im tobenden Wasser zu ertrinken. Er erwachte am Morgen zum Leben in einem Fischerhaus der Insel Ouessant, wie sie die Franzosen, oder Ushant, wie sie die Engländer nennen. Er, und falls das Gedächtnis nichts ausgelassen hat, ein Mann der Schiffsbesatzung, retteten ihr Leben. Alles andere kam um und verschwand. Die Drummond Castle war, weiß der Himmel wie und weiß der Himmel warum, unter einem bewährten Kapitän bei ruhiger See, bei klarem Wetter, bei richtigem Leuchtfeuer mit voller Fahrt auf die Riffe und Felsen vor Ouessant gelaufen, und jegliches war gleich zerschlagen, zerquetscht und zerrieben zwischen den anrollenden Wellen und den Steinen. Der Bericht am Morgen lautete zunächst nur, die aus Südafrika heimkehrende Drummond Castle sei bei Ushant keine zwölf Stunden vom heimatlichen Ziel entfernt aufgelaufen und mit Mann und Maus untergegangen, einer der vierzig Reformer von Johannesburg (Jameson Raid) sei mit an Bord gewesen. Der volle Bericht, das, was sich feststellen ließ, war vierundzwanzig Stunden später in unserem Guardian zu finden.

Noch im Juni konnte ich dem Vater zu meiner Freude einen Aufsatz der Quarterly Review nachweisen unter dem Titel: „Our relationship to Germany". Der Aufsatz war völlig frei von Haß, Eifer und Aberglauben und beurteilte die Dinge nach ihrem Werte und sonst nichts, man hätte ihn also fast „unpolitisch" nennen können. Aber, als ich die Freude an der nüchternen Klarheit noch in mir hatte, fing das Gerumpel und heimliche Vergiften der Meinungen von der „Politik" aus wieder an. Anlaß gab zunächst die durchaus unverständliche Bemühung Joe Chamberlains um die Gründung eines imperialen Zollvereins, wodurch der englische Freihandel und die freie Einfuhr nach England aufhören mußte und später aufhörte. Daß unter anderm Deutschland betroffen wurde und die junge deutsche Konkurrenz eingedämmt werden sollte, war mir klar, nicht klar war mir, warum wir Deutschen in dieser passiven Verbindung gleich wieder von einzelnen Zeitungen am Ohr gerupft werden mußten. Zur nächsten künstlichen Stimmungsmache wurde der Besuch des chinesischen Mandarins und Staatsmannes Li Hung Chang in Europa benutzt. Er bereiste alle Länder von Bedeutung. Aufträge wurden von ihm erwartet und wohl auch verteilt. Ich weiß nicht mehr, wie Deutschland bei den Aufträgen wegkam; und warum der glänzende deutsche Empfang des in seiner alten Landestracht herumfahrenden Chinesen die englischen Zeitungen mit der Times an der Spitze so sehr entrüstete, hat mir niemand ganz ausgedeutet. Ich brauchte beim Berichte an den Vater trotz meinem Nicht-Glauben-Wollen das Wort: „Ob nicht doch eines Tages der Krach kommt?" Denn irgendjemand wollte doch etwas, irgendjemand arbeitete doch auf etwas hin. Und was sollte die eigentümliche Regie gegenüber dem angekündigten Besuch des deutschen Kaisers in England? Die englische Presse ließ Mahnungen an das englische Volk los des Inhaltes: „He was very naughty indeed but don't mind it and behave nicely!" (Er war sehr ungezogen, aber denkt nicht daran und betragt Euch nett!) Die unwahrscheinliche, leichte Gefahr einer geringeren Nettigkeit entstand doch erst durch solche Mahnung.

Ich wurde durch Renesses verschobenen Urlaub etwa eine Woche in den Juli hinein aufgehalten, dann fuhr ich los. Ich wollte, ich hatte es mit der Mutter vereinbart, mir einen Tag lang das Seebad Ostende ansehen. Ich fand in Ostende ein Telegramm vor: „Rolfes London erwartet, daß Du Dich vorstellst." Ich fuhr in der Nacht nach London zurück. Der Londoner Chef erschien um elf Uhr. Er sah mich, als ich vorgelassen wurde, verwundert an, und es entwickelte sich folgendes Gespräch, das ich gleichen Nachmittags aufschrieb: „Ja, also was w o l l e n Sie eigentlich?" — „Ich soll mich vorstellen." — „Hm, Grimm, Grimm? Ich weiß von gar nichts. Hängt das vielleich mit meinem Bruder in Afrika zusammen?" — Verbeugung und: „Jawohl." — „Sie kennen also meinen Bruder Werner, der hat mir einmal von einem Wiesbadener gesprochen, aber ob Sie das sind, weiß ich nicht. Ich will in meinen Notizen nachsehen. (Er sieht nach). Nichts von Ihnen, Becker heißt der Mann." — „Herr Werner Rolfes hat wahrscheinlich an meinen Vater telegrafiert, er hatte versprochen, mich . . ." „Warten Sie einmal, hier ist eine Notiz. Also, ich soll Sie auf einige Zeit nehmen, um zu sehen, ob Sie brauchbar sind, wenn ja, würden wir Ihnen möglicherweise eine Stelle in Afrika geben, jedoch nur v i e l l e i c h t. Wir können gar nichts versprechen. Sie müßten dann als gewöhnlicher Commis bei mir eintreten, Kündigungsfrist für beide Seiten ein Monat." — Es folgte ein Ausfragen über mein Woher, über meine Eltern, über meine Vorbildung. Dann eine Handbewegung. „Schön. Also ich würde Sie demnach anlernen. Aber — können Sie irgendwelchen Zuschuß von zu Hause bekommen? Volontäre nehmen wir nicht, von Ihrem Gehalt bei mir können Sie nicht leben." Am Ende hieß es: „Es wird Ihnen nichts ausmachen, noch ein oder zwei Tage hier zu bleiben. Ich muß mit meinem ersten Manager sprechen, ich werde Sie wahrscheinlich nehmen. Verzeihen Sie, daß ich am Anfang nicht klar war über die Sache. Kommen Sie morgen um elf Uhr wieder." Der Bescheid am nächsten Tage lautete kurz: „Sie können morgen die Arbeit hier antreten, wir brauchen eben Leute Sie bekommen 5 Pfund im Monat." Ich schrak nach dem langen Suchen einer richtigen Lehrstelle vor dieser Plötzlichkeit zurück, so sehr ich mich über das den Vater entlastende Geld freute. Ich antwortete: „Ich bin wohl hier, aber mein Handgepäck ist in Ostende, und mein großes Gepäck muß heute in Wiesbaden angekommen sein, und da erwarten mich meine Eltern." Der Chef zeigte sich jetzt nicht ungehalten, sondern lachte und blieb mit dem Eintritt am ersten August einverstanden. Das Ganze war nach Vorhergegangenem eine erstaunliche Art der Wende, jedoch die Freude über den endlichen Schritt voran überwog das Kopfschütteln bei mir.

6.

In London begannen die fünfzehn Jahre meines kaufmännischen Lebens samt dem kaufmännischen Zwang. Bis zu London hin war vom Abiturientenexamen an alles noch halbes Spiel gewesen. Mit London empfing auch das Verhältnis zu den beiden Eltern eine andere Grundlage, die Grundlage des regelmäßigen Briefverkehrs. Die Grundlage hat sich durch die so weit auseinander liegenden Tage und Monate, die ich bei den Eltern in Wiesbaden verbringen durfte, zu Lebzeiten der Eltern eigentlich nicht mehr geändert. Wir, die Eltern und ich, rückten uns in einem besonderen Maße nahe durch die große und damals schwer überwindlich erscheinende Entferntheit; und wie mir meine sehr zurückgezogenen Eltern durch ihre so verschiedene und so ausgeprägte Art das unruhige Sein erweiterten und vertieften, durfte ich ihnen beiden, jedem Teile in seiner Weise, etwas zubringen, danach ihre Herzen hungerten. Mehr erfüllen konnte ich, und mehr erfüllt habe ich — ohne eigenes Verdienst — bei dem Vater, der in das höhere Alter hinein immer gelöster und heiterer wurde. Das Letzte nicht erfüllt habe ich meiner geliebten wartenden Mutter zu ihren Lebzeiten — so wollte es das Schicksal mehr als meine Schuld — denn eine leidenschaftlichere Freude als diese Erfüllung hätte ich selbst nicht gekannt.

In dem Buche „Volk ohne Raum" sagte Görge Friebott zu seinem Sohn Cornelius, als zwischen ihnen der Dienst des Sohnes in der Marine beschlossen wurde: „Was Du siehst, werde ich sehen durch Dich, und so mag auch ich in meinen alten Tagen noch ein Stück von Gottes Weite gewinnen mit Dir zusammen." Mein Vater hatte gewiß kein enges Leben gehabt, aber seit seiner Wiener Zeit war der äußere Umfang seines Daseins doch langsam enger geworden, indessen die Welt sich zusehends erweiterte, und unbewußt ihm selbst war die jugendliche Fernenlust wieder bei ihm erschienen, diese Fernenlust im Altern forderte nicht, daß er mit körperlichen Augen sähe, sie verlangte aber wohl, daß ihm Anschauungen vermittelt würden. Frische Anschauung durfte ich ihm liefern, er setzte sich mit mir auseinander, er holte sich mit seiner Bildungskraft und Forschungsgabe alles nötige Wissen mit Eifer hinzu. Es war eine Freude, wie er meine Briefe verarbeitete, wie er nichts nur eben vor den geistigen Augen vorübergehen ließ, wie ihn jede Sache gleich um ihretwillen anzog und ihm zum eigenen Erlebnis wurde, davon dann ich wieder gewann. Zur Mutter sagte der Vater einmal, als ich schon Jahre lang in Südafrika war, er meine, in Briefen, die drei Wochen unterwegs seien und auf die die schnellste Antwort in sieben Wochen erfolgen könne, dürfe nur von Tatsachen und Wirklichkeiten die Rede sein, Kümmernisse, Sorgen, Ärgernisse verschwänden oder änderten sich wieder. Der Wärme entbehrten die Briefe des Vaters immer weniger, doch blieb es meistens bei sachlicher Wärme. Und von meinen Geheimnissen und Falten ahnte er nichts.

Der Mutter bedeuteten die Wirklichkeiten nur etwas, weil ihr Sohn sie schilderte, und die Schilderungen nur etwas, weil sie vom Sohn geschrieben waren. Ihr Feld war ein ganz anderes als des Vaters Feld. Sie wußte um die harrende, verbohrte Liebe des Sohnes, sie meinte zu wissen um die nur aufgehaltene dichterische Gabe des Sohnes, die auf keinen Fall verschüttet werden, die notfalls vor ihm selbst und seinen bald guten und bald schwachen Bedenklichkeiten geschützt, ja gerettet werden müsse. Sie war wirklich nicht eng, sondern viel weiter als die meisten oder gar als fast alle Frauen, denen ich begegnet bin, aber die Weite, die mich fesseln und versuchen und am Ende an „echter Erfüllung" hindern könne, und schließlich auch die Weite, die mich von ihr fernhielt, war ihr kein Studium, sondern höchstens ein ‚in Gottes Namen' wert. Und so trifft am meisten auf den Briefwechsel der Eltern der Satz zu, den ich in der Widmung zu „Lüderitzland" an den toten Vater richtete: „... wenn ich der geliebten Mutter die Seele schulde, die Wirklichkeit und das Verhältnis zu ihr danke ich Dir." Und jetzt noch einmal: Dem Vater bin ich kaum etwas schuldig geblieben, der Mutter bin ich schuldig geblieben. Am meisten, weil bei mir alles zu lang dauerte.

Ich fand nach einem kurzen Fehlgriff Unterkunft in dem Hause Vincent Square 14 an der Ecke des Squares und der Vincent Street. Der sehr große umzäunte Rasenplatz, auf den meine Fenster hinausgingen, diente der Westminster School zum Spielplatz. Ein paar Häuser vor mir wohnte am gleichen Square der Wiesbadener Jugendbekannte Arthur von Haas, er hatte mich auf das geräumige Zimmer hingewiesen. Es war durch einen schweren roten Vorhang zweigeteilt, die eine Hälfte war Schlafzimmer mit einem breiten und langen bequemen Messingbett und mit einer Abreibschüssel anstelle des fehlenden Bades und mit den üblichen Möbeln. Durch die Schlafhälfte mußte man durchgehen, um zur Wohnhälfte zu gelangen, sie enthielt den offenen Kamin, vor dem Kamin den Eßtisch mit Stühlen und Korbsesseln, und an den Wänden einen unmöglichen Schreibtisch, Büchergestelle, Kastenschrank, Wandschrank und Lehnstuhl. Das Zimmer war wie das übrige Haus sehr ordentlich gehalten und sah, als meine Sachen und Bilder aufgestellt waren und hingen, recht wohnlich aus. Auch die drei Herren, die mit mir Mieter waren und die ich von Mann zu Mann nie recht kennenlernte, waren angenehme ruhige Leute, ein junger Barrister, ein junger Mediziner aus irgendeinem Krankenhause und ein wissenschaftlicher Lehrer der Westminster School. Jeder der Männer blieb auf seinen Raum oder seine Räume beschränkt. Der Barrister und der Arzt musizierten angeblich viel miteinander in dem Zimmer unter mir, aber wenn ich heimkam, war die Musik vorbei, und am Sonntag spielten sie wegen der Sonntagsheiligung nicht. Die Hausinhaberin, eine ältere Miss, und deren Nichte unternahmen es, für mich zu kochen. Ich sollte, so hieß es, das zahlen, was sie einkauften, die Zubereitung, sagten sie, werde nichts kosten. Das Essen wurde in das Zimmer gebracht auf den Tisch vor dem Kamin. Ich bekam am Morgen ein paar Schnitten Speck mit Ei oder hin und wieder ein Fischgericht und Tee und Butter und das weiße englische Brot, und bekam am Abend eines Wochentages einen großen Braten, der so lange verschiedenartig aufgewärmt und mit verschiedenen Gemüsen wieder erschien, bis er aufgegessen war. Am Sonntag mußte ich mit kaltem Aufschnitt und dergleichen mich zufrieden geben, bekam aber wohl zweimal Tee. Das Zimmer kostete vierzehn Schilling in der Woche, das Essen, das die Frauen lieferten, sollte nach deren Meinung nicht mehr als sechzehn Schilling in der Woche kosten und hatte immer ein paar Pence weniger gekostet. Ich gewann die stille Zufluchtstätte, an der ich zum ersten Male am Tage oder richtiger am vorgerückten Abend des beginnenden Herbstes und Winters warm und satt wurde nach der mich erheblich anstrengenden Arbeit und

Überarbeit des Kontors oder des Office, bald sehr lieb.. Zu hören war dann nichts mehr von außen, bei uns fuhren wenig Wagen vorbei, der Sitz im Korbstuhl, den Rücken dem brennenden Kamin zugewandt, war bequem, zu sehen waren die Bilder der Geliebten und der Mutter und des Vaters und der nahen Verwandten und Bekannten, zu sehen waren auch die Buchtitel der vertrauten Bücher, und es ließ sich, versponnen, dies und das schreiben außer den manchen Briefen und ließ sich Storm lesen, nicht so sehr der Storm von Immensee, als der Storm der so bewunderten Chronik von Grieshuus. Im Winter geschah es in nicht wenigen Nächten, daß der übermüdete, überanstrengte und nun gesättigte junge Mensch unversehens im Korbstuhle am Tische vor dem Feuer, den Federhalter in der Hand, einschlief und um vier Uhr herum fröstelnd erwachte bei ausgegangenem Kamin und vor der beizenden verlöschenden Petroleumlampe. Und dann war es beruhigend, wenn dem Aufschreckenden einfallen durfte: „Ach, morgen ist doch Sonntag, und da schadet's nichts."

Mußte ich in die Geschäftsstadt, in die eigentliche City im Osten, oder wollte ich irgendjemand besuchen, so führte mein Weg vom ordentlichen Vincent Square durch ausgesprochene Slum - Straßen — Elendsstraßen ist nicht die zutreffende Übersetzung — zur breiten offenen, von Pferdeomnibussen durchrollten Victoria Street und über die Viktoria Street hinüber zur alten St. James's Park Untergrundstation. Die Untergrundbahn wurde damals mit kohlegeheizten Lokomotiven betrieben und führte drei Klassen. Am Morgen, wenn ich erschien, war die Lüftung der fahrtenfreien Nacht in den Tunnels noch nicht verbraucht, die Dritte-Klasseabteile, in denen ich der größeren Billigkeit wegen zunächst fuhr, waren freilich schon stark angespuckt und anrüchig. Am fortgeschrittenen Abend, da hinein meine Heimkehr von der Kontorarbeit bald zu liegen kam, wurden die Fahrten zur wachsenden Quälerei. Ich stieg mit schon wirrem Kopfe ein und atmete eine knappe halbe Stunde giftiges Kohlengas und hatte dazu einen vielfachen Schmutz um mich und einen speichelbedeckten Boden unter den Füßen. Ich ging, um wenigstens dem Schmutze auszuweichen, sehr bald zur zweiten Klasse-Monatskarte über und trachtete den Unterschied anderswie zu ersparen, das Giftgas wurde ich allerdings in der zweiten Klasse nicht los. Der Heimweg führte von neuem durch die um die Abendstunden stark bevölkerten Slum - Straßen, mitten inne stand ein dreistökkiger Gin - Palast jener Zeit, dahin die männlichen und weiblichen Trinker drängten und davor sie lagen, und das am meisten am Samstagabend. Die angetrunkenen Frauen waren sehr widerlich. Als ich ein paarmal mir das Gebäude mit seinem Lärm und Fuselgeruch von innen ansah, fielen mir die doch wohl von Scotland Yard entliehenen großen Helfer auf in Polizeiuniform und voller Selbstdisziplin. Am Ende der Slum - Straßen, schon nach meinem Square zu, aber bestimmt zum Kundendienst an dem Slum-Volk, befand sich eine große und weit in die Abende hinein geöffnete Krämerei mit billigen Waren. Dort holte ich mir an jedem Samstagabend eine Steinkruke mit drei Pfund sehr süßer Orangenmarmelade, aus Fruchtresten gemacht, zu fünfeinhalb Pence die Kruke mit Inhalt, damit ich meine Süßigkeit hätte am Sonntag, dann strich ich das Zeug dick aufs köstliche weiße Brot, und oft nahm ich mir von den wechselnden angebotenen Büchsen mit billigem rotem Salm oder anderem Fisch etwas mit für Sonntagabend und auch ein Pfund vom Sonderangebot in irgendwelchen Keks und eine Büchse süßer Ananas zu viereinhalb Pence, und wenn ich meinte, noch sparsamer gewirtschaftet zu haben als sonst, holte ich mir aus dem ebenfalls das Slum-Volk bedienenden Süßigkeitsladen ein Pfund Kokosnuß-Zuckerwerk und natürlich aus dem Tabakladen, wenn mir der von der Mutter gesandte Herzegowiner ausgegangen war, den ärgerlich gebeizten englischen Tabak für Zigaretten, die ich mit der Hand drehte. Die Slum - Straßen erschreckten mich im übrigen jedes Mal von neuem und blieben mir unverständlich, denn wir waren in Westminster, etwa zehn Minuten vom Parlamentsgebäude und der Westminster Abtei und dem St. James - Park. Aber dies Durcheinander des Wohnens in manchen Stadtteilen ist eine Eigentümlichkeit von London, von jenem London, in dem die oberen und unteren Schichten sonst rassisch geschieden und neidloser erscheinen als irgendwo anders in der Welt.

Die Geschäftsstunden der Firma begannen um neun Uhr. Man gab sich Mühe, so nahe an neun Uhr einzutreffen als möglich. Lag Nebel oder gar schwarzer Nebel über der Geschäftsstadt, so waren die Mehreren verspätet. Ich lief um halb neun von Hause fort; bald nach acht hatte der Briefträger die Post vom Kontinent angebracht. Bei der Fahrt in die City wurden die Privatbriefe oder die vor kurzem als „Half Penny" Blatt erschienene Daily Mail gelesen. Die Daily Mail hatte einen von Tag zu Tag stürmischeren Verkauf, nicht nur wegen der Billigkeit, sondern weil sie sehr gut gemacht war. Ich kannte bis dahin nichts Ähnliches, keine Nummer war an irgendeiner Stelle langweilig, ich empfand so viel Bewunderung für die Geschicklichkeit ihres Machers Harmworth, des späteren Lord Northcliffe, und der von ihm herangezogenen jungen Mitarbeiter, daß ich die unverhohlene und unaufhörliche Deutschenfresserei des Blattes fast ohne Empörung in Kauf nahm.

Im Kontor war mir gleich am ersten Tage gesagt worden, ich solle nach dem Willen des Chefs den Dienst von A bis Z durchmachen. Zum A gehörte vor allem das Kopieren sämtlicher Briefe und ausgearbeiteter Fakturen für die zahlreichen südafrikanischen Kunden in neunfacher klar leserlicher Ausfertigung. Mit der Maschine geschrieben wurde noch nicht, ward beim Kopieren das Papier zu sehr genäßt, so lief in der Presse die Schrift aus, war das Papier, die zehn Bogen übereinander, zu trocken, so wurden die Durchschläge unleserlich. Zum A gehörte ferner das Bedienen an der Empfangstheke, das Telefonieren, wobei die Verbindungen durch verschiedene Telefongesellschaften hergestellt wurden, endlich die Gänge zur Post, das Einholen der Rechnungen für die verschifften Waren und die Gänge zu den Banken mit den Konnossemeten und Wechseln. Rechte Beschäftigung für einen Abiturienten und Studenten und einundzwanzigjährigen Menschen war das nun nicht, und daß die an der gleichen Arbeit Tätigen, der alte, immer nach Käse und Leber riechende Commissioner in seiner grünen Uniform des Commissioner Corps, das aus früheren Berufssoldaten bestand, und der fünfzehnjährige englische Stift sich gegenüber den ihnen gewohnten Obliegenheiten erheblich geschickter erwiesen als ich, hob die Freude nicht. Und die beiden hatten einen Vorteil gewiß, sie wurden durch das Telefon und über die Empfangstheke weg nicht angefahren mit den Worten: „Talk English!" wenn man sie einmal nicht oder schlecht verstand. Mit dem Stift ging ich um dreiviertel zwei Uhr essen in dessen gewohnte Frühstückswirtschaft. Ich bestellte mir am ersten Tage „Tripe and Onions", weil dies Gericht am billigsten war auf der Speisekarte. Ich wußte nicht, daß es, österreichisch ausgedrückt, Kuttelfleck mit Zwiebeln gewesen wäre, ich hatte Kuttelfleck noch nie gegessen. Der Stift warnte: „Sie dürfen das nicht bestellen. Die im Office wollen d e n Geruch nicht haben." Ich glaube, ich errötete. Ich hatte noch den Käse- und Lebergeruch des alten Commissioners in der Nase, neben dem ich die letzten viereinhalb Stunden an der Kopierpresse tätig gewesen war.

In unserem Kontorhaus in Mark Lane bestand die Straßenfront in allen Stockwerken aus großen Glasfenstern. Wir besaßen den dritten Stock, ich bekam beim versprochenen Vorrücken vom A zum Z des Dienstes als Dienstjüngster den hellen Eckplatz an jener kalten Glasfensterfront, der am allerweitesten von den zwei kleinen offenen Kaminfeuern entfernt war und auf dem es am stärksten um die Beine zog. Ich erhielt einen kleinen, blonden, jungen, wohlgepflegten Mann guten Betragens und guter Haltung zum Nachbarn, von dem ich ein paar Monate meinte, er sei Hamburger, und der dann doch ein Engländer war. Die Arbeit galt dem Zusammenstellen der Fakturen für die nach Südafrika verschifften Waren. Diese Fakturen dienten in Südafrika der Errechnung des Eingangszolles und des Verkaufspreises der Ware. Wir als Einkaufsfirma legten die ursprünglichen Fakturen der ursprünglichen Lieferanten den Importfirmen in Südafrika nicht vor, denn manche Lieferanten gaben uns bei der Höhe der Einkäufe Sonderrabatte. Wir sandten unsere Abschriften und setzten alle Gewichte und Maße ein und verteilten genau die einzelnen Frachtkosten und die anderen Spesen einschließlich der Versicherung auf die einzelnen Waren, so daß einer draußen auf den ersten Blick sagen konnte, was ihm aus einer großen Bestellung und Lieferung, sagen wir hundert Kisten Kerzen, fünfzig Verschläge mit Gouda Käse, zweihundert Sack Kaffee, fünfundsiebzig Kisten Rheinwein, fünf große Kisten schwedische Streichhölzer, hundert Kisten Whisky, hundertfünfzig Kisten Sardinen, fünfzig Kisten Weihenstephan Bier und so weiter jeder Teil für sich koste. Die Lieferungen erfolgten gegen Wechsel, die von den südafrikanischen Banken, den Importfirmen drüben zum Accepte präsentiert und so und so viele Monate nach Sicht des Wechsels oder nach Empfang der Ware oder des Konnossements bezahlt werden mußten. Von uns in London wurden die Wechsel mit den Konnossementen und Durchschlägen der Fakturen den südafrikanischen Banken eingereicht, und die Wechselsummen wurden uns abzüglich der Kosten von den Banken gutgeschrieben, Eingang des Geldes vorbehalten; und das Geld ging natürlich ein, denn wir bedienten als Einkaufshaus nur die eigenen Geschäftshäuser in Port Elizabeth, Kimberley, Johannesburg und später in Balawayo und Durban und ganz sichere andere Firmen. Der große Posttag (Mail day) für Südafrika war der Samstag, da ging um viereinviertel nachmittags der Postdampfer (Mail Steamer) auf der Reede von Southampton Anker auf. Die Post konnte bis zwölf Uhr fünfzehn in London ohne Zuschlag aufgegeben werden bei allen Postanstalten; bis zwölf Uhr fünfundfünfzig nahm das Hauptpostamt gegen eine Verspätungsgebühr (Late free) noch Post an; bis zwei Uhr dreißig endlich konnten die Briefe noch nach Waterloo Station bei verdoppelter Verspätungsgebühr gebracht werden. Gegen drei Uhr rollte der Postzug nach Southampton und lieferte mit den Passagieren die vielen letzten Poststücke an den abfahrbereiten Dampfer ab. Mit der Ablieferung der jeweils fertigen Postsachen hatten ein oder zwei Angestellte den halben Samstag zu tun, und fast immer mußte ein Mietswagen (Cab) bestellt werden, damit die letzten Packen auf dem entfernten Waterloo Bahnhof zurecht kämen.

Ich bin auf dem Wege vom A bis Z des Londoner Bürodienstes bei den Fakturen hängen geblieben. Zu dem Ausschreiben oder Ausarbeiten der Rechnungsstöße waren von Tag zu Tag mehr Arbeitsstunden nötig. Das Hauptgeschäft des Londoner Hauses bestand in der Ausfuhr von Spirituosen, Bieren und Weinen, und das Hauptgeschäft unserer südafrikanischen Häuser bestand in der Einfuhr dieser selben Ware. Die erheblichen Verdienste wurden an d e n Spirituosen und Bieren und Weinen gemacht, die von unserer Firma allein nach Südafrika ausgeführt werden durften, was wir auf Englisch „Monopoly lines" nannten, dazu gehörten Walker's und Dewar's Whiskies und Martell's Brandy und die Weine von Deinhard-Coblenz und Veuve Clicquot Champagner und Bass' Ale und Stont und Weihenstephan Bier und vieles mehr. Es traf sich nun, daß von der Regierung des Kaplandes beim Kap-Parlament ein neues Zollgesetz eingebracht wurde, nach dem der Zoll auf Spirituosen, Biere und Weine erheblich erhöht werden sollte, angeblich um den südafrikanischen Weinbau und die südafrikanische Branntweinherstellung und Bierbrauereien zu stützen. Daß das Gesetz innerhalb eines Jahres angenommen sein würde, schien außer Zweifel. Als Folge setzte ein Wettrennen von Aufträgen ein, jedes Einfuhrhaus wollte sich das Lager von Spirituosen, Weinen und Bieren, wenn es solche führte, füllen mit Waren zu den niedrigen alten Zollsätzen. Ein sehr großer Verdienst konnte gemacht werden, und wir Angestellten im Londoner Kontor waren die Handlanger dieser Haufen an alkoholischen Aufträgen und alkoholischen Verschiffungen. Die Stöße der Fakturen und Frachtnoten, die neben einem hingelegt wurden und auseinandergetiftelt und umgearbeitet und frisch zusammengefügt werden mußten, wollten bei alleremsigstem Schreiben und Addieren und Liniieren nicht kleiner werden. Die Geschäftszeit sollte bis sechs Uhr dauern, sie dauerte bis acht und neun und gelegentlich zehn Uhr abends, ohne daß die Überstunden bezahlt wurden. Wer kannte damals irgendwo Bezahlen von Überstunden? Daß die Arbeit immer wieder fertig werden müsse vor dem jeweiligen Posttag, das begriffen wir, und das trachteten wir ohne besonderen Befehl bei uns und an uns zu erzwingen. Man ließ auch die zwanzig erlaubten freien Minuten am Spätnachmittag fahren, in denen einem eine Tasse Kaffee oder Tee und ein Stück Gebäck hätte sehr wohltun können und freilich auch wieder Geld gekostet hätte. Bei mir wirkte dreierlei oder viererlei störend: Meine Lateinschrift, hieß es, sei zu klein und in manchem zu deutschländisch und kopiere sich in der Folge nicht gut. Ich konnte zweitens mein Leben lang keine ordentlichen schwarzen oder roten Linien mit der Feder ziehen und konnte es gar nicht am englischen runden schwarzen Lineal. Ich konnte zu dritt auf dem Papier — obgleich ich im Kopf schnell rechnete — nicht sehr rasch und ganz sicher rechnen und addieren. Ich war zu viert vielleicht von der Traumgewohnheit und wahrscheinlich auch von einem sichtlosen Auge her ein langsamer Mensch. Ich quälte mir eine andere Schrift an, aber die anderen Schwächen machten sich zu meinem Kummer immer wieder bemerkbar, und ich begann durch sie an Mut und Selbstbewußtsein zu verlieren und gab Körperkraft aus über Verhältnis.

Der Zufall brachte es mit sich, daß vier Angestellte unserer Firma aus deutsch-englischen Ehen hervorgegangen waren, aber kaum deutsch zu sprechen vermochten, und fünf Mann, ich eingeschlossen, waren Deutsche und wiederum fünf waren reine Engländer. Zu uns Deutschen gehörte einer, der sich dem Militärdienst entzogen hatte und, um sich zu entlasten, allerlei schwächliche und dumme Nachreden gegen Deutschland vorbrachte, er war Buchhalter und arbeitete den lieben langen Tag rückwärts bei Gaslicht und sah wächsern aus. Vorn bei uns gab der Hauptkommis, Sohn eines Deutschösterreichers und einer Engländerin, den minderwertigen Witzer gegen Deutschland ab. Die fünf reinen Engländer zollten weder ihm noch dem Deserteur Beifall, und als der Hauptkommis, der wohl über gewisse Einkäufe und Verschiffungen zu bestimmen hatte, an der Empfangstheke einem Lieferanten ohne Scham aber im Ernst sagte: „Was verteilt ihr dieses Mal vor Weihnachten, schickt mir keinen Truthahn, ich habe schon fünf Stück erhalten und kann sie nicht bewältigen, schickt mir etwas anderes!", zeigten sie sich angeekelt wie wir.

Ich habe weder in London noch in Port Elizabeth (Kapland) als deutscher Angestellter unter englischen Angestellten noch in East London (Kapland) als selbständiger Kaufmann mit englischen Angestellten erfahren, daß die britischen Angestellten weniger Arbeitstreue, weniger Fleiß, weniger Ordnungssinn, weniger Loyalität gegenüber der Firma und ihrem Chef gezeigt hätten als deutsche Angestellte. Die britischen Angestellten kamen wohl mehr aus dem kleinen Volk als wir und hatten, wo ich sie traf, eine viel geringere Schulbildung genossen, in ihrer eigenen englischen Rechtschreibung zum Beispiel waren wir ihnen immer über. Daß die Söhne großer Firmen oder die Söhne einer geistigen Oberschicht in britischen Firmen irgendwo zwischen den anderen als Commis arbeiteten, habe ich in meinen fünfzehn britischen Jahren nicht erlebt. Aber die Kameradschaft unter und mit den einfacheren englischen Jungen desselben Kontors war, das sei wiederholt, gut und herzlich, und das Einvernehmen gründete sich nie auf gemeinsame Neidgefühle und nie auf heimliches gemeinsames Schimpfen auf den Chef, sondern daß der Chef ordentlich verdiene und auch dadurch etwas vorstelle, daß er gut wohne, sich gut halte und anziehe, einen guten Wagen besitze, womöglich ein gutes Pferd reite und samt seiner Frau etwas hermache, das verlangten sie alle, und Anekdoten in dieser Richtung erzählten sie sich gern. Ich bin in den fünfzehn Jahren einem einzigen englischen Stänker unter den Clerks in Port Elizabeth begegnet, er war älter und schwarzhaarig und ausgedörrt und klein und sprach sehr hastig und eifrig, er kam von Australien und behauptete, dort sozialistischer Parteibeamter und Redner gewesen zu sein.

Die Angestellten der Londoner Firma verkehrten zu meinem Erstaunen nicht untereinander. Ich war der erste, der sich einen Arbeitsgenossen, einen von den vier deutsch-englischen Leuten, der selbst kein Wort deutsch verstand, in die Wohnung lud zum Abendessen am Samstag. Mich zog seine Genauigkeit, seine

Stille und sein kluges Aussehen an. Er blieb jedoch zunächst sehr hölzern und einsilbig und rührte bei dem Futter, um das ich mir Mühe gegeben hatte, nichts ihm Ungewohntes an. Erst gegen Ende kam Behaglichkeit auf.

Ich hatte ein paar deutsche Bekannte und selbst Verwandte im London jener dreizehn Monate. Von ihnen hielt ich mich ziemlich fern, weil ich so wenig wie möglich aus dem Englischsprechen herausgeraten wollte und weil ich meinte, Kräfte für mein heimliches dichterisches Streben wüchsen mir von ihnen her nicht zu, und durch unnütze überdehnte Gespräche gehe allzu leicht eine um die andere der wenigen freien und überlegsamen Arbeitsstunden verloren. Es zeigte sich jedoch eine unerwartete Ausnahme. In London erschien der älteste Sohn Hellmuth des weitbekannten deutschen Großkaufmannes und Consuls Freudenberg in Colombo (Ceylon). Er war mit mir in der Vorbereitungsschule und von Sexta bis zu meiner Erkrankung in Untertertia zusammen gewesen, und wir hielten uns als Vorbereitungsschüler und Sextaner beinahe für Freunde. Er war als Junge sehr ehrgeizig, die halbe Knabenfreundschaft verschwand, als beim öffentlichen feierlichen Aktus an des alten Kaisers Geburtstag, an dem jede Klasse zu Gehör kam, ich das Gedicht für die Sexta sprechen durfte oder mußte und nicht er. Ich sah ihn dann die ganze Schulzeit hindurch nur aus der Ferne und hielt ihn für geschraubt und künstlich und vergaß ihn schließlich, als er vor mir fertig wurde und auf die Universität zog. Er kam unerwartet nach London, er sollte vor dem Eintritt in das väterliche Geschäft in Colombo alle großen Handelsorte kennen gelernt haben, mit denen die Firma Philipp Freudenberg & Co. vornehmlich arbeitete. Wir stießen zur Mittagszeit irgendwo in London zusammen, und ich war gleich gefesselt durch das, was der gescheite Mensch sagte. Ich ging zu ihm in sein Boarding House, das steckte voll von deutschen Büroangestellten und war laut und ungemütlich. Er kam zu mir und fand meine fast feierliche Einsamkeit sehr viel schöner. Wir gestanden uns alsbald, was jedeinem von uns fehle. Er hatte trotz allem Stolz auf den Vater und auf die vom Vater geschaffene große, ja berühmte Firma ein leises Grauen vor der Rückkehr nach Colombo, vielleicht ahnte er sein frühes Sterben dort. Die Entferntheit Ceylons von Europa erschreckte ihn, weil sie natürlich ein Entferntsein von europäischer Geistigkeit bedeutete. Er hätte gern weiterstudiert auf vielen Gebieten, der kluge

Vater rief ihn dringlich, um eine Zersplitterung noch beizeiten zu verhindern oder sie rückgängig zu machen. Wir, er und ich, sprachen über Literatur, er hatte von deutscher und englischer Literatur viel mehr gelesen als ich und war außerdem viel begabter und gescheiter. Er erfuhr, daß ich auf ein Mädchen warte und des Mädchens und auch einer zu mir nicht durchaus passenden Fernensehnsucht wegen die kaufmännische Laufbahn eingeschlagen habe; er erfuhr, daß ich eines Tages ein Schriftsteller zu sein hoffte von — so nannte ich es — größerer Bedeutung als Felix Dahn und selbst Storm, daß mir aber vorläufig alles noch und am meisten die Kenntnis des Lebens und der Wirklichkeit fehle; er erfuhr endlich von meinem fertigen Drama „Robin Hood", das ich schon selbst nicht mehr schätzte. Er lag etwa vierzehn Tage krank und bat um das Drama und zugleich um zwei Bände Grabbe, er kannte den Dichter Grabbe noch nicht. Er studierte beides gründlich durch und kam dann abends wieder zu mir und zeigte mir gegenüber ein ganz neues Wesen, ein Wesen der Anerkennung, ja Verehrung, er begründete und lobte ehrerbietig, er der so viel Hellere, aus einer mir unverständlichen Einsicht. Ich mit den vom Kontor und meinem langsamen Wesen her sich entwickelnden ersten drückenden Minderwertigkeitsgefühlen nahm das Lob zugleich als erschreckende Forderung und als Glück an. Lange Jahre später sah ich im Deutschen Theater in Berlin Wolfgang Götzens Drama „Gneisenau" und hörte den glückhaften und stöhnenden Ausruf Gneisenaus: „Napoleons Fahnen haben sich vor mir gesenkt", da fiel mir unvermittelt jener ferne Abend mit Hellmuth Freudenberg im Vincent Square ein und das, was jener Abend mir für ein paar Stunden schenkte an Gehobenheit.

Freudenberg brachte seinen älteren Vetter Edmund Bernhardt zu mir. Dieser ältere Vetter, selbst ein kluger Mensch, bewunderte ihn sehr und kam mit Respekt zu mir, weil Freudenberg Respekt vor mir gezeigt hatte. Der Vetter war Nachkömmling gewesen in der Familie, er war aufgewachsen unter der Obhut der Mutter und der vier Schwestern, er hatte ein loses, aber sehr ehrliches Maul, er war wegen dieses Maules von dem Gymnasium verwiesen worden als Unterprimaner; er hatte als kaufmännischer Lehrling und wiederum als Angestellter bei nahen Verwandten von neuem erlebt, daß man ihn wegen des Maules vor die Türe setzte. Die Mutter war in den Glauben geraten, dieser jüngste und einzige Sohn tauge nicht viel, und zeigte ihm geringe

Achtung. Seine ganze Sehnsucht und Leidenschaft, als ich ihn kennenlernte durch Freudenberg und als er sich mir anvertraute, war darauf gerichtet, sich vor der alternden, kränkelnden Mutter doch noch zu beweisen und ihre Liebe wieder und ihren Stolz dazu zu gewinnen entgegen allen absprechenden Voraussagen. Er war mit etwas vorgeschossenem Gelde nach London gekommen, um es einmal nicht bei deutschen Firmen, sondern beim Engländer zu versuchen. Er wußte vorher nichts von der Überzahl deutscher Kräfte, die sich umsonst in London anboten, um nur die englische Sprache zu erlernen, und wußte auch nichts von dem dem englischen Handel eingeredeten Argwohn gegen deutsche Hilfskräfte, durch die die Wirtschaftsspionage ausgeübt werde und die besten Falles englischen Angestellten das Brot wegfräßen. Er wohnte zunächst in irgendeiner unmöglichen Unterkunft und versuchte für das Essen fast nichts auszugeben, er sah dadurch nicht besser aus und machte im billigen Zylinder und billigen Gehrock und mit einer Art Ziegenbart keine gerade ansprechende Figur aus. Zylinder und Gehrock trugen damals auch die Angestellten der City meistens. Er fand nach Wochen eine mit ganzen einundzwanzig Schilling im Monat bezahlte Stelle bei einem einzelnen anspruchsvollen Agenten. Er nahm die Stelle an, um wenigstens mit der Kenntnis der englischen Geschäftssprache weiter zu kommen. Mich stieß sein Äußeres leise ab, das was den Engländer zum Lachen reizte über ihn, aber mich packte seine Sehnsucht, sich vor der grollenden, von ihm sehr verehrten Mutter und für sie noch rechtzeitig zu beweisen, und mich packte sein rasches Denken und seine große innere Anständigkeit. Er erschien manchen Abend in Vincent Square. Er erschien auch im billigen Zylinder und fertig gekauften Gehrock und mit seiner Art Ziegenbart bei mir an der oberen Themse, als ich vom Juni 1897 an auf ein paar Monate dort in einer englischen Familie zahlender Gast war, und er bestand darauf, in diesem Aufzuge eine Ruderfahrt im Mahagoniboot der Familie mitzumachen. Zurufe kamen von vielen Seiten, gekichert wurde überall.

Im Frühjahr 1897 zerschlug sich für ihn und für mich ein Einfall von mir, um den wir uns zusammen bemüht und auf den jeder von uns für sein besonderes Anliegen ein Stück Hoffnung gesetzt hatte. Damals wurde die Feier der sechszigjährigen Regierung der sehr volkstümlichen Königin Viktoria vorbesprochen. In allen Zeitungen war die Rede von dem, was geschehen könne und geschehen solle, um die Anhänglichkeit jedweden Untertans an die Königin recht auszudrücken und aller Welt deutlich vor Augen zu führen. Die Daily Mail bemühte sich besonders, die Wichtigkeit des Tages ihren Lesern einzuhämmern. Daß die Daily Mail, neben ihrem ohne Zweifel so echten wie berechtigten Stolze auf die britische Leistung in der Welt, zu keiner Zeit ein Stück Selbstreklame verachten werde und solche Eigenreklame gern mit einer großen Gelegenheit verbinde, mußten sämtliche Nachdenklichen erkennen. Unser Einfall war, es solle auf Bestellung von einem Unternehmer ein besonderer Postumschlag mit eingeprägter besonderer Marke ausgegeben werden, ähnlich jenem frühen englischen Mulready Umschlag, der großen Seltenheit aller Briefmarkensammlungen. Zu solcher Ausgabe auf Bestellung wäre die Post bei einer erheblichen Auflage bereit gewesen. Der Umschlag solle die Anschrift der Königin tragen und eine Karte, vorgedruckt oder nicht vorgedruckt, mit dem Glückwunsch enthalten, darunter dann jeder Sender seinen Namen zu setzen hätte. Absender aber sollte jedermann in England sein, und also sollte ein vielmillionenfacher persönlicher Glückwunsch, der durch die Riesenzahl den Eindruck mache, zur Königin gelangen. Das ganze Unternehmen aber, Zeichnung, Druck, Aufforderung und Vertrieb durch die zuständigen Geschäfte und durch den Straßenhandel, sollte von der Daily Mail gemacht und durch deren Propaganda angefeuert und zur Größe geführt werden. Der Einfall hatte damals mehr an sich und mehr in sich, als das heute scheinen mag. Bernhard und ich erbaten am Vormittag eine Stunde Urlaub und zogen zum Daiy Mail Office. Wir verlangten, Herrn Harmsworth, den späteren Presse-Lord Northcliffe, persönlich sprechen zu dürfen. Wir blieben allen Einwänden gegenüber fest: Nein, wir hätten einen Vorschlag zu machen, der der Daily Mail Reklame verschaffe und ihr gemäß sei; es handele sich, obgleich wir allerdings Deutsche seien, um einen ausgesprochen englischen Vorschlag. Wir hätten keine Lust, den Einfall preiszugeben an irgendwen. Mr. H. müsse uns schon selbst gut anhören. Wir wurden auf den übernächsten Tag bestellt und nahmen wieder eine Freistunde. Mr. H. ließ uns sagen, er könne uns auch an diesem Tage nicht empfangen, aber der ältere uns gegenübergestellte Engländer sei Mr. B. und sei ein ihm verantwortlicher Mann, wir möchten dem Herrn unsern Plan offen vorlegen, und unser Recht solle gewahrt bleiben, und an Dritte werde der Einfall selbstverständlich nicht weitergegeben werden. Wir kramten zögernd aus, am meisten deshalb, weil wir doch nicht ohne Ende Freistunden nehmen konnten. Der Beauftragte hörte uns ordentlich an und erwärmte sich nach ein paar billigen Entgegnungen zusehends an dem Plane. Er schien nur darüber im Zweifel, ob man der Post den Riesenaufwand an Arbeit gerade am Jubiläumstag zumuten dürfe. Er wolle aber alles seinem Herrn und Meister vortragen, und in anderen acht Tagen sollten die Erwägungen abgeschlossen sein. Es traf sich dann, daß ich an den letzten zwei Besprechungen nicht teilnehmen konnte, vielleicht hätte ich sie vorsichtiger und englischer führen können als der Kamerad, der durch sein Wesen und Aussehen die englische Sonderart mehr reizte als ich. Der Kamerad ging von sich aus im April noch zu dem Besitzer von Tuck & Co, der großen Bildpostkartendruckerei. Tuck hörte ihn eifrig an. Er entgegnete ihm: „Wären Sie eine Woche früher gekommen. Ich habe nach einer Idee gesucht. Jetzt sind alle meine Reisenden draußen mit einer Postkarte. Ihr Plan wäre ein großes Geschäft gewesen, und ich hätte ihn gern gekauft, aber jetzt ist es zu spät." Wir dachten damals nicht daran und hätten den Vorschlag nicht gewagt, den Einfall mit finanzieller Hilfe dritter selbst auszumünzen, wir waren wohl auch beide nicht keck genug dazu, und ein entsprechendes Angebot wurde uns zu spät gemacht. —

Wenn ich an den Samstagnachmittagen frei wurde — da für den jüngsten Angestellten nach Abgang der Südafrikapost immer noch Schecks auszuschreiben waren, traf das erst zwischen drei und vier Uhr zu — lief ich allein los, um London richtig und ungestört von Geschwätz besser kennen zu lernen. Mich reizten am meisten die Docks, was von diesen am Samstagnachmittag zugänglich war. Ich kannte dergleichen gar nicht und war zum Beispiel in Hamburg noch nie gewesen. Ich suchte in den Docks stets nach ausgehenden Schiffen und blieb, wo ich den blauen Peter flattern sah und sie fand, bei ihnen stehen und beobachtete Abschiednehmer und sehe heute noch Segelschiffe für Australien vor mir losmachen und sehe die Pennystücke hin und her fliegen und höre das Singen von „Auld lang syne" beim Breiterwerden des Wasserstreifens zwischen dem Pier und dem abgeschleppten Schiff. Enttäuschend bei den Samstagnachmittags-Streifzügen war mir manches, so der vielgenannte und so grandiose „Tower", so die vielgerühmten und äußerlich damals wenig glanzvollen Läden an den großen Geschäftsstraßen; so selbst der weltein, weltaus berühmte Londoner Zoologische Garten in Regent's Park. Ich hatte mir diesen Zoo in England, im großen reichen, weltenweiten England, wie sehr vieles großzügiger erwartet. Das galt wiederum im Herbst von der Lord Mayor's Show, wenn der neue Lord Mayor von London seinen Umzug hielt durch die City in altem Pomp begleitet von Reichstruppen- und Marineabordnungen und auch — es läßt sich nicht anders ausdrücken — von Hanswurstereien. Im Zoo in Regent Park zählte ich übrigens beim ersten Besuche die deutschen Beschauer, die durch Sprache und Gesten sich verrieten, und sie schienen mir in einer fast angreifenden Mehrheit.

In den ganzen Londoner fünfzehn Lehrmonaten gelang mir der Besuch der großen Sammlungen, vom Britischen Museum und der National-Galerie angefangen, nur je einmal, sie waren stets geschlossen, wenn ich mein kleines Stück Freiheit der Bewegung gewann.

Mir lag sehr daran, die Erlaubnis zur Heimfahrt für die Weihnachtstage des Jahres 1896 zu gewinnen, weil dieses Weihnachtsfest für mich das letzte sein mochte vor der Ausfahrt nach Südafrika und vor einem unbestimmten und jahrelangen Aufenthalt draußen, und dazu war mein Vater bei aller Frische nicht mehr der Jüngste mit seinen fünfundsiebzig Jahren. Daß ich mit meinem Dienste knapper fünf Monate in der Firma keinerlei Urlaub verlangen konnte, begriff ich. Darüber hinaus häufte sich die Arbeit im Kontor immer mehr, je näher wir an Weihnachten herangerieten. In der letzten Novemberwoche zum Beispiel wurden vierhundert Konnossemente (Schiffsfrachtbriefe) für verladene Güter in das Kontor gereicht. Nimmt man an, daß auf einem Schiffsfrachtbrief im Durchschnitt sechs mit demselben Boot ausgesandte Warensorten aufgeführt standen, so mußten also in einer Woche zweitausendvierhundert Originalfakturen von uns für die Post umgearbeitet und ausgearbeitet werden mit allem, was an Schecks und Wechseln dazu gehörte. Nein, ich fragte lange nicht, ich mochte die Zumutung nicht stellen; ich hoffte nur, obgleich es im Office hieß, man werde — völlig unenglisch — unter den besonderen Umständen sogar am Weihnachtstag arbeiten. Ich schrieb an den Vater: „Man hat mich hier angelernt, um mich zu gebrauchen, und im Augenblick jedenfalls ist kein Ersatz für mich da." Unser Haupteinkäufer und zweiter Prokurist, der sich gern wichtig machte und gern verneinte und der selbst gern auf zwei Tage heimgefahren wäre, sagte am 22ten Dezember abends zu mir und einem neuen deutschen Angestellten, als wir um neun Uhr noch schafften: „Lassen Sie das doch jetzt. Oder bilden Sie sich etwa ein, Sie könnten über die Christtage trotz allem fort?" Wir entgegneten beide, ganz aufgegeben hätten wir die Hoffnung immer noch nicht. Er sagte wegwerfend: „Machen Sie, was Sie wollen. Aber hängen Sie sich nicht an Falschem fest!" Ich nahm am 23. morgens doch eine gepackte Reisetasche mit ins Kontor und dazu ein umfangreiches Paket mit Geschenken für die Eltern und Brüder, denn die fünf Pfund Zuwendung, die ich als Weihnachtsgabe der Firma erwarten durfte, hatte ich schon in Geschenken angelegt. Bis sechs Uhr fiel keine gültige Entscheidung. Zwischen sechs und sieben Uhr kam der Chef aus dem Privatkontor und sah uns sitzen, er zögerte am Ausgang, er kehrte plötzlich um und sagte zu uns zweien und nachher auch zum Haupteinkäufer: „Sie wären am Weihnachtsabend wohl gern zu Hause? — Haben Sie Ihre Sachen mit? Fahren Sie meinetwegen mit dem Abendzug, dann kommen Sie ja noch hin. Am 28. morgens sind Sie dann zurück im Office." Wir fuhren.

Als ich am frühen Morgen in Vlissingen ankam, fiel Schnee und lag Schnee, so wie ich ihn in den beiden englischen Wintern nicht mehr gesehen hatte. Der ganze Zug war voll von frohen Heimkehrern. Von Köln an gab es irgendeine kleine Verspätung. Gegen fünf Uhr war es dunkel, und von fünf Uhr an ließen sich immer wieder und immer häufiger in den rheinischen Dörfern und Städten Fenster sehen, hinter denen der Christbaum brannte, und was gar nicht mehr abriß bis nach Wiesbaden hinein, war das tiefe reiche rechtsrheinische Glockengeläut, das nun an der rechten Rheinseite wirklich wie Vinum Bonum, Vinum Bonum, Vinum Bonum klang. Ich kam zurecht zum Baume im Elternhause, ich konnte noch den Reisestaub abduschen und mich umziehen, und dann geschah das beste Weihnachten und freilich auch letzte Weihnachten, das wir alle zusammen in der Mainzerstraße 13 (eine 17 war noch nicht daraus geworden) erlebten. Dieses eine Mal waren wir alle voll tiefer Dankbarkeit und auch alle voll großer Freude aneinander. Vier Wochen vor mir war übrigens der dritte Bruder, der mit mir hätte Kaufmann sein sollen, von Nottingham ohne lange Anfragen zurückgekehrt und hatte in Bonn mit dem Studium der Medizin begonnen. Ihm war in England die Handelslust vergangen.

Ich fuhr am dritten Feiertag mittags mit dem englischen Zug aus Wiesbaden wieder heraus, um am Morgen des 28. Dezember wieder im Office in London antreten zu können. Ich erlebte nach dem leuchtenden Abend und den zwei glücklichen Tagen auch bei und nach der Abfahrt eine Freundlichkeit. Die Eltern hatten mich an den Zug begleitet, ich stand am halboffenen Fenster, so lange ich mit ihnen sprechen und sie sehen konnte. Ein Paar befand sich außer mir im Abteil. Ich merkte wohl, daß die Frau die Kühle vom Fenster her unangenehm empfände, aber dieses Mal mochte ich nicht verfrüht das Fenster hochziehen. Ich entschuldigte mich kurz bei der Frau, als der Zug nun fuhr, da sagte der Mann unvermittelt: „Sie müssen eine sehr liebe Mutter haben!" Ich wurde etwas verlegen. Ich nickte. Ich sagte: „Ja, das habe ich wohl . . ." Ich fing gleich zu lesen an, um ins Gleichmaß zurückzukommen. Nach fünfzehn Minuten etwa, als ich aufsah und zum Rhein hin blickte, begegnete ich den Augen der Frau, sie sagte: „Wie ich Ihre Mutter sprechen hörte, ist es mir wie Musik gewesen; wir haben beide, mein Mann und ich, noch nie eine so wohltuende Stimme gehört, und er hat mir zugeflüstert: Horch doch nur! Horch doch nur!" Die Leute fragten weiter und ließen mich gar nicht lesen. Sie waren Westfalen, seit sechs Jahren verheiratet, und hatten eine Fabrik in Aachen. Sie hingen gewiß sehr aneinander und hatten irgendetwas durchgemacht und hatten einen Drang nach Wärme und Freundlichkeit zurückbehalten.

Unter den Briefen an meine Eltern, die diese die dreizehn Jahre Abwesenheit hindurch aufhoben, befindet sich das sehr unruhige Schreiben an den Vater vom 3. Januar 1897. Es muß mich große, nur halb erinnerte Mühe gekostet haben. Qualen des Herzens, wenn sie nicht politischen Ursprungs waren, trug ich sonst zur Mutter und nicht zum Vater. In dem Briefe erklärte ich dem Vater, daß ich draußen in der Welt niemand hätte oder je gehabt habe zum g a n z e n Aussprechen, es sei denn der inzwischen in Amerika befindliche Jugendfreund Hugo Müser und die mütterliche Freundin Miß Charlott Jackson in Nottingham, aber beide seien zu weit aus dem Wege, und ich müsse also meinen Eltern als den mir am nächsten die Gequältheit vom letzten Tage des Jahres vortragen, um nicht in zunehmender Schwäche zu verharren. Aus dem ersten Teile des Briefes ist zu ersehen, daß mein Einzelngehen mir nie leicht gefallen sei, daß ich aber den Anschluß an Bier und Skat und gemeinsamen Sang und auch an gemeinsames Herumtreiben aus einer tiefsitzenden inneren Abneigung gegen jegliche Art der Vermassung nie habe finden können, wodurch mir dann gewiß auch manche harmlose und heitere Kameradschaft verloren gegangen sei, durch die einer doch unwillkürlich zurechtgesetzt und vor ungeschicktem und ungesundem und überdehntem Spintisieren bewahrt werde. Am 31. Dezember war folgendes geschehen. Der Chef hatte mich rufen lassen und hatte mir die erwartete Weihnachtsgabe überreicht. Er hatte dazu gesagt: „Mehr kann ich Ihnen nicht geben, auch eine Zulage können Sie nicht bekommen. Sie sind dafür zu kurz bei uns. Sie müssen jetzt versuchen, etwas schneller zu arbeiten. Vielleicht können Sie das möglich machen!" Er fragte darauf nach Wiesbaden, dem Ergehen der Eltern und auch nach meiner Gesundheit, denn ihm war wohl hinterbracht worden, daß ich seit meiner Londoner Zeit — vielleicht weil ich des Sparens wegen zu wenig aß — immer wieder mit Erkältungen zu tun hatte. Ich ging gedrückt aus seinem Arbeitszimmer hinaus. Mir war selbst klar, daß ich schneller arbeiten müsse, ich wußte aber auch, daß ich durch die Zahl geduldiger Überstunden und die nicht in Anspruch genommene Kaffeepause von zwanzig Minuten und durch gern gewährte Hilfestellungen ein sehr großes Quantum Arbeit geleistet hatte, auch ein großes Quantum im Verhältnis zu anderen, und daß ich mehr nicht leisten können werde. Hinter mir nun wurde der Deutsche zum Chef geholt, der nach mir in das Office eingestellt worden war und mit denselben Arbeiten beschäftigt wurde wie ich. Er kam von Norddeutschland, sein Vater besaß eine große eigene Firma, er hatte sieben Jahre Geschäftserfahrung gegenüber meinen fünf Monaten. Er arbeitete ohne Zweifel, w e n n er einmal in Zug geriet, rascher als ich. Er verstand indessen weniger von der Sache, er verlangte häufig Erklärungen und Korrekturen von mir, seinem Nachbarn, Erklärungen, die ich immer gab und die die englischen Clerks nie gern gaben, weil man eben durch solche Erklärungen selbst aufgehalten wurde. Der Chef sagte zu diesem anderen: „Machen Sie so fort, ich bin recht zufrieden!" Das erzählte der andere, und es war auch von dritten abgehört worden, und der andere empfing, wenn ich es recht erinnere, eine Zulage von einem Pfund im Monat, er hatte allerdings beim Eintritt schon sieben Pfund verlangt und erhielt also in der Zukunft sechs Pfund.

Ich berichte von dem aufgeregten Brief an die Eltern und von dem alltäglichen Vorkommnis wegen der unzweifelhaften Narbe, die es hinterließ. Ich mochte den anderen an sich nicht sonderlich, es war sehr viel von ihm da, er verstand sich Geltung zu verschaffen und war doch ein ausgesprochener Mann der Masse, ein „Reserveoffizier aus der Masse". Ohne Zweifel hatte meine Empfindlichkeit ihren Ursprung in dem von mir als nicht voll ausreichend gespürten eigenen Leistungen, in dem Leisten, das trotz Anstrengung hinter meinem Wesen und hinter dem was von mir immer wieder erwartet wurde, zurückblieb. Und so darf ich denn hier wohl sagen, daß ich meistens ohne Wissen der andern über meine Kraft war und daß auch die Überspannung oft nicht genügte und daß ich das Nichtgenügen sehr schwer merkte bis hin zur Mutlosigkeit. Es tat mir dann nicht etwa gekränkter Ehrgeiz weh, sondern die gestörte Erfüllung.

Mir will heute scheinen, die harte Tagesarbeit jener Londoner Herbst- und Wintertage mit dem ewigen Frösteln und dem ewigen halben Hunger und dann wieder das abendliche langsame Auftauen und Warmwerden und Hungerstillen im abgeschiedenen Zimmer am brennenden Feuer hätten mich für eine Weile dem allgemeinen Geschehen und damit dem Gifte der politischen Aufreger entrückt. Den ganzen wechselvollen Eifer der Daily Mail empfand ich in jenen Monaten als für mich selbst weniger wichtig, auch wenn es auf- und abschwellend ein lauter antideutscher Eifer war. Nicht verlor ich dagegen die Begierde, in der Zeitung einem sprachlichen Könner und einer Gekonntheit zu begegnen, sondern diese Begierde wuchs vielmehr. Der Könner, den ich da in der Daily Mail vor allen kennen lernte, war der junge Journalist J. G. Stevens. Er begann wohl seine Laufbahn mit der Aufsatzreihe „Under the Iron Heel" (Unter dem eisernen Absatz), die er nach einer ihm aufgetragenen Deutschlandsreise schrieb. Es war die erste ausgewalzte Hetze gegen die Offiziere, gegen die Junker, gegen Preußentum, gegen das preußische Heer, gegen das preußische Königtum, die Harmsworth bei sich als Platte auflegen ließ. Zu gewinnen aus dem Aufsatz war keinerlei echte Erkenntnis für den englischen Leser, umso mehr machte er den Boden bereit für vermehrtes Mißverstehen und späteres Unheil. Nicht ein Wort war zu finden von dem schweren und für ganz Europa bedeutsamen Schicksal Preußens als der Grenzwacht gegen den slawisch-tatarischen Nordosten und des Grenzdeiches, auf dem eine stete harte Bereitschaft nötig war, wenn Europa bestehen sollte, was immer sich sonst an und in und um Europa ereignete. Aber läßt man dies alles, was England zu eigenem Schaden nie erkannte, beiseite, so war die Aufsatzreihe glänzend geschrieben, nicht jüdisch-schmissig, sondern englisch-schmissig, und wir deutschen Deutschen kannten dergleichen noch nicht. Stevens wurde mit Kipling und dem späteren hochanständigen E. D. Morel zu meinem englischen Vorbilde im Berufe des Schriftstellers und er gehört zu meinem Leben in seiner ewigen Erwartung. Stevens fiel etwa vier Jahre später dem Typhus zum Opfer als junger englischer Kriegskorrespondent im Burenkriege. Ein paar Jahre später sah ich in Kapstadt einen antiquarischen Band in einer Buchhandlung liegen, der unter dem Titel „Things seen" seine besten Zeitungsbeiträge enthalten sollte. Ich kaufte den Band voller Begier, aber jene frühe, hingehauene und in der Propaganda gegen Deutschland so bös nachwirkende Reihe „Under the Iron Heel" enthielt er nicht.

Der im letzten Viertel 1896 und im ersten Viertel von 1897 bald an- bald abschwellende Eifer gegen Deutschland trat übrigens keineswegs nur bei der Daily Mail zutage. Verstanden habe ich ihn damals nicht. Sollte — so frage ich mich heute — der Aberglauben gegen uns nur jedenfalls wachgehalten werden? Aber warum sollte er wachgehalten werden? Und von wem wurde in England das Signal zum allgemeinen Aufbellen gegeben? Wie ging es zum Beispiel zu, daß in der Kretafrage der Kaiser ein fast allgemeines Lob der großen Presse für sein Verhalten empfing, das sich unversehens, also ohne jede erkennbare Ursache in ein kurzes Schimpfen verwandelte?

Obgleich ich mich aus lauter Selbstsorge während der Londoner Lehre also unbeteiligter fühlte an den allgemeinen Dingen als in Nottingham und in allen späteren Jahren, versuchte ich doch hin und wieder bei den englischen Arbeitsgenossen deren Aufklärung zu erhalten. Sie lächelten immer, sie zuckten immer mit den Schultern. Sie sagten: „Man alive, surely you do not take the papers seriously? — Well, nobody else does." Sie sagten zuweilen: „Why do you read that halfpenny rag, the Daily Mail? (Diese Zeitung galt nämlich damals wegen ihrer Billigkeit nicht als ‚fein'). Read the Standard, or read the Pall Mall Gazette, or read the good old Times!" Aber wenn ich nachsah, stand im Standard und in der Pall Mall und in der Times letztens dasselbe, und es war eigentlich nur ein Bellen mit verteilten Rollen, davon höchstens die liberale Daily News und die liberale Wochenschrift Truth die Ausnahmen machten.

Ich sagte, ich wäre in jenem Londoner Winter hingeraten, mich von der Welt eine Weile zu verschließen. Ich habe für die Weltflüchtigen und für die von halben Wahrheiten Befriedigten im Leben eine immer geringere Achtung aufgebracht. Ich begriff auch schon damals, daß wir Menschen ohne die Kenntnis der „Wirklichkeit des Ganzen" niemals über unsere Nöte hinausfänden, oder besser ich spürte es wortlos, denn die gute Formel „Wirklichkeit des Ganzen", welche durch unsere Literatur entdeckt, zusammengesehen und gestaltet aufgezeigt werden müsse, hat Paul Fechter erst nach Jahrzehnten gefunden. In jenem Londoner Winter verbrauchte mich der Tag zu stark, und es galt, durch die Wärme der Gefühligkeit Kräfte zu retten, die, wo einer schöpferische Berufung in sich fühlt, einfach nicht verloren werden dürfen.

Ich las am Abend kein politisches Buch und versuchte nichts zu denken, was einen durch eingeredete und aufgezwungene Beteiligung quält und vertut. Ich hatte für die Eltern zu Weihnachten ein Lichtbild meines Zimmers in Vincent Square machen lassen mit mir selber im Zimmer. Dort versuchte ich recht und schlecht ich selbst zu sein und das leben und wachsen zu lassen, was am Tage ohne Gelegenheit oder doch ohne jede Fingerübung blieb. Zu den Abenden gehörten die vielen Briefe und gehörte immer wieder das Lesen von Storm und gehörte auch immer wieder das Lesen von Gustav Freytags Technik des Dramas. Ich schrieb an den Abenden im Herbst der Geliebten zu Weihnachten eine Geschichte Angilbertus Poeta, ich hatte die Geschichte völlig vergessen, ich fand sie, bewahrt von der Mutter, zufällig wieder nach den langen Jahrzehnten, ich las zögernd den Anfang und wunderte mich, daß er erträglich sei. Ich schrieb einen Einakter „Mutter", der im deutsch-französischen Kriege spielte, und weiß nur noch so viel davon, daß mir unbekannte junge Leute aus dem Kreise der „Jugend" in München sich um die Aufführung bemühten. Ich schrieb ein Gedicht auf den singenden Untergang der Helden der ‚Iltis' vor der chinesischen Küste, das Gedicht wurde in und außerhalb Deutschlands ungefragt abgedruckt, so wie es dem Gedichte „Das Abendmahl" in meinem sechzehnten

Jahre geschehen war. Ich mühte mich an den Abenden am meisten um die Vorarbeiten zu einem Drama, dessen Gegenstand der Dörnbergsche Aufstand gegen Jerome und also gegen Napoleon den Ersten in Kurhessen sein sollte und dessen Held der 1809 von den Franzosen in Kassel erschossene hessische Leutnant von Hasserodt gewesen wäre. Ich wußte damals noch nichts von des eigenen Großvaters und Urgroßvaters Teilnahme an jenem mißlungenen Aufstande und daß er für beide und also in der Folge auch für meinen Vater und mich schicksalsträchtig gewesen sei. Bei den Vorarbeiten merkte ich mit zunehmendem Mißbehagen, daß ich an die Wirklichkeit, an die Echtheit der kurhessischen Zustände und Menschen vom Jahre 1809 trotz allen Mühen und trotz so manchen zugesandten Büchern und Schriften und trotz anfragenden Briefen und bereitwilligen Antworten nicht herankäme. Ich merkte auch mit Schrecken, wie grundverschieden, ja verwirrt Deutsche über deutsche Dinge immer wieder urteilten. Wenn ich später geschichtliche Romane und Dramen, die von Menschen unserer Zeit geschrieben sind, als mehr oder minder fruchtlose Phantasiespiele ablehnte, als Spiele, durch welche die bessere Erkenntnis samt den Erfordernissen einer gegenwärtigen begriffenen Wirklichkeit nur verschleiert und verdeckt werde, dann hat meine Abgeneigtheit wahrscheinlich bei den Dörnberg Vorarbeiten Anfang und Begründung gefunden. Ich merkte mir, daß ich, wenn ich einmal aus den Fingerübungen heraus sei, jedenfalls nichts schreiben dürfe, davon ich nicht die Umwelt von eigenem Erleben her genau kenne. Ich merkte noch mehr, ich merkte, daß ich bisher noch nichts erlebt habe als eine wenig gültige Ausnahmejugend und daß ich also zum Schreiben als Beruf noch gar kein Recht habe. Als ich dies der geliebten Mutter noch unklar genug einmal brieflich vorzutragen versuchte, verstand sie mich nicht und meinte wohl, ich versuche auszuweichen. Aber als ich mich später von einer Geschäftsreise in Afrika aus ihr gegenüber beklagte, es sei gar keine Heimlichkeit um mich, sondern nur Lärm und Getümmel und Derbheit und niemals käme die Seele zu sich und ihren Bildern, da antwortete sie ungefähr: „Wenn die Seele bei Dir ihre Zeit noch nicht haben kann, dann mache die Augen und Ohren weit auf und beobachte und notiere vielleicht und komme in Besitz Deiner afrikanischen Wirklichkeit, so unbeschützt und vorurteilslos wie Du jetzt bist, und wenn Dir die Umwelt ganz bekannt geworden ist, werden sich vor Deiner

Phantasie die Reaktionen verschiedener Menschen auf Eure Wirklichkeit dort ganz von selbst abzeichnen." —

Ich bin meinem Londoner Zimmer nicht bis zum Ende treu geblieben. Als es Frühling geworden war, fuhren Freudenbergs Vetter und ich eines Samstags nach Officeschluß an die Themse und marschierten von Richmond aus ein erhebliches Stück themseaufwärts. Das bunte Flußleben, so wie es in jenen Jahren sich abspielte, war noch nicht recht im Gange, ich wurde dennoch von der natürlichen Schönheit und der menschlichen Heiterkeit und Geschicktheit, man mag beides auch nennen: von der liebenswürdigen englischen Besonderheit des Außenlebens gefangen genommen. Ich bestätigte mir vom Verstande aus, daß Landluft und Bewegung mir einfach nötig seien, wenn ich meine ewigen Londoner Stadterkältungen los werden wolle. Ich setzte spielerisch eine Anzeige in den Daily Telegraph und verlangte am Fluß Wohnzimmer, Schlafzimmer und Kost, ohne die Mittagsmahlzeiten an den Wochentagen. Gelegenheit zum Tennis sollte gegeben sein, ich wollte zahlender Gast in einer wohlangesehenen Familie werden oder ein für sich lebender Mieter; ein sogenanntes Boarding House käme für mich nicht in Frage. Ich empfing eine Reihe von Antworten. Das Angebot, das ich für das beste hielt, war, wie sich beim Besuch herausstellte, von einer schwätzerischen, whiskyangefüllten Frau geschrieben. Ich ging von ihr, nur wegen der zufälligen Nähe, zu einem anderen Angebote hin, das mich eigentlich nicht gelockt hatte, und schlug gleich ein, denn das kleine Landhaus mit kleinem Garten, das ich sah, umgeben von anderen Landhäusern mit prächtigen Parks, gefiel mir. Eine Dame in schwarzem Witwenkleid empfing mich, es zeigte sich, daß ihr Mann, ein Bank Manager, vor kurzem gestorben sei und daß sie und die drei Töchter und der siebzehnjährige bei der Bank angestellte Sohn sich entschlossen hätten, das Haus etwa mit Hilfe von zwei Mietern als Wohnsitz zu behalten. Die Frau hatte gute Manier, ich gewann zu meinen anderen Wünschen die Möglichkeit, das schöne Mahagoni-Boot der Familie nach meinem Bedarf zu mieten. Ich lernte noch die zwei Töchter im Hause kennen, die älteste, scherzend „Spider" (Spinne) genannt, die Braut eines Oxforder Theologiekandidaten, und die spindeldürre zweitälteste, „Match" (Streichholz) gerufen, die Braut eines schottischen Arztes, und hörte von der jüngsten sehr hübschen siebzehnjährigen Tochter, die gleich nach des Vaters Tod, um nötiges Geld zu beschaffen, Kleider-Modell in einem weitbekannten großen Modegeschäft am Piccadilly Circus geworden sei. Ich vereinbarte den Einzug für den 15ten Juni.

Ich unternahm durch meinen Entschluß etwas, das mir nicht nur körperlich in unerwartet schwerer Zeit gut tun sollte, weil das gesunde Leben am Fluß und in einer erfreulichen englischen Häuslichkeit und zwischen angenehmen englischen Menschen mich ablenkte und also die Grübeleien eines Einsamen unterbrach.

Die unerwartete nicht leichte Zeit wurde eingeleitet durch ein Schreiben der Mutter vom 29ten April 1897. Es begann mit folgenden Worten: „Ich habe alle die Tage mit mir gekämpft, ob ich Dir den beiliegenden Brief schicken soll oder nicht. Man weiß ja natürlich nicht, ob jene Neigung des Baron N. N. irgendwelche Erwiderung findet. Da Tante E. nach London kommt und ohne Zweifel im Gespräch mit Dir Vermutungen äußert, wollte ich Dir immerhin den Namen nennen, damit Du vorbereitet bist. Sein Vater war Eisenbahnunternehmer, er baute angeblich den größten Teil der Westbahn, er wurde geadelt und zum Baron gemacht, unser Vater kannte ihn vorher." Ich las den Brief der Mutter zu Ende, er enthielt nichts mehr zur Sache, aber worauf alles hinauslaufe, wußte ich natürlich, ehe ich den beiliegenden Brief aufnahm. Im beiliegenden Briefe stand, daß die Geliebte in Wien in jenem Baron N. N. einen sehr warmen Verehrer gefunden habe, der von ihrem Vater ganz augenscheinlich begünstigt werde.

Ich hatte am Empfangstage des Schreibens der Mutter eine Besprechung mit dem Prokuristen der Firma gehabt und hatte an die Zusage erinnert, mein Weg solle durch den ganzen Office-Dienst führen und im Mai werde ich in die Buchhaltung übernommen werden. Ich bat, dies nunmehr wahr zu machen. Ich empfing eine abschlägige Antwort, die mit den herrschenden Verhältnissen im Büro begründet wurde und nebenher mit Zweifeln an der Geeignetheit meiner Schrift. Bei der Antwort traf zu, daß die Abteilung der Buchhalter sich schon im Rückstande befand und daß ein erst anzulernender junger Mann den Arbeitsgang noch mehr aufhalten würde, und ferner traf zu, daß ich nicht von heute auf morgen als Fakturist ersetzt werden könnte, sondern daß auch dort durch mein Ausscheiden ein neues Anlernen, und das hieß eine Arbeitsstörung und ein neuer Geldaufwand nötig würde.

Die Absage im Office und der Mutter Ankündigung hatten mich zusammen doch recht erregt. Ich schrieb alsbald an den Vater über die Absage im Office. Etwas müsse von uns unternommen werden, zur Zeit sei ich festgefahren, ich säße vom Morgen bis Abend bei einer sehr reichlichen, gleichförmigen, untergeordneten, mechanischen Arbeit gegen eine zum Leben nur halb hinreichende Bezahlung, die Arbeit sei von mir bisher geleistet worden als Teil einer erwarteten Lehre, an sich genüge sie mir nicht, neues Wissen gewinne ich bei ihr nicht. Daß man ein Recht habe, den angelernten und bezahlten jungen Mann zu verwenden nach den Notwendigkeiten des Betriebes, werde von mir nicht angezweifelt. Aber ich solle doch weiter und lerne für den Weiterweg nichts hinzu. Auch wegen des afrikanischen Versprechens seien mir neue Bedenken aufgestiegen. Zweierlei sei nötig, erstens daß ich in der Ausbildung vorwärts schreite, zweitens, daß der Vater sich noch einmal die afrikanische Zusicherung bestätigen lasse. Ich schlug vor, daß meine ergänzende, kaufmännische Ausbildung, da sie in London kaum zu gelingen scheine, sondern ich dort nicht mehr und nicht weniger als bezahlter „Commis" sei, nunmehr im Geschäfte eines entfernten Verwandten in Paris gesucht werde. Ich fügte hinzu, um vom Vater recht verstanden zu werden, daß ich bei meiner eintönigen Büroarbeit auch in London ganz gewiß noch geschickter werden könne, aber lasse man etwa einen Avantageur oder Fähnrich im Kommiß stecken, bis er die Erfahrung eines alten Feldwebels habe?

Vierzehn Tage später traf ein weiterer Brief der Mutter zu meiner Herzenssache ein. Es hieß da: „Als ich gestern davon sprach, Dir in dieser Woche recht con amore zu schreiben, hatte ich keine Ahnung, daß ich Dir heute L's endgültige Verlobung mitzuteilen haben werde. Sie wurde uns soeben telegrafisch angezeigt. ‚L. hat sich gestern mit dem Ministerialkoncipisten Baron N. N. verlobt.' Vaters telegrafische Antwort ist aufgesetzt. Ich habe das ‚hocherfreut', mit der er sie beginnen ließ, gestrichen, und sie geht nun mit den herzlichsten Glückwünschen für die Eltern und die liebe Braut ab. Ich brauche Dir nicht zu sagen, in welchem Zustande der Aufregung und Pein ich mich befinde. Ich kann nur hoffen, daß Du es ruhiger nimmst als ich ... Vielleicht ist es gut für Dich, daß Dein Ringen und Hasten nach diesem aussichtslosen Glück, das Dich bei längerer Dauer gewiß körperlich und geistig aufgerieben hätte, unnötig geworden ist. Ich kann nur wünschen und hoffen und sonst gar nichts für Dich tun ..."

Vierundzwanzig Stunden später schrieb die ausgezeichnete Frau, die immer in andern und am meisten unter den andern in ihrem Ältesten lebte, wieder: „Ich bin froh, daß Du heute abend bei Arthur von Haas (dem Wiesbadener Jugendbekannten) issest, das wird Dich hoffentlich zerstreuen, wenn Du meinen Brief vom 14ten, wie ich annehme, heute morgen empfangen hast. Ich denke immerfort an Dich und möchte so gern etwas für Dich tun und weiß doch gar nicht was. Selbst eine Annahme, daß die Verlobung nicht zur Heirat führen werde, ist ausgeschlossen. Ich höre, ihr Vater freue sich über die Verlobung, da Baron N. N. sicher Karriere machen werde und sehr reich sei. Ich gebe Dir viel Bitteres auf einmal, und noch dazu an meinem Geburtstage, wo ich Dir doch nur Liebes spenden möchte, denn dann sind meine Zeilen bei Dir. Man ist leider in so vielen Lebenslagen arm und ohnmächtig, und kann denen gar nichts nützen, die man liebt. Nun werden alle meine Geburtstagsbriefe aus Österreich den einen Gegenstand immer wieder behandeln. Ich werde mich scheuen, sie zu lesen. Könnte ich mich wenigstens freuen, daß Du frei wirst, frei von dem krampfhaften Trieb Vorwärts. Ich kann es nicht, weil ich nicht weiß, wie Du die Leere tragen wirst, und Leere wird es ja, fürchte ich, doch sein ... Ich kann nur hoffen, daß die lange Trennung, und was drum und dran hängt, Dir helfen. Willst Du aber jetzt, wo Dich nichts mehr drängt, doch einen anderen Beruf ergreifen, ist Dir die Kaufmannsaussicht eine Last, die drückt, so lasse Dich um Gotteswillen nicht durch andere Rücksichten bestimmen, sondern tue das, was Dir für Dich das Beste scheint."

Etliche Tage später hieß es in den Briefen der Mutter: „Als ich nach etwas suchte, um Dir die L.-Leere auszufüllen, fiel mir der Tröster Storm ein, der die feinsten Stimmungen der Seele kennt und als Freund zu wunden Herzen spricht. Durch ein Versehen beim Buchhändler bekam ich erst heute die Dir noch fehlenden Bände der ersten Gesamtausgabe. Ich schicke nur zwei der Bände, die andern leihe ich mir zum Lesen, da ich gewiß noch vieles davon nicht kenne." Die beiden Bände waren 11 und 12 und 13 und 14. In Band elf schrieb die geliebte Mutter zwei Strophen Paul Heyses hinein:

„Über Tod und Schicksal
Tröstet die Schönheit allein,
Lichtet die nächtlichen Klüfte,
Sonnengemiedene Grüfte
Still umgoldend wie Mondenschein.
„Wenn Dir Tod und Schicksal
Glück und Jugend geraubt,
Nur an der Schönheit Busen,
Nur von dem Hauch der Musen
Heilt das Herz Dir und hofft und glaubt."

Die Strophen sagten mir nie zu, aber sie waren von ihrer Hand eingetragen und sollten doch helfen und halfen durch sie wohl auch, und der Band ist mir der liebste meiner Bücher geblieben, und vielleicht liegt einmal der leblos gewordene Kopf darauf, so dachte ich es von damals an.

Daß der Vater je etwas von meiner zehnjährigen und so tief sitzenden Jugendliebschaft erfahren haben könne, kam mir nicht in den Sinn, und in den „offiziellen" Briefen in das Elternhaus besprach ich das Scheitern mit keinem Worte. Ich war erstaunt, als die Mutter erwähnte: „Ich war selbst ‚at a loss to understand', woher der Vater auf einmal von L. weiß . . . Es tut ihm ja natürlich leid um Dich, doch sah er das Ganze als großen Unsinn an wie Verwandtenheiraten überhaupt, dazu das Mädchen so wenig jünger und hauptsächlich für Äußeres erzogen. Ich schreibe nur davon, weil Du immer alles nach der Wahrheit wissen wolltest in Deine Entferntheit hinein. Er erzählte dabei von seiner Jugendliebe, Kusine Adelheid Schnackenberg glaube ich, und von den bitteren Tränen, die er geweint habe, als er, der Primaner, nach Ferienschluß mit dem Ränzel auf dem Rücken wieder ausmarschierte von Marburg nach Hanau und auf dem Eckstein gesessen und zurückgestarrt habe." Mutter fügte hinzu: „Ich habe nichts gegen L. gesagt, liebes Kind, aber lange gedacht, daß sie nicht wirklich gut sein könne. Für Dich habe ich es bitter empfunden, wenn an den Christabenden, an denen man selbst den Fernstehenden gern etwas erwiese, nie ein Gruß, nie ein Ton, ein herzliches Wort zu Dir gelangte, wenigstens in den letzten Jahren nicht. Deine Liebe hätte es verdient, es war ja auch ihre Liebe und keine ihr aufgedrungene . . . Und jetzt hätte Dir L. die ganze Angelegenheit irgendwie mitteilen können, und das ging alles, alles geht in dieser Beziehung, was man will. — Wenn Du nun das Gedenken an sie eine Weile auswischen könntest und hättest frische, fröhliche Umgebung, die Dich fühlen läßt, daß Du jung bist, daß das Leben vor Dir und ganz gewiß nicht hinter Dir liegt!" —

Vielleicht — ich will das gestehen — lächelte ich innerlich zum ersten Male wieder in jenem Maimonat, als ich durch die Mutter von des Vaters Primanerliebe zu einer mir dem Namen und Wesen nach völlig unbekannten Base erfuhr. Es schien so undenkbar, daß der gemessene und sehr beherrschte Vater dereinst, als wie auf einem frühen Biedermeierbilde, mit dem Ränzel und zu Fuß sich von Marburg nach Hanau auf den Weg gemacht habe und daß der gute Turner und klare junge Mann dann von Tränen überwältigt worden sei und daß er sich auf einen Eckstein gehockt und in die Richtung der Türme der Elisabeth-Kirche gestarrt habe. Und undenkbar schien, daß er, der in eigenen Dingen so Verhaltene, solches bekenne und sei es vor meiner verwunderten Mutter. Ich lächelte über nichts anderes als über die Undenkbarkeit. Vielleicht tat auch dieses Lächeln gut.

Und gut tat, ohne Zweifel, der Umzug aus dem stillen Londoner Zimmer hinaus an die Themse und hinein in die Natur und den sichtbaren Sommer und in das Leben von mehr beruhigten und gleichmütigen Menschen. Freilich geht es wohl bei allen Abstürzen der menschlichen Seele, wo es wirkliche Abstürze gewesen sind, ähnlich zu wie beim Niagarafall: Da stürzt der Strom in die tiefe Tiefe des Felsbettes, und unten zeigt sich kein Kochen der Wasser und kein Aufbrausen und keinerlei Aufruhr, sondern ruhig und dunkelgrün fließt der Fluß weiter, aber — so wurde mir gesagt beim erstaunenden und fragenden Anschauen — der Strom behält alle Mächte des Falles unter der Oberfläche in sich und nach Fluß von Meilen wirbeln sie plötzlich auf und brechen sie durch nach oben.

Die angenehmste Gestalt in Twickenham und gewiß auch die Gestalt, von der ich ein Stück Erziehung mitnahm, war der Bräutigam von „Spider", der ältesten Tochter des Hauses. Er gehörte zur Hochkirche, er war mit dem Oxforder Studium fertig oder fast fertig, er lebte den Sommer über in Ferien oder in irgendeiner Vorbereitung. Er war groß und sah gut aus und bei jeglichem Sprechen und Handeln war ihm eine gute und freundliche Kinderstube anzumerken. Kirchlich und predigerhaft und belehrend wirkte er niemals, sondern nur gerade und herrenhaft und bescheiden und natürlich und dazu jungenfroh. Seine Art ist mir unter jungen Engländern und eigentlich nur unter ihnen in den fünfzehn Jahren meiner englischen Gemeinschaft nicht so sehr oft, aber auch nicht ganz selten begegnet, und wenn ich an ‚Engländer' denke und sie über alle ‚Politik' hinaus stets von neuem und ‚von Herzen' mag, dann sind es diese besten Jungen, die in meinem Gedenken lebendig dastehen. Mir scheint seit langem, daß zur Bildung jener guten Gestalten zweierlei gehört hat: Ein Stück nationale Ungehemmtheit und nationale Sicherheit und ein unbewußt beigeordneter nationaler Stolz und schließlich ein kleines Stück alter neidloser Wohlhabenheit; und ich verkleinere ihr Wesen und ihre gute Wirkung durch solche Erklärung nicht.

Der junge Theologe hatte eine Eigentümlichkeit, er setzte sich sofort zur Wehr, wenn bei den Mahlzeiten oder im Garten unter den Walnußbäumen oder in seiner Punt, in dem von ihm gestakten Flachboot, auf dem Fluß oder in unserem Mahagoniboot beim Rudern sich ein politisches Gespräch anzuspinnen begann. Mir tat das stets von neuem leid, weil hierdurch eine gute Stimme heraus aus einem guten Wesen, das mit Schwatz und Nachschwatz so gar nichts zu tun haben mochte, verloren ging.

Wahrscheinlich hatte er nur die inzwischen überhandgenommene und so vergiftende Bedeutung des Begriffes Politik sich zusammengehört und aus den Zeitungen sich zusammengelesen und merkte einfach nicht, daß echte Ursachen in einem Volk und zwischen den Völkern durch Aussprache zu Tage gebracht werden müssen und daß nur von solcher echten Politik her die üblich gewordene falsche vergiftende ‚Politik' des Amtshungers, des Geldhungers und Ehrgeizes und Geschäftsneides und auch weltanschaulichen Wirrsinnes vermieden werden könne. Ihm wäre es dann bei seiner Ablehnung wie dem deutschen Dichter und Schweizer Jeremias Gotthelf gegangen, der die Worte schrieb: „Politisches Leben ist eine Art von Krankheitszustand, welcher überwunden werden muß, eine Gärung, welche das Ungesunde ausscheiden, wiederum Ruhe und Frieden ins Leben bringen soll. Wer meint, in einem Volke müsse ein beständig reges politisches Leben sein, da sei der rechte Normalzustand, der täuscht sich übel, so übel, wie der, welcher wähnte, der Mensch müsse beständig im Fieber liegen." Mir scheint dagegen (und ich spürte es bereits damals), in einem Volke müsse allerdings ein beständig reges politisches Leben erhalten werden und müsse bei seinen Gebildeten und Unabhängigen jedenfalls zum Ausdruck kommen; denn wie könnten sich die Vielen, die selbst nur Enge zu erleben Gelegenheit haben, anders und ohne geistige Hilfe der Einbläserei der Ehrgeizlinge und Amtshungrigen und Neidberstenden und Geldsüchtigen entziehen, wo jene sich überall im Besitze der Presse, der Telegrafenzentralen und des Rundfunkes befinden und durch ihr Geschwätz und ihre Pseudo-Politik Nationen und Volk nasführen und im unaufhörlichen Fieber gegeneinander erhalten?

Das frühere Flußleben auf der oberen Themse hatte seine eigenen ungeschriebenen Gesetze wie jegliches englisches Gemeinschaftsleben in freier Luft. Die Männer und Frauen in den Wherries und Canoes und Punts verstanden die einander nicht störende Führung ihrer Fahrzeuge sehr genau, sie trugen die angemessene und übereinstimmende Kleidung, sie wußten, wie durch disziplinierte Art die von den vielen bunten Fahrzeugen überfüllten Schleusen und Rollwege statt zu lauten und ärgerlichen Gedrängen zu heiteren Bildern gemacht werden könnten; sie wirkten jeder mit an der lächelnden Ordnung auf den grünen gepflegten Themseinseln, an denen die verschiedenen Boote unter überhängenden Zweigen zur Teestunde oder zum Picknick mittags und abends festmachten.

Das alte Themseleben fand ich Jahrzehnte später in der London-Nähe mehr oder minder verschwunden. Es verschwand wohl, als auch in dem noch reichen England die Vermassung zunahm und die Form verloren ging und an Stelle der Form der angebliche Fortschritt der Willkür trat.

Unser freundlichster Tag auf der Themse war der Tag des Jubiläums der Königin. In Erwartung der Überfülle auf den Straßen Londons schien keiner der Flußliebhaber und Hausbootbewohner in die Stadt gefahren zu sein, um irgendwoher einen Blick auf den Festzug zu werfen, aber um so festlicher und städtisch ungestörter ging es auf dem Wasser und in den Schleusen und an den Inseln zu. Nur die Heimkehr am späten Sommerabend wurde häßlich durch die Masse der blendenden Feuerwerke am Ufer und die schließlich jede Sicht raubenden Rauchschwaden.

Am Tage oder zwei Tage vor dem Jubiläum hatte man einen militärischen Aufzug in dem Ostende von London stattfinden lassen, damit auch die Leute von Whitechapel und die anderen Eastender ihre besondere Schaugelegenheit hätten und als Folge der Drang hin zu den Straßen des Jubiläumszuges vielleicht verringert würde. In den City Firmen gab es eine Arbeitspause für alle, die die Parade sich ansehen wollten. Ich stand im dichten Menschenwall am östlichen Ende der Fenchurchstreet. Als der Vorbeimarsch geschehen war, gab es ein unangenehmes Hin- und Hergestoße. Ich merkte bösen Willen bei Nachbarn und verbat mir ruhig das Spiel, insofern es mich betraf. Da schrie mich ein grober Bursch an: „Shut up you German Jew! What have you got to do here?" (Halte den Mund, Du deutscher Jude! Was hast Du hier zu bestellen?) Ich antwortete gleichmütig: „Do I look like a Jew?" (Sehe ich wie ein Jude aus?) „Yes you do", (Ja, das tun Sie), rief der andere. „You are all Jews you Germans!" (Ihr seid alle Juden, Ihr Deutschen.) Er bekam sofort und rundum Zustimmung: „That is what they are!" (Ja, das sind sie.) — Es war das einzige Mal, daß ich als Deutscher öffentlich aus dem niederen Volke heraus in einer englischen Straße angepöbelt wurde. Und in diesem Falle stimmte die Art der Anpöbelung mit der Art der Zeitungshetze nicht ganz zusammen.

Nach dem Jubiläum beschäftigten sich die konservativen Zeitungen plötzlich wieder mit der Burenrepublik Transvaal. Sie verlangten unverblümt, daß innerhalb von Südafrika jetzt endlich Ordnung geschaffen werde durch Beseitigung jeglicher bestimmenden Macht, die nicht britisch gelenkt sei. Als der alte Burenpräsident Paul Krüger bei einem Festmahl in Bloemfontein im Oranjefreistaat scherzend die Wendung brauchte, die Transvaalrepublik müsse sehr vorsichtig sein im Abschließen von Verträgen, denn die Königin von England sei nun einmal eine reizbare (kwaaie) Frau, wurde das Wort „kwaai" von den Berichterstattern und Ausdeutern zu einer unerhörten Beleidigung erklärt. Und das Wort „kwaai" konnte in der Tat mit schlimm oder böswillig übersetzt werden. Ich wunderte mich über die Aufregung in unserem Office, in die — nach dem Bekanntwerden der Äußerung und Zeitungskommentare — einer den anderen versetzte. Am hitzigsten entlud sich der österreichische Engländer. Ich fragte ihn harmlos, ob er „taal" verstehe, so wurde damals der holländisch-niederdeutsche Burendialekt genannt, der sich inzwischen mit „Afrikans" bezeichnet hat. Er kannte „taal" nicht, er grobte mich an, da lächelten die andern.

Briefliche Anfragen kamen fortwährend in das Geschäft, was der Chef von der Lage halte, ob Krieg in Südafrika nicht nahe bevorstehe. In des Chefs Antworten las ich, man habe in England aus verständlichen Gründen Ruhe gehalten in den Monaten und Wochen vor dem Jubiläum und hole jetzt auf. Aber England werde vorerst bestimmt keinen unendlich kostspieligen Krieg um die Einbeziehung der Burenstaaten führen, denn bei einigem Zuwarten werde sich die Einigung Südafrikas unter britischer Führung ohne Waffengewalt von selbst vollziehen, und man sei bei der englischen Regierung doch wirklich klug genug, das vorauszusehen. Mein Vater schrieb mir seinerseits: „Ich glaube nach allem, daß es ziemlich bald zum Kriege kommt, er wird bei Englands Macht kurz sein, und bis Du draußen antrittst, wird er im Sinne Großbritanniens entschieden sein." Das waren ungefähr seine Worte. Aber mir gingen in diesem Jahre 1897 vor den persönlichen Besorgtheiten und Bedrängtheiten und Erwartungen die allgemeinen politischen Dinge bis in den Herbst hinein erstaunlich weniger nach als in den zwei Jahren vorher.

In der zweiten Hälfte des Juli überfiel mich die Bräune nicht nur in sehr quälender, sondern auch gefährlicher Weise. Das Geschwür saß so tief im Halse, daß es nach Ansicht des örtlichen Arztes nicht gepinselt und nicht geschnitten werden könnte. Er verschrieb unter anderem zu dem Einatmen von Karboldämpfen das Schlucken von Eisstücken, aber ich brachte sie nicht durch die gequälte Kehle und saß aufrecht oder hing aufrecht bei hohem Fieber und nach Luft schnappend im Bett. Ich bat in lichteren Augenblicken schriftlich um Speiseeis. Aus irgendeinem unerfindlichen Grunde verbot, so wurde mir gesagt, der Arzt meiner etwas hilflosen Wirtin die Besorgung. Da schrieb ich in letzter Not, nach meinem Dafürhalten, an die englische mütterliche Freundin, die sich aus der Nähe von London gemeldet hatte: „Kommen Sie bitte, wenn Sie können, ich bin schlimm dran." Sie kam sofort und übernahm die Pflege, sie brachte am nächsten Morgen Speiseeis, die Erleichterung war nach einer Stunde da, und am Abend hatte sich das Geschwür geöffnet. Danach verlief alles normal, und als ich wieder auf den Füßen stehen und mich bewegen konnte, hatten wir ein paar freundliche Tage zusammen, beginnend mit einer Fahrt in den Bushy Park. Nach ihrem Davon und da ich noch nicht Kraft genug spürte hinter den wieder später werdenden Geschäftstagen her, mir an oder auf dem Flusse zu tun zu machen, begann mir in Twickenham etwas zu fehlen. Mein Wohnzimmer wurde untertags von den anderen mitbenutzt und hatte kein Eigengesicht, Licht gab ein offener Gasschmetterlingsbrenner, Helligkeit spendete er nicht und zur Sammlung half er nicht, im Gegenteil verschwamm jede Form in der elenden Beleuchtung. Da begann ich mich nach der Stille und Geschlossenheit und Eigenheit und dem hellen Tische in meinem Vincent Square Zimmer zu sehnen. Ich gestand mir: Du kannst tun, was Du willst, Dir genügt die mechanische Geschäftsarbeit der Angestellten nicht. Du mußt an irgendeiner Stelle etwas aus Dir selbst herausstellen. Sonst fehlt Dir der Ausgleich. Ohne rechtes Glücksgefühl mag einer leben, ohne Ausgleich gelingt's ihm nicht. Und ein schöpferischer Ausgleich wiederum hat die Stunden der ungestörten Einsamkeit und Unabgezogenheit zur Voraussetzung.

Am zweiten Tage nach Wiederaufnahme meiner Kontorarbeit in der City wurde ich in das Kontor des Chefs beschieden. „Ich habe einen Brief von meinem Bruder aus Südafrika bekommen", sagte er, „Sie wollen also j e t z t nach Port Elizabeth?" Ich horchte auf. Er fuhr gleich fort, ehe ich etwas erwidern konnte: „Ihr Herr Vater hat an meinen Bruder geschrieben, er begründet Ihren Wunsch mit Ihrer Gesundheit, die einem anderen Londoner Geschäftswinter nicht gewachsen sei ..." Ich antwortete, zwischen meinem Vater und mir sei vor der Hand von einem Winter in Paris die Rede gewesen zur weiteren Ausbildung. „Und was wollen Sie danach tun?" „Nach Afrika gehen." Der Chef schüttelte den Kopf: „Paris bedeutete dann nur ein verlorenes Jahr für Sie. Ich habe acht Jahre in Paris gelebt. Paris ist klimatisch gerade so schlecht im Winter wie London. Aber Sie müssen nach Ihrem Gefallen handeln. Mein Bruder bietet Ihnen jetzt eine Stelle an, ein Platz ist frei geworden. Ich meine, Ihr Vorteil liegt in der Annahme. Sie werden verstehen, daß neue Vordermänner Ihnen schaden könnten; es gibt auch nicht zu jeder Zeit eine Stelle, die für Sie paßt. Wie alt sind Sie? — Gut, mit zweiundzwanzig Jahren gewöhnt man sich draußen leichter ein als mit vierundzwanzig Jahren. Mit dreißig Jahren sind Sie überhaupt zu alt für Afrika. Ich rate Ihnen, gehen Sie. Schreiben Sie das alles Ihrem Herrn Vater und geben Sie mir schleunig Antwort." Als ich heraustrat aus dem Privatkontor, stellte mich der zweite Prokurist, ein Deutscher, der mir und andern das Leben bisher nicht leichter gemacht hatte. Er zeigte sich eifrig und war anscheinend ein wenig neidisch. „Sie müssen natürlich zugreifen.

Herr Werner Rolfes hat eigens von Kapstadt telegrafiert, daß wir Sie nicht zurückhalten sollen."

Die plötzliche Nähe der Entscheidung wirkte ein paar Stunden lang recht verwirrend auf mich, zumal ich die vollen körperlichen Kräfte noch nicht wiedergewonnen hatte. Es galt so vieler Bedenklichkeiten Herr zu werden. Ich mußte damit rechnen, daß ich von dem 76jährigen Vater für immer Abschied zu nehmen hätte. Ich mußte mir klar sein, daß die Endgültigkeit der afrikanischen Trennung einen Schuß ins Herz der geliebten Mutter bedeute, und sie hatte sich heimlich und vielleicht sich selbst unbewußt seit Monaten gegen Afrika zu stemmen begonnen. Ich mußte mich fragen, ob am Ende meine kaufmännische Begabung und meine unvollkommene kaufmännische Lehre ausreiche. Ich mußte überlegen, wie das Stück eigenwilliger und schöpferischer Natur in mir sich zurechtfinden werde mit einer neuen und alsdann vielmehr ausschließlichen geschäftlichen Verantwortung. Ich mußte mir gestehen, daß im Grunde genommen das Geschäft, in dem ich sei und mit dem ich mich nun gleichsam verheiraten sollte samt den dazugehörigen Plänen, mich von jeher viel weniger anziehe als den Vater, der nur nach Hörensagen urteilte und nach eigener vornehmer Gesinnung. Ich mußte mir auch bekennen, daß die nebelhafte Aussicht, Geld reichlich zu verdienen, an der ich seltsamerweise nicht zweifelte, mich kaum reizte, nachdem die Geliebte von mir nicht länger gewonnen werden konnte. Zuletzt sprachen nur vier Überlegungen für Afrika: Das war erstens mein romantischer Hunger und die angeborene Fernensehnsucht, die mich, der eigentlich als träumerischer, empfindsamer Ofensitzer geboren war, immer wieder überfielen; das war zweitens mein ganz deutliches Wissen, daß ich zu irgendeiner Erfüllung, sei sie künstlerisch, sei sie anders, mehr Lebenshärte in mein Blut bringen müsse; das war drittens die noch verschwommene, aber mich bedrängende politische Beobachtung, die sich ausdrücken ließ in den Worten: Deutschland braucht Luft in seinen sämtlichen Beziehungen; das war viertens eine Eigenschaft, in der sich Zähigkeit, Treue und Schwerfälligkeit mischten und von der aus ich selten, ja eigentlich nie einen eingeschlagenen Weg aufgab, so langsam ich ihn auch ging.

Ich entschied mich am gleichen Tag bei mir für die Annahme. Am Abend schrieb ich von Twickenham aus unter meinem trüben Schmetterlingsbrenner alles Nötige an den Vater.

Auch der Vater und natürlich die Mutter fühlten sich beim Briefempfang betroffen, der Vater, weil er plötzlich doch das Altwerden spürte und an die Nähe des Burenkrieges glaubte, und die geliebte Mutter wegen der trennenden Weite, denn Südafrika schien damals viel entfernter als heute und war es auch an Reisetagen gemessen. Bei der Mutter spielte noch eine andere, vielleicht ihre tiefste Sorge mit, es möchte die letzte Erfüllung, der Schriftsteller Hans Grimm, für mich, und das hieß, auch für sie nun noch länger außer Sicht gerückt bleiben. Sie meinte gewiß, daß der Verlust einer Geliebten wohl weh tue, aber einen schöpferischen Menschen noch nie aufgehalten habe, dagegen vermochte sie an eine dichterische Förderung durch die unbarmherzig grelle Helligkeit Afrikas nicht zu glauben.

Aus den manchen Briefen zur Sache sind mir folgende Zeilen nah geblieben: „Du fragst, ob ich mich mit Deiner Afrikareise inzwischen ausgesöhnt habe. Sie wird mir immer sehr schwer sein, und ich ertappe mich auf dem Gedanken: Wäre es doch Otto, der sich so wenig um uns kümmert, der mit so losen Fäden an uns gebunden ist. Ich will aber nichts weiter anführen; wenn doch gegangen werden soll, so ist es, wie der Engländer sich ausdrückt, am besten, man tut es cheerfully. Papa sagte heute, er möchte Dich gleich begleiten. Gottlob ist er wieder so wohl, daß er heiter in die Zukunft sieht, und sein liebster Gedanke ist der, daß Du voraussichtlich, wenn Du vierzig Jahre alt bist, tun und treiben kannst, was Dir gefällt und wo es Dir gefällt und keinerlei Herrn über Dir hast ..."

Es ist wohl nötig, daß ich an dieser Stelle wiederhole und ganz anführe, wie vom Vater die afrikanische geschäftliche Zukunft seines ältesten Sohnes aufgefaßt wurde. Dieser Sohn sollte, so hatte er die Vorschläge verstanden, draußen als Angestellter eintreten; nach etwa sechs Monaten sollte von ihm, dem Vater, eine Kapitaleinzahlung in der ungefähren Höhe meines erwarteten Erbes gemacht werden und der Sohn sollte dann in den Genuß eines üblichen Zinses und eines Gewinnanteiles kommen; aus dem Angestellten mit eigener Einlage sollte sich nach einer Reihe von Jahren ein jüngerer Teilhaber entwickeln. Vor mir war der Plan nie erörtert worden, auch habe ich den Briefwechsel zwischen meinem Vater und dem von mir in meiner südafrikanischen Angestelltenzeit sehr verehrten Chef Werner Rolfes nie gesehen. Eine kritische Meinung zu dem ganzen Plan und zu seiner Ausführung, insofern sie stattfand, habe ich erst in jenen sehr viel späteren Jahren gefaßt, in denen ich wirklich auf eigenen Füßen zu stehen kam.

Als ich dem Londoner Chef mitgeteilt hatte, daß mein Vater mit einer nahen Ausreise für mich einverstanden sei, erfuhr ich, nicht vom Chef, sondern von den Prokuristen, von Afrika aus sei zunächst wegen meiner angefragt worden, und eine lange Konferenz habe stattgefunden, ehe der Chef mich habe zu sich rufen lassen. An sich werde draußen zur Zeit eigentlich niemand gebraucht, aber meinem Vater hätte ein Wunsch erfüllt werden sollen. Der Sprecher war der erwähnte deutsche Prokurist, den ich wenig mochte und der mich wenig mochte. Ich bekam auch gesagt von dem sehr geachteten deutsch-englischen Prokuristen, man wolle wegen Tagen mit mir nicht rechnen und die mir zustehenden zwei Wochen Ferien könne ich an den Schluß der Londoner Arbeit legen. Ich blieb danach aus freien Stücken noch bis zum 15ten August Arbeiter am Londoner Pult, ich mochte mich trotz dem Drängen beider Eltern nicht früher lösen, weil mein englischer Nebenmann und guter Mitarbeiter schon ausgefallen und wegen alter Ärgerlichkeiten mit dem deutschen Prokuristen und dem Österreicher davongegangen war.

Ich wurde in den letzten Wochen ein paarmal aufgeforderter Gast im schönen Hause des Londoner Chefs in Hampstead, und ich glaube, wir gewannen durch den kurzen persönlichen Verkehr Achtung und auch ein neues Verständnis füreinander. Der Chef schlug die Ausreise mit dem englischen Postdampfer vom 25ten September vor, der mich im Oktober nach Port Elizabeth bringe, wenn die Hitze noch nicht eingesetzt habe. Ich sah mir die Segellisten an, da war die Abfahrt des Zwischendampfers „Gascon" für Southampton für den zweiten Oktober angekündigt, die „Gascon" sollte auf ihrer Reise nicht nur wie der Postdampfer Madeira, sondern dazu die Inseln Teneriffa, Las Palmas und St. Helena anlaufen, auch waren die Preise der Kammern auf den Zwischendampfern billiger als die Preise der Postdampfer, und die Ausreise mußte von uns bezahlt werden. Da entschloß ich mich zur „Gascon". Die letzten Wochen in London vergingen sehr schnell, ich hatte außer der reichlichen Kontorarbeit mit der Ausstattung für vier Jahre zu tun und mußte mich verabschieden bei den freundlichen englischen Familien und deutsch-englischen Familien, den Tetleys und Layton und Beneckes und Ursinus und

Hecht, mit denen ich verkehrt hatte, und vom Fluß und von den guten Leuten am Flusse.

Mir sind die Einzelheiten der fünf Wochen bei den Eltern und Geschwistern vor meiner ersten afrikanischen Ausfahrt völlig entfallen. Ich lebte in den Tag hinein und freute mich in den Tag hinein wie niemals vorher und niemals nachher, und vor lauter Dankbarkeit gelang es, viel Unangenehmes und Schweres zu vergessen. Zum Beschwingen des Tages trug die geradezu kindliche Heiterkeit des Vaters gewiß am meisten bei. Es war, als sollte er nun spät im Leben alles vor die Augen gestellt bekommen, den großen Dampfer, den wochenweiten Ozean, das nächtliche Leuchten des Meeres, darüber sein Vater die Doktorarbeit gemacht hatte, das Leuchtfeuer von Kap Finisterre, die spanischen und portugiesischen Inseln, den Weltschiffsverkehr, Napoleons St. Helena, den Tafelberg, die Buren und Kaffern und Zulus und die Strauße und dazu Unbekanntes ohne Ende. Und seltsam, diese Aufnahmelust war bei ihm keine Folge eines kleinen, zurückgehaltenen langsamen Lebens, sondern er hatte eine Mannigfaltigkeit des Daseins und der Begegnung und Gemeinschaft mit bedeutenden Männern hinter sich wie wenige. Ich glaube, bei geringerer Sohnesehrfurcht vor ihm hätte ich manchmal gelächelt, wie ich es zurückdenkend heute als alternder Mann wohl wage, damals tat der Mutter und mir diese Bereitschaft seiner Augen und seines Geistes nur gut und schien ein Verprechen der Dauer zu enthalten und eine Zusage des Schicksals, daß ich ihn bei hellem Sinne auch wiedersehen werde.

Besondere Freude machte ihm, wenn ihn der älteste Sohn, der Afrikaner, aus dem von ihm bevorzugten Teil des Wiesbadener Zivilkasinos, aus der „Schwarzen Katze" abholte und wenn er so früh erschien, daß er noch eine Weile den andern alten Herren der Tischgesellschaft Rede und Antwort stehen konnte. Sie waren fast alle keine Binnenländer und keine Kleinbürger und waren alle nicht ungeistig, doch schien mir der Vater ihnen an gründlichem Wissen und an Vornehmheit der Gesinnung und Haltung oder mit einem anderen Worte an Rundung weit überlegen. Und die meisten von ihnen spürten oder wußten es gar, und sie waren mir freundlich für den Vater, und ich wiederum versuchte es durch Verbindlichkeit zu entgelten, durch Verbindlichkeit, davon inzwischen bei uns Deutschen so viel verloren gegangen und durch kranke Wortmacherei ersetzt worden ist.

Zuweilen, wenn der Vater und ich zusammen aus dem Casino nach Hause gingen oder wenn ich einen Besuch in seinem Studierzimmer machte, wurde er je nach dem Gegenstand, den er zur Sprache brachte, und je nach der Art meiner Antwort unversehens ernst und gelegentlich im Weiterreden beinahe unbeholfen. Bei ihm war dann ein heimlicher Zweifel aufgetaucht, ob er recht gehandelt habe, mich zu dem unserem Blute fremden Berufe zu bestimmen. Ein paarmal sprach er es aus: „Du kannst jetzt noch zurück. Du sollst von mir nie empfindliche Rede über eine Umbesinnung hören." Wies ich ein Umbesinnen ab, so ließ er ein Erläutern dessen folgen, was er für mich hoffe, und das Erläutern lief auf den Bericht aus der Mutter Brief nach London hinaus, er erwarte, daß ich als Kaufmann vom vierzigsten Jahre an tun und treiben könne, was mir gefalle und wo es mir gefalle, und daß ich dann keinerlei Herren über mir habe. Auf ein leeres materielles Wohlleben oder auch nur verfeinerten Lebensgenuß war seine Hoffnung für mich durchaus nicht gerichtet. Sondern er sah, wiederum ein Stück deutlicher, die Gefahr, die für Deutschand und Europa oder in einem Worte dem Humanismus drohe, wenn bei uns als Folge der wirtschaftlichen Umwälzungen, Ballungen und Vermassungen jene geistige Oberschicht mit ihren Traditionen immer rascher verschwinde, die da seit der Reformation sich gewöhnt hatte, „eine Sache um ihrer selbst willen zu tun" — ich muß die abgegriffene Wendung brauchen — und die sich bei ihrer Haltung vom eigenen Gewissen bestimmen ließ, und die sich untereinander immer wieder zu peinlicher Sauberkeit erzogen hielt ohne Frage nach bequemer Gunst und augenblicklichem Vorteil. Der Vater also wollte sich in seinem ältesten Sohne dieser Umwälzung entgegenstellen, er wollte, daß der Sohn wie einst er selbst bei der Südbahn die Umwälzung kennen und ihr begegnen lerne vor dem umfassenden menschlichen Umbau, den er zu wittern begann.

In Wiesbaden wohnte seit etwa zehn Jahren ein deutscher Jude, der als südafrikanischer Kaufmann in East London und Kingwilliamstown reich geworden war. Auf den Vater machte der Zugezogene starken Eindruck durch sein Tun und Lassen. Er hatte sich die besten Mikroskope und Apparate der Zeit angeschafft und betrieb sehr gründliche Studien auf den Gebieten der Mikroskopie; er holte das biologische Studium nach, er erarbeitete sich den Doktorgrad, er gewann weithin wissenschaftliche

Hafenkontor des Geschäftes in East London. In der Tür die drei Chefs Grimm, Fraser und Martienssen.

Ausstellung des Geschäftes, das Hotelbedarf nach Südafrika importierte.

1908

Verbindungen. Dieser eifrige und welterfahrene gelehrte Liebhaber und Könner gehörte seiner Herkunft nach nicht zur alten deutschen geistigen Oberschicht, dennoch sah der Vater ein Beispiel in ihm, wie von den übrigen geistigen Familien der alten Oberschicht verfahren werden müsse, wenn sie nicht von den mußelosen Beamtenpflichten verbraucht und vom ungeistigen Reichtum und von dem Massenlärm totgewuchert werden sollten; ohne Zweifel hat die Art des Dr. Dreifuß — er ließ sich nach dem französischen Dreifuß-Prozeß umbenennen — bei des Vaters stillen Hoffnungen für mich Pate gestanden.

Dr. D. hatte dem Vater empfohlen, an mich für die Ausreise nach Afrika eine Fahrkarte erster Klasse zu wenden, weil man in der ersten Klasse mit d e n Leuten in Berührung komme, die zu kennen geschäftlich wichtig sei. Mir gefiel ein Einführungsschreiben, das mir Dr. D. mitgab an einen früheren Angestellten, der inzwischen zum Chef geworden war. Dr. D. erklärte nüchtern: „Ich gebe diese Einführung dem jungen Grimm mit. Er ist der Sohn eines von mir hochverehrten Mannes großen Ansehens und weiten Wissens. Ich habe den jungen Grimm als Schüler zuweilen gesprochen, er ist dann meinen Augen entschwunden. Es wird an ihm sein, sich zu beweisen." Erinnere ich mich recht, so empfanden Vater und Mutter die Einführung als etwas befremdlich.

Mutter riet die ganzen Wiesbadener fünf Wochen hindurch, daß ich mich mit Erlebnissen guter Konzerte und Theateraufführungen und mit dem Ansehen guter Bilder recht anfülle, sie riet richtig, und ich folgte zuweilen zögernd dem Rate. Ich füllte mich mit noch etwas anderem an, mit dem köstlichen eiskalten Wiesbadener Trinkwasser aus den Wasserschächten im Taunus, und auch dies Wasser wurde jahrelang in der Erinnerung zum nachgekosteten Genuß.

Mit meiner alten Miss vom Vincent Square hatte ich verabredet, daß mir mein früheres Zimmer in den letzten vier Londoner Tagen zur Verfügung stehen sollte. Die Züge von Dover trafen um sechs Uhr früh auf Victoria Station ein, um halb sieben Uhr am 28ten September stand ich vor dem Hause Vincent Square 14, um sieben Uhr wurde ich gehört und wurde mir aufgetan, von da an ging mit Besorgungen, mit Gesprächen und Besuchen alles im Fluge. Am Abend meldete sich Bernhardt und teilte mit, daß er meinen Posten im Office bei einem zugesagten Gehalte von sechs

Pfund im Monat erhalten habe. Er habe sich unverlangt vorgestellt, und da habe sich der Chef als Schüler von Bernhardts Vater zu erkennen gegeben. Bernhardt war glücklich über diese Wendung wegen des Eindruckes auf die alte Mutter. Beim Gutenacht zog er ein Heft der Saturday Review vom elften September aus der Tasche. Er sagte: „Regen Sie sich in diesen Tagen nicht mehr darüber auf. Aber da Sie hin und wieder von der „politisch biologischen Betrachtung der englischen Außenpolitik" gesprochen haben, die am ersten Februar 1896 in der Saturday Review angestellt wurde, meinte ich, es läge Ihnen daran, den Fortgang kennen zu lernen, und eigentlich wollte ich ihnen das Heft schon nach Wiesbaden schicken."

Ich las den Aufsatz zum ersten Malc zu einer Zeit des Abends, in der einem die Augen zufallen. Ich las die Schlußworte: Ceterum censeo, Germaniam esse delendam zuerst. Im Texte fielen mir die folgenden drei Stellen auf, die ich mehr zum späteren Nachdenken als aus augenblicklicher Aufgestörtheit anstrich. Die Stellen lauteten:

„Als vor drei Jahren die Saturday Review ihre Aufsätze gegen die hergebrachte deutschfreundliche Politik Englands zu schreiben anfing, stand sie (mit dieser Wendung) unter den führenden Zeitschriften, die die öffentliche Meinung ausdrücken, vereinzelt da. Und noch im Februar 1896 wurde die Erklärung eines Mitarbeiters, der die europäische Lage besprach und sagte, der erste und nächste Feind Engands sei Deutschland, als Schrulle betrachtet ..."

„... Was Bismarck vor sich sah, wird auch jedem von uns bald klar werden, daß nämlich zwischen England und Deutschland nicht nur der allerstärkste Interessengegensatz besteht, sondern daß England die einzige Großmacht ist, die Deutschland ohne gewaltigen Einsatz und ohne Zweifel am Ausgang zu bekämpfen vermag."

„... Wenn wir unseren Teil der Arbeit getan haben, können wir zu Frankreich und Rußland sprechen: Sucht Euch die Entschädigung selbst aus, nehmt Euch in Deutschland was Ihr wollt, Ihr könnt es haben."

Neben die Zeile, in der es hieß: „Was Bismarck vor sich sah", setzte ich die Fragewörter: „Wann? Wo?" Aber ich blieb an diesem Abend ohne neuen Schrecken. Um mich hing so viel persönliche Erwartung und Wichtigkeit, daß ich mich um das große Allgemeine nicht kümmerte und wahrhaftig das Gefühl hatte, jetzt, jetzt gelte nur meine eigene nächste Sache.

Von der Firma wurde mir Bernhardt zur Begleitung nach Southampton und auf das Schiff angeboten. Wir trafen uns auf Waterloo-Station. Ich gebe meinen Bericht wieder, der über die Abfahrt an den Vater ging. „Das Schauspiel auf dem Bahnhof war großartig. Die zwei Expreßzüge für die Castle-Line (sie war damals noch nicht mit der Union Line vereinigt) sollten zuerst abrollen, um sie standen Tausende; die ganze Halle war vollgestopft mit Reisenden und mit deren Begleitern, ein Vorwärtskommen war schwierig. Wir sahen uns alles gut an und wunderten uns, daß Engländer auch zurzeiten ihre Gefühle nicht verbergen können vor fremden Augen. Wir machten uns dann an unseren Zug. Ich war in ihm wohl der einzige Einsame, aber ich muß sagen, ich empfand es als Vorzug, denn über das Schwere war ich hinaus. Um zwei Uhr kamen wir nach Southampton und mußten auf das Schiff hasten, hier ging es sofort zum Lunch, und dann „Farewell" und die Begleiter mußten von Bord. Wir lagen noch eine halbe Stunde an der Mole, und wir Abreisenden sprachen zu den Untenstehenden. Pennystücke wurden hin- und hergeworfen, und die teilweise gedrückte Stimmung verkleidete sich mit überlautem Gelächter, wenn die Kupfermünzen ins Wasser fielen. Ein paar gute Witze wurden auch gemacht. Um drei einviertel setzte sich die Gascon in Bewegung, und nun brach „Cheer" auf „Cheer" am Ufer los und „Cheer" auf „Cheer" wurde vom Schiffe aus beantwortet. Die Menschen an Land liefen mit uns, so weit es nur ging, und die „Ladies" und „Gentlemen" zeigten eine erstaunliche Gewandtheit im Klettern über Holzhaufen und Balken. Wir dampften am abfahrtbereiten Postschiff vorbei; und wieder begann Rufen und Tücherwinken, und das wiederholte sich bei allen Schiffen und den ungezählten Ruder- und Segelbooten, die uns, auf der Reede, erwarteten. Der Tag hatte mit Sonnenschein begonnen, nach unserer Abfahrt sahen wir die Isle of Wight noch recht gut und am besten vor Abend und wieder ganz klar die beiden einzelnen hohen Felsgrate, die Needles, mit dem Leuchtturm."

Als wir querab von den Needles dahinstampften und der Lotse zum Vorschiff ging, um sich an der Strickleiter in sein Boot hinunterzulassen, lief ich ihm nach und reichte ihm, da er schon an der Reling stand, eine Postkarte für die Eltern zu, und dann, dann war meine erste Europazeit vorbei.

7.

Ich glaube, ich bin bis zur südafrikanischen Ausfahrt das gewesen, was man als „in sich hinein" bezeichnen mag; von der Ausfahrt an begann, von kurzen Rückfällen abgesehen, ein wißbegieriges, ein neugieriges „aus mir heraus". In der Erinnerung will es mir scheinen, ich hätte dabei nicht nur Viertelstunden lang an jedem Tage von vier Wochen, sondern Monate lang vor dem Bugspriet in der Schiffsspitze der Gascon gestanden und hätte mit weitoffenen oder zusammengekniffenen Augen — wie das die Beleuchtung nun mit sich brachte — oder auch mit dem Görzglase über das scheinbar endlose Meer hingeblickt auf etwas, das herankomme, auf etwas, das sich ereigne, auf etwas, das sich verändere, und schließlich auf etwas, davon ich dem wartenden Vater und der geliebten Mutter einen schriftlichen Bericht geben könne.

Wenn ich die frühen Briefe an die Eltern wieder lese, begegne ich manchem, was mir ganz gleichgültig und unwesentlich erscheint und davon ich damals Worte machte, um die Eltern nicht zu enttäuschen, um ihnen Freude zu bereiten und um vor mir selbst und neben einem sich rasch entwickelnden Stück Nüchternheit in mir die heimlichen Enttäuschungen zu verbergen.

Zum Beispiel galt das gleich für die erwarteten äußeren Wunder der langen Seereise mit der Gascon, die ich mir als Schiff doch eben deshalb ausgesucht hatte, da anders als sonst auf ihrem Wege die vier Inseln Madeira, Las Palmas, Teneriffa und St. Helena angelaufen werden sollten.

Von heut aus gesehen, erstaunt es mich selbst, daß ich samt den paar anderen Jüngeren an Bord mit so viel wartender Freude den atlantischen Inseln entgegenfuhr.

Vor Madeira stellten wir den Kapitän; er sagte, er habe nur einen Deutschen abzusetzen, an der Abendankunft könne er nichts ändern und bis in den Morgen hinein könne er den Aufenthalt nicht ausdehnen, aber drei Stunden wolle er in Gottes Namen bleiben, und das gebe uns Gelegenheit an Land zu gehen und das abendliche Funchal zu durchstreifen.

Porto Santos wurde um sechs Uhr abends wie ein fernes hohes blaues Gebirge sichtbar. Für unsere Ungeduld rückte es viel zu langsam näher. Nach der Abendmahlzeit ließen sich am Lichtschein zwei Dörfer erkennen und dann an der Südküste zwei Leuchttürme.

Es verging eine neue Wartezeit, bis am Horizont ein dritter Leuchtturm erschien und schließlich eine vom Monde erhellte Gebirgsmasse über dem Meere. Und das war dann Madeira. Wir verlangten durch Raketen vom Leuchtturmwächter eine Meldung nach Funchal hinein, daß die Gascon auf der Reede zu ankern vorhabe. Wir bemerkten die Lichter von Häusern, die sich strahlenförmig auf die halbe Höhe der Berge zogen.

Vorwärts ging es immer langsamer unter beständigem Loten. Um halb zwölf waren wir etwa tausend Meter vor Funchal auf der Reede angekommen, und lärmend fiel der Anker und wurde die Brücke hinabgelassen.

Der Kapitän hatte uns versprochen: „Ihr sollt gleich an Land können." Er erwartete eine rasche Abfertigung und blieb zu Frage und Antwort der Hafenbehörde selbst an der Brücke stehen. Aber bis 12¼ näherte sich niemand. Der Kapitän ließ die Dampfpfeife in immer kürzeren Abständen heulen, und das Echo aus den Bergen der Insel heraus wollte gar nicht aufhören, und daß wir gut gehört wurden, war daran zu merken, daß sich an Land immer mehr Fenster erhellten.

Um 12¾ schob sich endlich ein Boot mit roter Laterne gemächlich heran. Einer rief herauf bei kaum verständlicher Aussprache: „Nothing wrong on board?" Der Kapitän antwortete ärgerlichen Tones: „Nothing wrong, all well!" Der im Boote fragte noch einmal unnütz: „No illness at all?" Der Kapitän bellte: „No illness!" — Das Boot verschwand. Boote der Händler tauchten rundum auf mit den geflochtenen Madeirastühlen, mit den gestickten Umschlagtüchern und Spitzen, mit den schön gepackten Zigarren und Zigaretten aus schauerlichem Tabak, aber sie durften noch nicht an Bord, wie wir noch nicht an Land gehen durften.

Nach einer anderen halben Stunde pufften im Abstande hintereinander zwei Motorboote auf uns zu. Das erste brachte den Agenten der Linie mit einer rot-weißen Flagge. Er lief keuchend die Brücke hinauf und entschuldigte sich schon unterwegs: „How do you do, Captain? Ich muß mich entschuldigen. Ich konnte die Flagge der Union Co. nicht finden, wäre sonst längst hier!" Das zweite Motorboot schien irgendeinen Schaden zu haben, aber endlich war es ebenfalls heran und enthielt den Hafenkapitän und zwei portugiesische Polizisten, und das Frage- und Antwortspiel begann noch einmal. „Who are you?" — „S. S. Gascon". „Where do you come from?" — „From Southampton" usw.

Als die letzten Fragen und Antworten vorbei waren und die schreienden Händler sich auf Deck ausbreiten durften, war es fast zwei Uhr geworden. Der Kapitän war sehr verdrossen. Er sagte zu uns: „Ich gebe in einer kurzen halben Stunde Anker hoch. Ihr könnt nicht mehr an Land. Ihr träft dort auch niemand mehr in den Straßen." So erfüllte sich Madeira für uns.

Am Morgen nach Madeira fand ich aber einen Brief liegen neben meinem Frühstücksplatz. Die geliebte, immer bedachte Mutter hatte ihn am Tage vor meiner Abfahrt aus Southampton in Wiesbaden zur Post gegeben, und der Postdampfer hatte ihn vor uns nach Madeira gebracht.

An Las Palmas auf Gran Canaria fuhren wir aus einem vergessenen Grunde vorbei. Mit Santa Cruz auf Teneriffa hatten wir mehr Glück. Abend war es auch, als wir ankerten. Als das Boot uns absetzte an Land, schlug es halb zwölf, doch herrschte noch Leben in der kleinen Stadt mit den flachen Häusern und engen Gäßchen und dem mannigfaltigen Schmutz und den abstoßenden Gerüchen. Hübsch und hell von Licht wirkte die Promenade mit den zwei Straßenkaffees und dem flanierenden Manns- und Frauenvolk, das wie auf einen Schlag um Mitternacht verschwand. In den Kaffees fielen uns einige gut aussehende Mauren auf und zwischen ihnen ein schwerbezechter angeblicher Hauptmann der Gendarmerie in abgerissener Uniform. Er gab geradezu Vorstellungen, dabei ein sich wiederholendes Säbelziehen die große Rolle spielte. Unserer Schaulust wurden außerdem Verhaftungen eines Mauren und eines Spaniers geboten. Im einen Kaffee fand die eine, im anderen die andere statt. Die Ursache blieb uns Fremden unverständlich, um so stärkeren Anteil nahmen die heimischen Besucher des jeweiligen Kaffeehauses; die Aufgeregtheit steigerte sich bei Aufspringen und Schreien und Zurufen so sehr, daß ich eine große Prügelei erwartete. Aber sie ereignete sich nicht, und um zwölf Uhr verschwand, wie gesagt, alles von der Scene, und Lichter gingen aus, und wir trollten uns mit einem englischen Passagier unserer dritten Klasse, der sich inzwischen rasch an ungewohntem Wein betrunken hatte und der sich nun um nichts und wieder nichts über die Spanier zu ärgern anfing, an Bord zurück.

Am besten in der Erinnerung steht die Insel St. Helena, wenn auch diese Freude von rückwärts und ohne Romantik betrachtet, blutarm wirkt. Der Kapitän ließ am Abend mitteilen: „Die Gascon ankert vor Jamestown, dem Hafenort der Insel, um zwei Uhr morgens. Pünktlich um 1/28 Uhr morgens geht die Gascon Anker hoch; auf Ausgebliebene kann die Gascon nicht warten."

Ein Österreicher und ich hatten holländischen Damen und einer norwegisch-deutschen Dame versprochen, sie zu rufen, sobald sich die Gelegenheit biete, von Bord zu gehen. Die Anker fielen genau um zwei Uhr, und eine Viertelstunde später lehnte ich an der Reling und sah hinüber. Die schwindende Nacht war klar, und in ihr schien die Insel eine einzige geschlossene kahle Felsenburg. Der Österreicher gesellte sich mir zu nach einer Weile, die andern Reisenden blieben vorläufig aus, und kein Bootsverkehr begann; da legten wir uns in den „Damensalon" auf dem Oberdeck und schliefen fest bis fünf Uhr. Um fünf war die Sonne da, und aus der kahlen Felsenburg der Nacht war etwas geworden mit vielen Farben und Versprechungen, das man eine Gralsburg hätte nennen können, wie selbst — das sah ich viel später — bei guter Sicht und in rechtem Lichte und in noch genügender Ferne die verstädtertste Stadt der Welt New York dem Auge von See aus erscheint.

Wir fuhren als erste Passagiere voll Lust und Eifer und ohne Frühstück hinüber. Wir stürmten, so wollten es die Frauen und so wollten wir es, zuerst zum Postamt, um uns mit Briefmarken zu versorgen für uns und die Auftraggeber zu Hause. „Später", so waren wir belehrt worden, „kommen Sie bei den vielen Reisenden der Gascon und bei dem kurzen Aufenthalte nicht mehr hinein." Das Postamt war um sechs Uhr früh geöffnet worden zu seinem Geschäfte. Wir sahen mit Anerkennung, daß Jamestown eine selten reinliche Stadt sei. Wir stiegen, so war den Damen empfohlen, die rechts vom Hafen die Felsen hinaufführende steile Treppe, die aus 770 Stufen besteht, hinauf ohne Ziel. Die Felsen links und rechts waren mit einer Abart des Feigenkaktus bewachsen, die Aussicht auf die See und in die Felsentäler mit tropischen Bäumen und Palmen war das steile Klettern wohl wert. Doch wurden die Frauen auf halbem Wege müde und verlangten die Umkehr und zeigten Furcht vor Verspätung. Alle Landbesuche mit Damen von Bord aus, das lernte ich im Lauf der Jahre, leiden an solchen Bedenken. Aber durch die frühe Umkehr gewannen wir Zeit für die kleine Stadt im engen Felsentale. Ein Volksgemisch aus einst englischen, portugiesischen, holländisch-deutschen und farbigen Bestandteilen war dort als St. Helena-People entstanden, und nie wieder habe ich auf einem Fleck so viel hübsche Mädchen gesehen. Es zeigte sich auch alles in schneeweißen Kattunkleidern und Anzügen und war nirgendwo laut, sondern gab sich freundlich und anständig. Auch was mir in der Folge als St. Helena-People im Kapland begegnete, kleine Angestellte und Hausbedienstete, bestätigte jenen ersten Eindruck. Vielleicht hat dem Schlage gut getan, daß er auf der Insel von Napoleon an bis zu den Gefangenen aus dem Burenkriege keinen Menschenkampf erlebte und keinen Reichtum und keine wirkliche Armut, sondern nur eine gutwillige militärische Ordnung.

Wir waren um ½ 8 Uhr nach der Vorschrift zurück an Bord. Aber wir gingen erst um 10 Uhr Anker hoch und hätten also noch Longwood mit dem einstigen Grabe Napoleons besuchen können, wie wir Männer es ohne die Frauen auch getan hätten. Häuser von Longwood wurden in der Ferne sichtbar, als wir um die Insel herum südostwärts davondampften.

Bei diesem Davon warf ich einen silbernen Anhänger über Bord, darin sich goldblondes Haar der Jugendgeliebten befand und den ich seit dem 15. Jahr als Amulett über dem Herzen trug. Ich hatte mich von dem gewohnten Talisman zunächst nicht trennen mögen, als die Geliebte sich anders verlobte und heiratete, doch nun, da ich aus mir herausdrängte, schien er nicht mehr zu mir zu passen.

Die Gascon war wie alle Zwischendampfer ein ausgesprochenes Familienschiff. Junge Leute meines Alters gab es kaum. Auch der Österreicher, den ich am ersten Reisetage kennen gelernt hatte, war älter als ich. Er kam aus Prag und trug einen böhmischen Namen, aber Czeche nannte er sich nicht. Er war Leiter einer chemischen Fabrik gewesen und war in die Leitung einer Dynamitfabrik in Johannesburg im Transvaal berufen. Er hing sich sehr an mich, konnte er doch englisch nur radebrechen. Er und ich saßen viel zusammen mit der norwegischen Frau eines Johannesburger Deutschen und mit der holländischen Frau eines holländischen Geologen in Pretoria und mit deren kluger holländischer Freundin, die als Schwester in den Dienst der Transvaal Bahnen ging, und wir sprachen dann deutsch.

Eine zahlreiche Gruppe an Bord drängte sich vor und schloß sich als sogenannte „Aristokratie" zusammen. Den Namen hatte wohl eine beobachtende jüdisch-englische Frau aus Johannesburg, die mit mir am selben Tische saß, der Gruppe gegeben, er wurde auch bald mit Wohlgefallen bei der Gruppe selbst gebraucht. Die Aristokratie war etwas seltsam, sie war keine der Rasse, keine der Bildung oder des Geistes und auch nicht einmal des Geldes. An der Spitze stand ein an sich gutmütiger schottischer Pferdehändler aus Kimberley, hochgewachsen gleich mir und so wohlgerundet dick und breit, wie ich das noch bei keinem gesehen hatte. Neben ihm hielten sich, außer seiner Frau, als Hauptpersonen erstens ein Agent mit dem Gesichte eines Karpfens und einem deutschen Judennamen, zweitens ein trunksüchtiger Mr. R.. ein angeblicher früherer Offizier der Bengal Lancers, drittens ein immer schlechtlauniges älteres englisches Doktorehepaar, viertens ein frisch zum Marineleutnant beförderter und ganz unenglisch schwadronierender dummer Junge und fünftens ein schulmeisternder älterer Amerikaner aus Johannesburg. Die anderen Mitglieder der „Aristokratie" waren Kopfnicker und Statisten.

Ich fragte die Frau, die für die tonangebende Gruppe den Namen gefunden hatte, was denn diese Leute zusammenbringe. Sie lachte, sie sagte: „Sie mögen die Buren und Holländer und die Deutschen nicht leiden und stellen dadurch für einander etwas vor." Ich fragte etwas ungläubig: „Weht denn draußen der Wind gegen die Buren wiederum schärfer?" Sie nickte. Ich fragte: „Aber Buren sind doch gar nicht an Bord, und was haben wir Deutschen — denn von den Holländern weiß ich garnichts — damit zu tun, wenn die Art der Buren den Engländern nicht recht ist." Sie lachte ein drittes Mal. Sie antwortete: „Aber die Deutschen sitzen dabei und machen eigentümliche Augen und verdienen Geld und sprechen untereinander ihre unverständliche Sprache, und man weiß doch nicht, was hinter ihren Stirnen vor sich geht..." Ich horchte betreten zu und wußte nichts zu entgegnen, da berührte sie meinen Arm: „Sie müssen nicht denken, daß ich aus Ihnen jetzt etwas herausholen wollte. An große deutsche Hintergedanken habe *ich* nie geglaubt. Aber die andern sind so: Sie überschätzen Euch, sie rümpfen die Nase über Euch, und das alles beides wiederum gefällt ihnen selber nicht. Und im ganzen seid Ihr ihnen unheimlich."

Aus der „Aristokratengruppe" sprach der dicke Pferdehändler hin und wieder ein paar gemütliche Worte mit mir, weil er meinen zukünftigen Chef kannte und ihm Pferde verkauft hatte und wieder verkaufen wollte. Im übrigen ging die Gruppe wirklich den Deutschen nicht nur aus dem Wege, sondern bei ihren lauten

Rauchzimmergesprächen waren der Kaiser und die Deutschen der immer wiederkehrende Gegenstand. Ich hörte diese Unterhaltungen an jedem Tage an meinen Ohren vorbei, sie kamen nicht im geringsten in mich hinein.

Nur bei dem einen aus der Gruppe, dem schulmeisternden Amerikaner, wurde die wunderliche Übung gelegentlich lästig. Er saß bei den Mahlzeiten an meinem Tisch. Seine Spezialität waren mit statistischen Zahlen belegte Ausführungen. Die Zahlen schöpfte er aus einem neuen sechs Penny-Hefte, das den Titel trug „Everybody's pocket Encyclopedia" (Taschen-Allbuch für jedermann). Wenn ich ihn vor dem Lunch oder der Hauptmahlzeit darin blättern und lesen sah, dann wußte ich, was folgen werde. Die Ausführungen bekamen nicht immer, aber meistens eine antideutsche Spitze; und da war sein Steckenpferd die angebliche Prämienwirtschaft, durch die das deutsche Reich die Ausfuhr vieler Erzeugnisse und auch das deutsche Schiffahrtswesen fördere. Gegen solches Prämienwesen könnten die Kaufleute der freien Wirtschaften anderswo immer weniger an. Ich hatte die Anschuldigungen wegen des „Bounty fed Beet-Sugar", des mit Prämien hochgepäppelten Rübenzuckers, wodurch die Rohrzuckerausfuhr zu erliegen drohe, in London oft genug zu hören bekommen und auch Anschuldigungen wegen der Prämien auf den Kohlenexport und wegen der Postdampfer-Prämien an sich entwickelnde deutsche Schiffahrtslinien. Ich war damals staatswirtschaftlich nicht beschlagen genug, um auf die unsachverständigen Anzapfungen sachverständige Antworten geben zu können. Jedoch meine schweigende Gegenwart reizte den Mann, und wenn er eine Weile gepredigt hatte, stellte er Fragen an mich. Die Andern am Tische, die sich alle nicht zur Gruppe der „Aristokratie" hielten, bogen die an mich gestellten Fragen sehr oft ab oder stimmten mir zu, wenn ich entgegnete: „Ich weiß darüber nichts. Ich habe das in meinem deutschen Realgymnasium bis zum Abiturientenexamen nicht gelernt, (was für damals zutraf) und ich habe auch an der Universität von Lausanne nichts davon erfahren, und in meiner englischen Lehrzeit hatte ich zu wenig Freistunden, um mich um diese Dinge richtig zu kümmern; aber wenn ich jetzt nach Südafrika komme, dann will ich die Augen und Ohren weit aufmachen und will alle derartigen Wichtigkeiten nachzulernen versuchen." Ich kann mich auch nicht erinnern, daß die antideutsche Schulmeisterei des Mr. Philips mir je in die Seele traf. Ich hätte bei Tisch nur lieber erlebte afrikanische Sachlichkeiten gehört als theoretische Ödheiten.

Einmal beim Lunch, als unser Dampfer auf der Höhe von Südspanien dahinfuhr und wir noch ohne Flaggengruß von beiden Seiten, wie er später zwischen der Deutschen Ost-Afrika-Linie und der Union- und Castlelinie selbstverständlich üblich wurde, dem stampfenden kleinen Dampfer Kanzler begegneten, benutzte Schulmeister Philips die allgemeine Neugier zu einem besonders scharfen Angriff auf den angeblichen Mißbrauch der deutschen Postverträge und dergleichen Machenschaften der Hamburger Reeder, was denn alles auch schon von der deutschen Sozialdemokratie im Reichstag angeprangert worden sei. Als er sich satt geredet hatte, wandte er sich an den 4. Offizier der Gascon, einen bildhübschen Menschen, neben dem ich saß. Er fragte ihn: „Was sagen nun Sie zu dieser mit Prämien gefütterten Deutschen Ost-Afrika Linie?" Der Vierte, sonst ein duldsamer, frischer, unpolitischer Mensch erwiderte geringschätzig: „Line? That's no line at all."

Nach dieser Entgegnung begann ein seltsamer Zank, an dem alle Anteil nahmen außer mir, und in dessen Verlauf auch bei einigen der sonst Ruhigen und nicht zur Gruppe „Aristokratie" Gehörigen die kaiserliche Regierung nicht allzu gut wegkam. Ich wehrte nichts ab, weil nach meiner Kenntnis keine einzige auch nur halbe Richtigkeit vorgebracht wurde. Ich hatte das Gefühl, es werde über irgend ein Märchenland geredet, und stand, als das Lunch zu Ende war, ganz unverärgert auf.

Ich war erstaunt, als etwa eine halbe Stunde später der Kapitän an den Stuhl trat, auf dem ich lesend lag. Er sagte: „Ich habe beim Lunch zum Teil selbst mitangehört und habe mir auch Einiges berichten lassen, was an Ihrem Tische von Mr. Philips und noch andern über Deutschland und die deutsche Regierung und den Kaiser vor Ihnen und wohl auch zu Ihnen gesprochen worden ist. Der Lärm am Tische war sehr groß, und Sie sind völlig ruhig und still geblieben. Ich möchte Ihnen dafür danken dürfen und möchte mich für das Schiff bei Ihnen entschuldigen." Ich muß sagen, ich freute mich über das gerade Wesen des in anderen Dingen gelegentlich etwas spottlustigen Mannes, und wenn ich nicht so viel jünger als er gewesen wäre, hätte ich aufstehend nicht nur meinerseits gedankt, sondern hätte hinzugefügt: „Captain, I well know that you are an Englishmann, as my father tought me to expect them." Ich hatte es auf der Zunge

An Bord gab es unter den Engländern einen Fahrgast, den ich als Aristokraten bezeichnet hätte, als Aristokraten ohne Anführungsstriche. Er war ein großer, stiller, gut aussehender Mann, er saß meistens einsam und las, er pokerte nicht, er machte die politischen Gespräche nicht mit, er war an der Bar kaum zu sehen. Er hatte in den ruhigen sicheren Augen eine merkwürdige Traurigkeit hängen, und wenn ich meinte, er merke es nicht, sah ich nach seinen Augen hin. Auf der Reise selbst erfuhr ich eigentlich nichts von ihm, als daß er eine schwere Bronchitis gehabt habe und daß er einmal in die südafrikanische Sonne hinausfahre, um sich völlig zu erholen. Mr. Harper erzählte mir das, als wir nebeneinander an der Reling lehnten. Er wurde unversehens zu der Gestalt der Gascon, an die ich mich mit dem Herzen erinnere, aber das wurde mir erst nach dem Ende der Ausreise offenbar.

Schach spielte ich häufig mit einem einzelgängerischen deutschen Juden. Durch ihn stellte sich heraus, daß er selbst und der Mann mit dem Karpfengesichte, der in der Gruppe „Aristokratie" die besonders deutschfeindliche Rolle spielte, Teilhaber gewesen waren und sich im Zorne getrennt hatten. Durch Zufall hatten sie sich auf demselben Schiffe wieder getroffen, der eine fuhr zu seinem Geschäfte zurück, der andere, der sich als der Deutschenfeind gab, zog — davon wußte bis Kapstadt niemand — als zeitweiliger reisender Agent einer wohlangesehenen Hamburger deutsch-jüdischen Exportfirma nach Südafrika.

Knapp vor Kapstadt gab es noch andere seltame Entwicklungen in der „Aristokratie", dazu gehörte, daß der trinkende, aufgeblasene Mr. R. die Rechnung der Schiffsschenke nicht bezahlen konnte und sich ganz richtig und ohne Schwindel als Lord R. („Lord" als ein jüngerer Sohn) entpuppte; er versuchte als solcher den Mann mit dem Karpfengesicht zu einer Anleihe zu bewegen oder zu einer Anstellung als Handlungsgehilfe mit Vorschuß. Der Karpfen erklärte gegenüber beiden Ansuchen, er fühle sich dazu nicht in der Lage. Da wandte sich Lord R. an meinen Schachspieler; dieser nun meinte, Lord R. sei doch wohl nicht die richtige Kraft für seine Schreibstube. —

Zwischen St. Helena und Kapstadt ereignete sich ein Vorkommnis, das mir immer gegenwärtig geblieben ist. Ich machte meinen Deckspaziergang vor der abendlichen Hauptmahlzeit und traf dabei mit der klugen holländichen Schwester zusammen, die samt ihrer Freundin, der holländischen Geologenfrau, und der Deutschnorwegerin mit dem Österreicher und mir in St. Helena an Land gegangen war. Wir sprachen dies und das über die für sie zu Ende gehende Reise, denn die drei Frauen wollten von Kapstadt aus mit dem Zuge in den Transvaal fahren wie die meisten Reisenden. Auf einmal sagte die Schwester, sie hatte die Entwicklungen in der Gruppe „Aristokratie" noch nicht erfahren: „Sehen Sie, wir drei Frauen haben etwas viel mit Ihnen beiden Deutschen (das waren der böhmische Österreicher und ich) zusammen gesessen. Daher haben viele an Bord geglaubt, wir seien im Grunde auch Deutsche. Und Sie begreifen, daß man hierdurch zwischen Engländern kein leichteres Leben hat und jedenfalls von manchen schief angesehen wird." Ich wurde durch das Trompetensignal, das zur Mahlzeit rief, einer Antwort enthoben. Ich dachte kopfschüttelnd: „Was wird auf deutschem Rücken alles ausgefochten. So spricht nun eine Frau zu einem Deutschen, die in den Dienst des Burenstaats Transvaal geht!

Jeder lobt Kapstadt von der See aus, wenn da am Morgen der Tafelberg aus dem Horizonte herauswächst, dazu seine beiden Schildwachen, die Teufelsspitze und der Löwenkopf; und vielleicht ist auch unbewußt in jedem Reisenden, der zu Schiff hineingelangt in die Tafelbucht, etwas von überkommener geschichtlicher Freude vorhanden. Denn als die Fahrzeuge der holländisch-ostindischen Kompanie mit ihren niederländischen und deutschen Matrosen und Soldaten 1651 regelmäßig den Hafen ansegelten, um unter Steinplatten Postsachen abzuholen und zu hinterlegen, um niederländische Beamte und deutsche Siedler zu landen und um nach Möglichkeit frischen Proviant an Bord zu holen, da stellte für die Nordmenschen nach der langen harten Fahrt von Holland oder der langen harten Fahrt von Indien her diese besondere Stelle der Erde ein Stück ersten Ausruhens und Aufatmens und gar ein Stück der Heimat dar; und zu dem schwarzen wilden Afrika schien die entstehende Siedlung von früh an nicht mehr zu gehören.

Ich erwartete in Kapstadt nicht Afrika, ich hatte aus Erzählungen und Büchern und deutschen Gedichten und vielleicht auch von der Empire Standuhr meines Großvaters, der Bonne Espérance, die ein um Kapstadt wissender Bronzekünstler um

1815 herum geschaffen haben muß, für Kapstadt die geschichtliche Erwartung sehr stark in mir. Ich genoß wie vielleicht wenige an Bord die Einfahrt in die Tafelbucht. Ich las dem so großartig wirkenden Tafelberg mit einer Art Hunger die Historie der vergangenen 250 Jahre ab. Ich verträumte mich so sehr, daß mich das, was ich an den drei Tagen, an denen wir wieder an Land herumlaufen konnten, aufnahm, gar nicht befriedigte. Der weltenweit bekannte Ort mit seinem großen Versprechen von der See aus hatte damals einfach keinen Stil oder nur den Stil der Stillosigkeit. Afrika war vertreten durch die große Zahl sehr verschiedener halbfarbiger Bastarde. Die alten Indienfahrer hatten Malaien hinterlassen, vielfach wohlhabende Nachkommen von einstigen Sklaven und Gefangenen. Von den Holländern kündeten die angepflanzten, mächtig gewordenen Eichen und kündete das klassizistische Fort und dies und jenes alte Bauwerk und dies und jenes schöne handwerkliche Kulturstück, und für das Forschen und Wissen der neueren Zeit zeugten das Museum und die große öffentliche Bücherei. Aber was alles an Ehrwürdigkeit und Echtheit und Vornehmheit unter den Tafelberg gehörte, es war umhäuft und umbaut von hastiger Verstädterung und von Nachahmung und vom Eifer des kleinen Geldraffens.

An die Eltern schrieb ich nur von den vielen einzelnen Schönheiten und freundlichen Seltsamkeiten und erzählte von dem nicht ganz geglückten Aufstieg auf den Tafelberg zusammen mit dem Böhmen ohne rechten Weg und erzählte von dem ersten deutschen Kriegsschiff meines Sehens, dem veralteten kleinen Kanonenboot Condor, das ich im Trockendock liegend traf und davon mich ein besonders netter Matrose, ein pommerscher Fischersohn an die Gascon begleitete.

Über die Abfahrt nach drei Tagen war ich aber recht froh und blieb es in späteren Jahren, wenn ich bei Hin und Her Kapstadt berühren mußte, eigentlich immer wieder.

Auf der Gascon war es leer geworden von Reisenden, der Dampfer hatte dazu allerlei Ladung gelöscht; als wir aus der Tafelbai heraus waren und das wirkliche Kap umfahren hatten, machte nicht nur dieses seinem alten Namen, Cabo Tormentoso, Ehre, sondern im indischen Ozean dauerte das Stampfen und Rollen fort durch alle Stunden bis zum späten Vorabend der Einfahrt in die Algoa Bay. Am Vorabend sagte mir der Kapitän:

„To morrow morning six o'cock you'll have Port Elizabeth before your eyes."

Ich hatte seit Kapstadt keinen Kammergenossen mehr, und das Rollen und Stampfen des Schiffes störte mich nicht. Aber in der letzten Nacht an Bord hielt mich die Unruhe gepackt und machte sich eine unverständliche Art Trennungsweh vom Schiffe geltend, das ich verlassen sollte.

Ich stand um fünf Uhr auf. Als ich an die Reling trat kurz nach halb sechs, fiel schon der Anker, und da lag auf etwa 1200 Meter die Hafenstadt Port Elizabeth mit der Landungsbrücke, der „Jetty", und ihren Kränen vor uns.

Ich glaube, ich bin nie vorher und nie nachher in meinem Leben so im Gemüte erschrocken vor einer Sicht, obgleich ich doch einige Aufnahmen des Ortes gesehen hatte. Aber bei jenen Aufnahmen hatte ich mir eingebildet, es würde alles anders sein, wenn in der Wirklichkeit Sonne und Landschaft die Farben hinzutäten. Es war jedoch gar nichts anders und gewiß nichts freundlicher. Sondern da zeigten sich lange Küstensandhügel, getrennt durch ein flaches kahles Tal, darinnen, wie ich wußte, ein dürftiger Wasserlauf, genannt Baakensriver, Abwässer verschiedener Art in die See schob. Links vom Tal war eine dürftige Vorstadt mit kleinen dürftigen, zum Teil blechernen Häusern zusammengebracht worden, rechts vom Tal ballte sich die Geschäftsstadt, bestehend aus farblosen Steinklötzen von Stores mit roten und weißrot gestreiften Wellblechdächern, und wieder rechts von dieser Geschäftsstadt fing das North End an, die andere Vorstadt mit andern kleinen, eisenblechernen Häusern und den Petroleum- und Explosiv-Lagern, die man überall an die Ränder der Orte tut. Die Villenstadt, das wußte ich ebenfalls, begann über der Geschäfts- und Storestadt. Sie nahm hinter einem seesalz-zerfressenen, großen, grauen Grasplatze auf der Braue des Hügels ihren Anfang. Als Landmale erhoben sich auf dem grauen Grasplatze ein kleiner feststehender roter Leuchtturm, eine Pyramide aus rotem Stein zur Erinnerung an eine Lady Domkin und ein Signalmast für Schiffe. Ein paar graugrüne, zur Villenstadt gehörige Spitzen von Bäumen ließen sich hinter dem grauen Grasplatze wahrnehmen und außerdem rechts und links die Einschnitte der steilen Fahrstraßen, die auf den Haupthügel führten und zu allem, was hinter seiner Braue noch zur Stadt und ihrem Leben gehörte.

„Afrika? — Afrika? — Afrika?" Ich schüttelte immer wieder den Kopf. Ich hatte in Port Elizabeth oder um Port Elizabeth anders als um Kapstadt Afrika erwartet. Ich verstand nicht Palmen und Löwen und Gedichte Freiligrath's darunter, jedoch eine lebendige, eine geheimnisvolle Natur, nicht eine so gänzlich phantasielose, ausgepowerte Angelegenheit.

Auf einmal stand dann jemand neben mir und blickte auch hinüber. Ich bemerkte ihn aber erst richtig, als er sprach.

Er sagte: „And this is the town you'll work and live in n'future —". Er fügte hinzu: „You don't appear to like the place by its look ..." Ich glaube, ich nickte nur, als ich mich ihm zuwandte. Der Sprecher war der stille, große Engländer mit den ruhigen, sicheren Augen, darin die heimliche Traurigkeit hing. Er versuchte nicht, mir mein Mißtrauen oder Mißfallen auszureden, er blieb einfach neben mir, bis der Steward erschien und sagte, wenn ich mit dem ersten Tender an Land wolle, könne ich jetzt frühstücken.

Um 8½ wurde ich abgeholt von einem jungen Mann meines Alters, hochgewachsen wie ich, wohlangezogen, kühl in der Art. Ich wußte, daß ein anderer Deutscher vor neun Monaten bei der Firma angelangt sei, dem ungefähr das gleiche Angebot gemacht worden war wie meinem Vater für mich. Mir fiel bei ihm sofort auf, ein wie gutes Englisch er sprach; ich hatte es in solcher Vollendung der Aussprache bei keinem Deutschen bislang gehört. Er war wenig mitteilungslustig. Ich erfuhr von ihm, unser Chef sei zur Zeit in Bulawayo in Rhodesien, an seiner Stelle stehe der Prokurist Henry Taylor, dessen Namen ich aus Geschäftsbriefen kannte. Im Geschäft warte man sehr auf mein Eintreffen, gerade in der letzten Zeit seien zwei Angestellte ausgefallen. Ich solle mir aber an diesem und dem nächsten Tage erst Wohnung suchen, und da sei dann das Beste, daß ich, bis sich eine rechte Unterkunft finde, in das erste Hotel des Ortes gehe, es liege oben auf dem Hügel am Eingang der Villenstadt. Das große Gepäck würde von der Abteilung „Verschiffung" der Firma durch den Zoll und später zur Wohnung gebracht werden. Ich ging mit ihm die sehr kurze Strecke von der Landungsbrücke zum Geschäftshause, um mich gleich dem Prokuristen vorzustellen. Ich traf einen freundlichen Engländer mit sonnenverbranntem, etwas schiefem, lachendem Gesichte voller kleiner Fältchen. Er und der Chef waren vor etwa fünfzehn Jahren als südafrikanische Anfänger handelnd unter den Buren herumgefahren und hatten sich dabei kennen gelernt und zeitweilig zusammengetan; und als es dem Prokuristen aus irgendeinem Grunde schlecht ging und dem Chef nicht schlecht, hatte dieser sich des früheren Kameraden angenommen. Das erzählte mir irgendwer noch am selben Tage.

Ich fuhr mit dem neuen elektrischen Schienenwagen die sehr steile Straße den Hügel hinauf, ich wunderte mich damals, daß solche Steigung ohne Zahnrad überwunden werden könnte. Im Hotel ließ ich mir ein Zimmer anweisen und erlebte da eine erste kleine Freude für die Augen und für die von aller Nüchternheit des Morgens her durstige Phantasie. Die Zimmer waren sehr hell und von Nacht und Morgen und Sonne her voll reiner Luft, sie führten alle unter ein vorspringendes Sonnendach hinaus und lagen um einen nicht großen geschlossenen Gartenhof mit fremdartiger wohlgehaltener Bepflanzung. Als Bedienung liefen Inder herum in blütenweißen Anzügen und hatten weiße Turbane um die Köpfe geschlungen.

Als ich dann gleich vor Mittag die Wohnungssuche beginnen wollte, kam zur Freude der Augen und Phantasie eine andere Freude hinzu: Im Eingang des Hauses stand der eine vornehme, stille Engländer vom Schiff. Er winkte, er schien auf einmal viel lebhafter als an Bord, er erklärte: „Ja, ich wollte nicht die drei Tage auf der Gascon bleiben, während sie auf dieser unruhigen Reede hin und her geschüttelt wird und löscht und lädt und während das Geschrei der arbeitenden Eingeborenen und das Gerassel der Kräne und das Gequieke der Winschen nicht aufhört. Ich habe mich so lange hier untergebracht, und dies südafrikanische Hotel scheint fair und macht mir Spaß." Und dann fragte er, was ich vorhabe, und sagte zu meinem Erstaunen: „Wohnungssuchen? Ja, wenn es Ihnen recht ist, begleite ich Sie am Nachmittag."

Ich weiß nicht mehr, ob ich zwei oder an den ganzen drei Tagen mit dem unversehens aufgeschlossenen Manne herumging. Ich weiß nur, daß ich mich froh und dankbar fühlte durch seine Gegenwart, es war ja doch, als sei in dem mich so wenig anmutenden Orte auf einmal ein ruhiger, warmer und an mir beteiligter Mensch neben mich gerufen worden.

Am ersten Tag war keine geeignete Wohnung zu entdecken, also ein Schlafzimmer u n d ein Wohnzimmer, in dem ich meine

Bücher aufstellen und Bilder aufhängen und dann und wann am Feierabend und Sonntag sitzen und lesen und an die Eltern schreiben könnte, dazu die Mitbenutzung eines Duschraumes.

Am zweiten Tage ging ich hinunter ins Kontor und wagte den Prokuristen zu bitten, mir noch anderthalb freie Tage zu gewähren. Er lachte wieder mit dem sonnenverbrannten schiefen Gesichte, aber er verbarg seine Enttäuschung nicht. Jedoch ich war dieses Mal nicht hellhörig. Ich sagte mir: „Nein, wenn mein Engländer übermorgen davongeht, muß ich wenigstens einen leidlichen Unterschlupf haben. Es klappt sonst nicht mit mir."

Den Unterschlupf oder vielmehr eine Notlösung fand ich vierundzwanzig Stunden später in dem größten Boarding House der Villenstadt. Angeboten wurde mir dort ein Schlafzimmer, das freilich nur durch ein anderes Schlafzimmer erreicht werden konnte und von diesem durch eine pappene Dreiviertel-Wand getrennt war und einen Schrank nicht besaß; als Wohnzimmer sollte im Flügel des Hauses und von meinem Schlafzimmer allein über die Straße erreichbar ein fast leerer Raum der großen Küche gegenüber gelten mit einem erschreckend kleinen Fenster und voll dumpfiger Luft. Am meisten stieß mich das sehr schlecht gehaltene einzige Klosett ab, darauf gewiß zu achten war in einem Orte, in dem die Ruhr als die häufigste Krankheit auftrat. Ich freute mich dennoch über die Entscheidung, da unten im Kontor die Arbeit drängte.

Mein Engländer sagte zu dem Funde nichts, das heißt, er lobte ihn nicht und tadelte ihn nicht. Er gab sich nur in der kurzen Zeit, die uns zusammen verblieb, wie mir über die fünfzig Jahr her scheint, noch ein wenig wärmer und noch ein wenig freundlicher.

Irgendwann in den letzten Stunden des Zusammenseins müssen wir uns über deutsch-englische Dinge unterhalten haben. Es fing wohl damit an, daß er mich fragte, ob mir als Deutschem diese Welt und diese Umgebung nicht arg befremdlich bleiben werde, da sie selbst ihm als Engländer befremdlich vorkomme. Er fragte dann, so klingt es in mir nach, wie es mir als Deutschem zwischen den Menschen der Gascon ergangen sei, er selbst habe ungewollt allerlei Törichtes an Rede und Ton mit angehört. Ich stand am meisten unter dem Eindruck des Gesprächs mit der holländischen Schwester an einem der Reisetage kurz vor Kapstadt. Ich wiederholte ihm ihre Sätze. Er sagte nach kurzem

Schweigen: „I suppose you had a laugh to yourself." (Ich nehme an, Sie haben in sich hineingelacht.) Ich antwortete: „No, I have not." (Nein, das habe ich nicht getan.) Kann sein, daß wir in dieser Verbindung auf den zweiten Aufsatz der Saturday Review vom September 1897 zu sprechen kamen, den mir vor meiner Abfahrt von London Freund Bernhardt zugesteckt hatte. Ich glaube, mein Engländer kannte den Aufsatz. Er sagte achselzuckend: „But you must not worry about newspapers and reviews! What do they matter in the long run!" (Ach, Sie müssen sich über Zeitungen und Zeitschriften nicht aufregen. Das Geschreibe hat auf die Dauer keine Bedeutung.) Ich antwortete: „Ich möchte wohl, daß Sie recht behielten!"

Die Trennung von ihm am dritten Tage war mir innerlich merkwürdig schwer. Aber am Abend des Tages, als ich in das Boarding House eingezogen war und zur Hauptmahlzeit gehen wollte, hatte ich eine freundliche neue Begegnung. Ein junger dunkelhaariger Mensch, lebhaft wie ein Südländer, kam rasch hinter mir her und sprach mich englisch an, er sei mein Zimmernachbar, durch sein Schlafzimmer müsse ich durchgehen, unsere beiden Betten stünden nur von der dünnen Dreiviertel-Wand getrennt nebeneinander, und nun habe er gottlob jemand, mit dem er sich abends vor dem Einschlafen unterhalten und dabei er die elenden Mosquitos, die einem um den Kopf herumführen, vergessen könne. Wir wurden an einen Tisch gesetzt, und er hörte eigentlich nicht auf zu sprechen.

Einen ähnlich beredten und lebhaften und von Anfang an liebenswürdigen Engländer hatte ich noch nicht angetroffen. Ich horchte ihm gern zu und lachte viel, und das tat ihm gut. Er trüge wohl den englischen Namen Porter, aber er sei Ire und kein Engländer. Er berichtete von den Segelschiffen seines Vaters, mit derem einem er nach Südafrika gekommen sei, und da ergab es sich, daß ich verschiedene Segelschiffe des Schiffsreeders Porter in Belfast dem Namen nach kannte, weil meine Londoner Firma diese Segler gelegentlich in Fracht genommen hatte.

Porter diente nicht zu frühem Einschlafen, er machte die Abendgespräche über die Dreiviertelwand wahr, und wenn ich aus Müdigkeit oder weil ich noch las, nicht gleich antwortete, kamen Kissen und Bademantel und Lederpantoffel über die Wand geflogen, und dabei blieb es auch, als ihm nach drei Tagen bei hohem Fieber die Dyssenterie packte. Er wurde in dieser Zeit weniger schwach als ungeheuer aufgeregt, und an ein paar Abenden und in ein paar Nächten hatte ich Angst für ihn und auch für mich. —

Die letzte Hälfte der ersten Woche brachte viel Arbeit im Kontor. Schon am Freitag abend nach dem Essen machte ich mit andern Überstunden bis elf Uhr abends, um einzuholen, was durch mein verspätetes Kommen und den Ausfall der zwei Arbeitskräfte liegen geblieben war.

Ich freute mich um so mehr auf den Samstagabend und den Sonntag, an denen ich die Bücherkisten und Bilder auspacken, mein Wohnzimmer einrichten, ausgiebig an die Eltern schreiben und auch irgendeine mögliche schriftliche Aufzeichnung bedenken wollte, die Anfang Dezember als Weihnachtsgruß nach Hause gesandt werden könnte.

Ich fing, obgleich mich die ausgepackten Kisten neben dem einen Tisch störten, mit den Briefen an die Eltern an. Die Petroleumlampe war lichtschwach und schlecht gehalten und roch stark in den halbdunklen, dumpfen Raum hinein, ich versank dennoch in mein Schreiben und vergaß alles um mich. Ein seltsames papierenes Knistern war wohl früh zu vernehmen, es hörte nicht wieder auf, das wußte ich trotz der Vergessenheit.

Irgendein äußerer Reiz brachte mich plötzlich zum Erwachen und Aufschauen, und ich erschrak: Über meinen Tisch weg hatte eine Wanderung von braunen Schaben und schwärzlichen großen Russen und von mir unbekanntem langsamerem Käferzeug begonnen. Wahrcheinlich traten meine Augen aus ihren Höhlen, wie es so heißt, jedenfalls sprang ich angeekelt auf, um nachzuprüfen, ob das Geziefer auch an mir heraufkrieche. An mir war nichts, aber die zerflederten Tapeten des Raumes wurden bewegt und wimmelten von Kerbtieren, das war zu erkennen.

Meine erste Regung war, hinauszulaufen, doch die Briefe auf dem Tisch fielen mir ein. Ich raffte die Briefe zusammen und wurde ruhiger und sogar neugierig, ich ging mit der schlecht geputzten Lampe in der Hand an der Wand entlang, da jagten zwischen den flüchtenden, doch immer zahlreicher werdenden Schaben fremde, vielfüßige, bandförmige Raubinsekten hin und her und packten Schaben und fraßen sie an, und das fortwährende Knistern wurde durch das wirre Laufen der hunderte, nein tausende von Kerbtierfüßen verursacht.

Ich packte am Sonntag nicht aus. In diesem Schmutz und diesen Zufällen sollten meine Bücher nicht stehen und meine Fotografien und Bilder nicht hängen. Ich machte Besuche, ich sah mir den deutschen Club, die Liedertafel, an, in dem ich zur Mitgliedschaft angemeldet war, und in den Stunden, in denen ich nirgends hin konnte, versuchte ich im Schlafzimmer zu lesen und auf dem Waschtisch Briefe fertig zu schreiben. Aber bei Porter hatte schon das Fieber angefangen mitsamt der gesteigerten Aufgeregtheit.

Am Montag streute ich ein Schabengift im Wohnraum aus, wie es mir von Kennern solcher Zustände empfohlen wurde. Tags darauf gedachte ich, in den Abendstunden das Schreiben dort noch einmal zu versuchen, um den Kranken nicht zu stören und um mich von ihm nicht stören zu lassen. Als ich nach dem Mittagessen in meinen Kerbtier-Wohnraum hineintrat, saßen da drei fremde Frauenspersonen am Tisch und nähten. Die eine rief mich an: „You can not come in here, Sir!" Ich fragte: „What do you mean?" Sie sagte: „Die beiden Damen schneidern hier!" Ich erwiderte: „Wieso, das ist mein Zimmer!" Es gab ein nicht ganz unärgerliches Hinundher, bis die Sprecherin begriff, daß nicht sie, sondern ich im Rechte sei. Als ich am Abend wiederkehrte, waren die drei Frauen immer noch da und saßen jetzt beim Essen. Nach dem zweiten Erlebnis hatte ich von meiner Zufluchtstätte genug, zumal der Fußboden voll toter Schaben lag, aber von einer Abnahme des Geziefers nichts zu merken war.

Die Schneidererfahrung vielmehr als die Schabenerfahrung redete sich herum, und keine vierundzwanzig Stunden später wurde ich an einen Beamten der Hafenbehörde gewiesen, der in seinem Reihenhause am südwestlichen Hügelrande, etwas näher der Geschäftsstadt, zwei Frontzimmer zu vergeben hätte und mich gern vom Dezember an aufnehmen würde. Ich ging hin nach Office-Schluß.

Die Reihenhäuser im Cuyler Crescent waren zweistöckig und hatten also nicht nur die sogenannte südafrikanische „Stoep" mit dem Sonnendach, die als mehr oder minder breiter Absatz um die Häuser herum oder an einzelnen Seiten der Häuser entlangläuft, sondern hatten über dem Vordache einen gedeckten Balkon.

Ich kam in ein sehr sauberes Haus. Der Hausbesitzer war aus Wales ins Kapland eingewandert, seine Frau war eine in Südafrika geborene Engländerin mit einer deutschen Großmutter. Das Ehepaar hatte zwei Kinder, einen hellen kleinen Jungen und ein jüngeres zartes Mädchen. Ich sollte die großen beiden Zimmer nach der Straße hin bekommen, das Zimmer im Erdgeschoß als Wohnzimmer, das Zimmer darüber mit breitem Messingbett und großem Schrank und großer Schubtruhe als Schlafzimmer, und eine helle große Lampe werde für mich angeschafft und zwei Büchergestelle und, wenn es gelinge, zu dem bequemen großen Mittel- und den beiden kleinen Nebentischen ein Schreibtisch. Das Ganze war eine unerwartete Freude, ich nahm sofort an und hatte es, was das Wohnen angeht, in den vier folgenden Port Elizabeth-Jahren sehr gut.

Die Wirtin des Boarding-Hauses schüttelte den Kopf, als ich noch am selben Abend meinen Auszug für den 1. Dezember ankündigte. Ich müsse die Kündigungsfrist von einem Monat einhalten, Schaben gebe es überall in Südafrika, und die fehlenden Möbel wolle sie herbeischaffen.

Als ich die „Nähstube" erwähnte, wurde sie still.

Mit dem kaufmännischen Arbeitsbeginn in Südafrika war nun auch die erste Jugend für mich vorbei.

HANS GRIMM GESAMTAUSGABE 36 BÄNDE

Jährlich erscheinen 3 bis 5 Bände — Romanformat, Coverlux-Einband — so daß der Abonnent mit nicht mehr als etwa 35,— DM im Jahr belastet wird. Dem Bezieher der Gesamtausgabe wird jährliche Kündigung und ein erheblicher Preisvorteil eingeräumt. Die Werke können auch einzeln bezogen werden.

ROMANE 11 Bände

KAFFERNLAND		280 S.
DER ÖLSUCHER VON DUALA		350 S.
VOLK OHNE RAUM	4 Bde.	1300 S.
* HEYNADE UND ENGLAND	5 Bde.	1848 S.

NOVELLEN, ERZÄHLUNGEN 8 Bände

	Band 1 SÜDAFRIKANISCHE NOVELLEN	188 S.
	Band 2 DER GANG DURCH DEN SAND, Novellen	189 S.
	Band 3 DIE OLEWAGEN-SAGA	194 S.
*	Band 4 DER KORNISCHE MORD, Novellen	150 S.
*	Band 5 DINIZULU, Erzählungen	150 S.
	Band 6 DAS DEUTSCHE SÜDWESTER-BUCH	429 S.
	Band 7 DER RICHTER IN DER KARU, Novellen	151 S.
	Band 8 LÜDERITZLAND, Geschichten aus Südwestafrika	200 S.

FRÜHE ARBEITEN 2 Bände

DIE GROBBELAARS, Trauerspiel	196 S.
* IM DURSTLAND u. a.	150 S.

ZEITGESCHICHTLICHE WERKE 4 Bände

* DIE THOMAS-MANN-SCHRIFT, Antwort an einen Schriftsteller		190 S.
DIE ERZBISCHOFSCHRIFT, Antwort eines Deutschen		232 S.
WARUM — WOHER — ABER WOHIN? Vor, unter und nach der geschichtl. Erscheinung Hitler	2 Bde.	662 S.

AUFSÄTZE, REISEBERICHTE, BRIEFE 7 Bände

* VOM POLITISCHEN DICHTER UND SEINEM AMT	220 S.
* DAS DEUTSCHE FENSTER IN DIE WELT	200 S.
* ENGLISCH-DEUTSCHE PROBLEME IM WANDEL DER ZEIT	200 S.
* SÜDAFRIKA, Aufsätze	200 S.
* VON DER VERKANNTEN WIRKLICHKEIT, EIN ANRUF AN DIE KOMMENDEN	200 S.
* LANDSCHAFTEN — MENSCHEN — POLITIK, Reiseberichte	262 S.
* POLITISCHE BRIEFE	200 S.

Biographie 4 Bände in vergrößertem Format 15 x 21 cm

LEBEN IN ERWARTUNG	Band 1: Meine Jugend	198 S.
	Band 2: Suchen und Hoffen 1928-34	338 S.
* AUFSÄTZE ÜBER MICH SELBST		200 S.
* HANS GRIMM UND SEIN LIPPOLDSBERG, Berichte über Hans Grimm, Dichtertage, Bibliographie		200 S.

* Bände enthalten Erstdrucke

HEYNADE UND ENGLAND

Eine deutsch-englische Familiengeschichte der Jahre 1880 bis 1923. Der Roman spielt auf dem Gute Heynade bei Holzminden an der Weser, in England, in Persien und Südafrika.

5 Bände — 1848 Seiten Preis innerhalb der Gesamtausgabe 56,— DM
als Einzelwerk 68,— DM

Aus einem Leserbrief: „Wenn ein Buch imstande ist, die Trägheit des Denkens zu überwinden und die Unlust, Erkenntnisse der Zusammenhänge sich zu eigen zu machen, so ist es ‚Heynade'. Die wunderbare Kunst, den geschichtlichen Ablauf deutschen Schicksals in diese Adel, Anmut, Geist und innere Schönheit ausstrahlende Familien-Chronik einzubauen, ist Hans Grimm in großartiger, überzeugender Weise gelungen.

DAS DEUTSCHE SÜDWESTER-BUCH

12 Erzählungen aus der Zeit der deutschen Besiedlung Südwestafrikas.

432 S., Gesamtaufl. 18 Tsd. Preis innerh. d. Gesamtausgabe 12,80 DM
als Einzelwerk 16,80 DM

Paul Fechter 1929 in der „Deutschen Allgemeinen Zeitung": „Man liest diese Berichte über das Leben deutscher Farmer, diese sachlichen Erzählungen über Erfolg und Niedergang, Aufstieg und Zusammenbruch, diese Aufzeichnungen des Kleinen und des Großen mit einer Spannung, stärker als ein Roman sie zu geben vermag."

DER RICHTER IN DER KARU

Inhalt: Der Richter in der Karu, Des Elefanten Wiederkehr, Das Goldstück, Der Pavian.

156 S., Gesamtaufl. 90 Tsd. Preis innerh. d. Gesamtausgabe 7,50 DM
als Einzelwerk 9,80 DM

Walter Jens 1961 in „Deutsche Literatur der Gegenwart": „Niemand wird bezweifeln, daß, um nur ein Beispiel zu nennen, ‚Der Richter in der Karu' ein Meisterwerk, der sachlich-kalte Novellist Hans Grimm ein bedeutender Schriftsteller ist."

DER GANG DURCH DEN SAND

Inhalt: Der Gang durch den Sand, Die Protestversammlung, Maren und Wock, Der singende Wecker, Die Geschichte von Mkulu und Hili, Der Rebell, Die Dirne auf dem Felde, Der Kamelhengst. Das Vorlooper-Meisje.

196 Seiten Preis innerhalb der Gesamtausgabe 9,80 DM
als Einzelwerk 12,80 DM

Hans Grimm erzählt von Deutsch-Südwestern und englischen Kapoffizieren, von Buren und Kaffern, von Frachtfahrern und Schnapsschmugglern. Hinter seiner glasklaren und harten und ganz unsentimentalen Sprache steht in majestätischer Größe das Land, dem seine Gestalten entwachsen.

DER ÖLSUCHER VON DUALA

Ein afrikanisches Tagebuch

350 Seiten Preis innerhalb der Gesamtausgabe 12,80 DM
als Einzelwerk 16,80 DM

Der erschütternde Lebensroman des Hamburgers Kersten Düring, dem Ölsucher, der in Kamerun nach abenteuerlichen Schicksalen den Ausbruch des ersten Weltkrieges erlebte und mit 250 anderen Deutschen von den Franzosen in das berüchtigte Fieberland von Dahomey verschleppt wurde. — Ein dichterisches Kunstwerk voll unerhörten sprachlichen Zaubers.

LANDSCHAFTEN — MENSCHEN — POLITIK

Reiseberichte aus Europa, Afrika, Amerika

262 Seiten Preis innerhalb der Gesamtausgabe 12,80 DM
als Einzelwerk 16,80 DM

Aus Paris und München, Straßburg und Kapstadt, aus Südwest und von den USA schreibt der Dichter und politische Schriftsteller über Land und Leute, Geschichte und Zeiterscheinungen, soziologische Probleme und Fragen der Außenpolitik. Die Klarheit seiner Beobachtungen und der Folgerungen, die er aus ihnen zieht, unterscheidet sich sehr von den Phantastereien heutiger „Realpolitiker". Der Student, der Kaufmann und der Dichter Hans Grimm schreibt hier jeweils aus der Sicht seines Lebensalters und seines Lebenskreises. Stets aber schwingen die Sorge um die europäische Gemeinschaft und die Liebe zu Deutschland mit.

DIE OLEWAGEN-SAGA

194 Seiten Preis innerhalb der Gesamtausgabe 9,80 DM
als Einzelwerk 12,80 DM

„Wie sich der Inhalt zur Form fügt, wie Aufstieg und Glanz, Not, Kampf und Tod der Olewagens aufeinander folgen, wie die Linie ihres Lebens schicksalhaft unerbittlich verläuft, das läßt sich in kurzen Worten nicht sagen. Das soll jeder in der Sprache des Dichters selbst lesen. Möge die Neuausgabe zu allem Volke das Wissen tragen, daß Grimms Dichtung dem Größten angehört, was an neuer deutscher Epik unser eigen ist." (Flensburger Nachrichten)

DIE THOMAS-MANN-SCHRIFT

Antwort an einen Schriftsteller

190 Seiten Preis innerhalb der Gesamtausgabe 10,80 DM
als Einzelwerk 16,80 DM

Hans Grimm schrieb diese Schrift 1945 als Antwort auf einen offenen Mahnbrief Thomas Manns an Deutschland. Es gab nach dem Zusammenbruch keinen deutschen Verlag. Das Buch blieb ungedruckt. Es wurde in Abschriften verbreitet als Plädoyer für Deutschland. Die drei politischen Nachkriegsschriften Grimms „Die Thomas-Mann-Schrift", „Die Erzbischofschrift" und „Warum, woher, aber wohin?" sind zeitgeschichtliche Dokumente, die jeder kennen sollte.